LOCUS

LOCUS

LOCUS

LOCUS

mark

這個系列標記的是一些人、一些事件與活動。

mark 150

我只想讓我女兒有個家：

一個單親女傭的求生之路

作者：史戴芬妮・蘭德（Stephanie Land）

譯者：許恬寧

責任編輯：潘乃慧

封面設計：三人制創

校對：呂佳真

出版者：大塊文化出版股份有限公司

www.locuspublishing.com

台北市10550南京東路四段25號11樓

讀者服務專線：0800-006689

TEL：(02) 87123898　FAX：(02)87123897

郵撥帳號：18955675

戶名：大塊文化出版股份有限公司

法律顧問：董安丹律師、顧慕堯律師

總經銷：大和書報圖書股份有限公司

地址：新北市新莊區五工五路2號

TEL：(02) 89902588　FAX：(02) 22901658

初版一刷：2019年10月

定價：新台幣400元

Printed in Taiwan

我只想讓我女兒有個家

一個單親女傭的求生之路

Maid

Hard Work, Low Pay, and a Mother's Will to Survive

Stephanie Land 史戴芬妮·蘭德 著
許恬寧 譯

推薦文一

相信內在的力量，讓貧窮深淵的黑暗有處可去

吳曉樂

過往，在討論社會福利的擴大與減縮時，始終有種揮之不去的忐忑，直到遇見史戴芬妮．蘭德的文字，才明白到這份忐忑的由來。這些討論欠缺了一道至關重要的聲音：那些「領取相關補助的人」的聲音。這些更動大幅影響著他們的生活，但我們似乎未曾聆聽他們的想法和感受。刻板印象持續主導大眾對這些人的認知，史戴芬妮的現身說法則翻轉了一切。她是一位清潔人員，以美國政府的社會福利維持她與女兒的生活；她試圖自立，但單親媽媽的身分以及整體環境的氛圍，令她的規畫與行動大打折扣。即使如此，史戴芬妮仍展現了超凡的自制，利用少得可憐的餘裕，維持進修和書寫的習慣。或許，也能這麼說，正因內心的苦痛何其浩瀚，她必須將自己的世界鑿穿一孔，好讓裡頭的黑暗有處可去，也能讓外人一窺貧窮的深淵，到底生作什麼模樣。

史戴芬妮得拿著一堆資料，耗上數個小時等待，證明自己一無所有，才能領取社會福利。女兒米亞生日派對上的檸檬水和蛋糕是用食物券兌換的，住處的部分租金由政府的一項計畫支撐。史戴芬妮必須把女兒送去品質堪憂、但能接受托兒補助繳費的日托中心，哪怕是女兒出現感冒症狀時，她也狠心照送，頻繁的請假可能令她失業，而單親媽媽的工作已經夠難找了。史戴芬妮依賴高單位的止痛片來舒緩過度勞動身體導致的劇痛，因為就醫的費用宛若天價。她更得記住每一制度的規則，並且接受適用範圍一再（隨著人民的抗議）限縮。然而，最難受的莫過於當她「接受救濟」的身分現形時，與她接洽的人員態度轉而變得輕慢而心不在焉。

史戴芬妮與男友決裂，離婚又各自成家的父母亦自身難保，援助額度有限。單親媽媽的身分，讓史戴芬妮的職涯被大幅限縮，起初只能在清潔公司領取最低時薪。她把我們拉進一個充滿汙名、罪惡感與羞恥感的世界，當她一接受政府支援，其他標籤也前仆後繼地飛來：懶人、蠢蛋、髒鬼、潛在的詐欺者。在如此劣等的地位，哪怕是再怎麼基礎、寒微的福利，都能讓旁人發出「真好命啊」的喟嘆。史戴芬妮要搬進隨時會進行尿檢的過渡住房時，社工恭喜她；史戴芬妮跟老友交代她如何運用五花八門的補助勉強維生時，得到的回應是「不用謝，那些福利全都來自我繳的稅」。我最心疼的莫過於史戴芬妮得把自己經營成像是「恪守本分的窮人」，來抵禦部分民眾對窮人的獵奇目光；另外，也聯想到之前台灣社會的一些討論串「領清寒補助的同學卻用著 iPhone」，有人對此不以為然，也有人認為不應多管閒事。史戴芬妮則以自己的故事，傳達另一種思維。當她經濟稍微寬裕時，買了一個兩百美元的鈦金壁鑲鑽戒，她也明白那是「不必要的東西」，但她認為自己當下需要一些物質，來提醒自己，必須相信內在的力量。史戴芬妮領我們看到，同樣是購買 iPhone 的消費行為，對於在底層掙扎的人來說，有著截然不同的意義。他們深諳這榮景是虛的，但他們的確也需要一些奢侈的物件來說服自己，哪怕一瞬間也好，自己能夠親近某些情調和品味。

史戴芬妮的書寫，也蘊含著強大的自省和關照。她並未否認窮人某種程度上或許目光短淺，欠缺長程規畫的能力，但她以自身經驗推動後續的討論，解釋這種思維並非天生如此，而是環境所逼。他們只能把注意力用來計算幾元的價差和信用卡的請款日，而沒有閒暇放在幾個月、甚至幾年後的生涯規畫；再者，若深度思考人生，或許將陷入絕望而動彈不得。史戴芬妮即自承她「過一天算一天」。但有一個細緻的落差：她擁有一個不虞匱乏的童年，這培育出對個體、對自己的信任。史戴芬妮咬緊牙根，保持進學，並認為清潔人員一職並非長久之計。但她提出質疑：「我身旁一起排救濟金申請的人，如果沒有這種成長背景可以回顧，他們是否也有這份自信？」

此書另一亮點在於史戴芬妮交出個人版本的《寄生上流》。她以清潔人員的身分走進那些人家，無意間洞見了中產階級的焦慮。這些人明明有能力負擔有機的飲食和蔬果，能夠上健身房，也能在生病時沒有顧忌地就醫，為什麼他們也看似憂鬱孤獨，還得服用各式藥劑？答案昭然若揭，因為這些人得保持「完美」，他們不能坦承自己的無能和脆弱。史戴芬妮意識到自己和米亞擁有某種自由和相互扶持的親密，她從單純的歆羡轉變成深刻的體悟。到了此刻，我們也可以說史戴芬妮完成了一套主角的旅程，她自終點歸返，與起始的世界達成和解。

此書的動人之處，有史戴芬妮的掙扎，也有她坦言不諱說出她對於愛的飢渴。史戴芬妮傾向把對她釋出善意的人形容為「彷彿我的家人」，不難想見她多麼欠缺安全感，也多麼企求一份穩定恆久的關係，因此，或可嘗試將整本書抽繹出另一種質地：一個女人培力自己的決心。史戴芬妮慢慢嘗試不再把所有身邊的人想像成「即將帶她走出深淵的拯救者」，並意識到當她停止這麼做，她也不必再忍受每次期望落空的重擊。在接受美國書商協會（ABA）採訪時，談到此書的結尾，她並未如一些女性作者在處理逆轉人生的題材上，採取以「白馬王子的出現」作結的敘事手段。史戴芬妮說，這是有意為之。她認為：「我們需要更多這樣的故事。一個女人到頭來過得還可以，並不需要一個男人的出現來提供她保護或溫暖。」

最後想表白一事。我的母親曾為了養家，做過房務員，也跟蘭德一樣，為了避免層層剝削而逐步轉型為接案者。遙記大學暑假，我提著笨重的去汙用品，跟在她身後，作為幫手。回到家時，我渾身痠痛到甚至不願說話，鼻子也因長期吸入清潔劑的氣味、飛舞的塵埃而刺痛不止。我從而明白了，為何母親每次回到家，只能沉默地縮在椅子上，久久不語。在我翻頁的過程中，不斷地追想到，母親的精神是否也曾跟史戴芬妮一樣，被突如其來的痛苦與無助侵襲？我在史戴芬妮的長征中看見了母親的倒影，而在她跟米亞的相親相依中，緩緩理解了自己的生命中，也經受過一份樸實且完整的愛。

（作家，著有《你的孩子不是你的孩子》、《可是我偏偏不喜歡》等書）

推薦文二

所有單親母親的故事

林立青

讀完《我只想讓我女兒有個家》以後，第一時間我腦海裡浮現的是同類型的故事——《當收入只夠填飽肚子》，甚至《被壓榨的一代》，寫的都是女性育兒時的困境：職場的歧視，難以顧及家庭以及無法陪伴孩子的失落，還有無法給予孩子更好的條件時，所產生的挫折感和強烈的痛苦。本書更有著《我在底層的生活》專欄作家芭芭拉．艾倫瑞克所寫的觀察和推薦。

這類書籍近年來成為顯學，開始有更多作者投入這方面的寫作。社會問題沒有國界，人類社會的問題雖不相同，但同樣的場景處處可見。過去的社會總認為窮人不夠努力，但經過數百年，我們開始知道責怪窮人懶惰等方式並不能解決這類問題，反而加重這些問題的出現，讓窮困者愈來愈沒有聲音，愈來愈不敢承認自己的困境。而過去單純的統計和分析等工具，只能反映出原本設計的指標，不能告訴我們真正的困境在哪裡，也無法描述人在貧困和無力感的生活中的全貌。所以這種書應當被重視，因為它們給了我們一個瞭解實際困難和提供細節的可能。

這是史戴芬妮的世界，也是許多單親母親每天要面臨的問題：我愛我的孩子，但我沒有辦法給她應該被給予的。

這類型的書幾乎不需要太多解釋。從本土創作到翻譯書，這種作品都是以大白話呈現，愈白話反而愈能呈現真實的生活樣貌。《我只想讓我女兒有個家》從一個單親媽媽對孩子的愛開始，足見無論環境多麼困頓，就算獲得的工作毫無希望，每個接觸到的男人都爛軟無比，車輛隨時可以拋錨，遭遇的每個困境都可能因為缺錢而無法擺脫，每個住處都可能在退租時被苛扣押金，但是母愛不變。

為什麼我們需要讀這些故事？對我來說，是因為具體且令人難受的真實情節不斷被呈現出來。作者寫到自己從事清潔工作的過程。當她幫雇主清理黏在噴射按摩浴缸邊緣的陰毛和腿毛渣時，聽的是雇主嫌棄那些領取食物券，卻把孩子打扮得漂漂亮亮的移民家庭。這些言論讓她感到痛苦，但一句話也說不出來，只能將心中的苦悶化成文字，寫下自己也希望能給女兒喜歡的洋裝，在女兒的聖誕襪裡放入巧克力，拿到小費時，想的是可以帶女兒去吃麥當勞。這些都是雇主、會給小費的雇主所抱怨的行為。她選擇不回話。

只是聽過雇主的抱怨後，從此她只在深夜去超市，避開可能的人潮，因為聽過一次以後，便會發現這些指責貧困的文字多不勝數，又如此尖銳傷人。即使這些食物券有嚴格的使用規定，即使這些防弊的措施讓窮人的孩子根本無法取得真正營養的食物，即使她小心翼翼挑選有補助的商品，但領取社會補助，就是低人一等。連那些在後方排隊的人不經意的眼光，都可能讓你再一次受傷，還會讓你的朋友對你嫌棄地說：「不用謝，那些福利全部來自我繳的稅。」

更令人難堪的是，這些雇主就在你身邊，他們會給你小費，給你的孩子著色本和蠟筆。而那些在超市結帳的人，只是再平凡不過的市民，也可能是你的雇主。身為一個母親，卻要在使用食物券購買有機營養牛奶時，顧慮這些人的眼光。

正是這樣的故事和書寫，作者到不同家庭去打掃時，我們透過她的眼睛，看出其他人的悲傷或痛苦、貧富差距，以及人性的複雜。或許，我們可以透過這本書進一步思考：台灣的女性呢？在重男輕女、更受「傳統價值」影響的台灣，這些單親媽媽去了哪裡？又過著多麼沉重的生活？

書中的貧困看來也是世襲的。當一個單親媽媽出車禍後，不知道拖吊車要花多少錢，看著罰單而哭泣，甚至連自己的外公開車來接她們時，也付不出油錢。我們看到她的人生幾乎沒有什麼選擇。讀者甚至可以推想，如果這時將她趕出家門的男人回來、用錢解決一切的話，她只能接受，因為母女兩人沒辦法承受損失第二台車的後果。

我們能做什麼？或許這本書可以讓我們重新認識貧窮。讓讀者知道即使努力、也難以翻身的生活到底是什麼樣子，再來思考我們是否要改變觀念，重新建立起真正有用、而非只會檢討窮人的社會福利體系，或者用少數個案來掩蓋大規模貧困的現實生活。

看完本書之後，我直接能聯想到的是《悲慘世界》中的「芳汀」和「珂賽特」。同樣都是母親努力工作而無法擺脫貧窮，我們該問的是，為什麼過了一百五十年，同樣的故事幾乎時時上演？

過了一百五十年，對一個母親來說，如果看著自己的孩子只是免於飢餓而無法給予陪伴，沒有安全和沒有選擇的生活，根本不算真正活著。

（工人作家，著有《做工的人》、《如此人生》）

推薦語

阿潑

如果我們跟著作者的敘事閱讀《我只想讓我女兒有個家》，或許會看到一個因意外懷孕生子而人生轉向的單親媽媽，如何在男友、家庭與人際關際中克服對寂寞的恐懼、情感的依賴，求得一份屬於自己的空間尊嚴；也會看到一個忙著處理家務，卻得跪坐在他人廁所清洗馬桶、打掃屋室的女人，穿梭在自己與他人的人生中；而這麼一個普通的白人大學生，一邊奮力謀生，一邊受著社會福利，也反映出美國這個資本主義社會的階級困境與貧窮問題。這本書可以說是一個單親媽媽的求生記，同時也可以是一部美國某個隱性族群的寫真集，有著八點檔的戲劇性，但也有客觀信實的數據證明。在陪著作者度過一個又一個的關卡時，我們看到性別、勞務、社會福利制度、醫療等議題，如何自然地在作者行雲流水的文筆之中展現，讓我們一窺一個女性視角的當代美國。

（轉角國際專欄作者，著有《憂鬱的邊界》、《日常的中斷》等書）

給米亞（Mia）：
晚安，
我愛妳，
早上見。
——媽媽留

目錄

我瞭解到光是養活自己，那不叫活著。

——美國女詩人瑪雅·安傑盧（Maya Angelou）

前言　歡迎來到史戴芬妮・蘭德的世界

進入本書的方法是拋下心中的所有刻板印象。你對於幫傭、單親家長的看法，還有媒體塑造出來的窮人形象，統統都得放下。如果用高高在上的形容詞來讚美作者史戴芬妮，她可說是很努力、「能言善道」(articulate)；在英文裡，菁英分子常以某種姿態，用這個詞形容某人沒受過高等教育，卻天分極高。本書講的是史戴芬妮成為母親的旅程。她靠著東一點、西一點的公共福利，以及低到不像話的清潔工薪資，努力活下去，提供女兒米亞安全的生活與一個家。

本書的英文書名「maid」(侍女、女傭、女僕、下人、清潔人員）是個典雅的詞彙，令人聯想起唐頓莊園（Downton Abbey）的茶盤與筆挺制服。在現實生活中，清潔人員每天面對的卻是髒亂與馬桶上乾掉的大便。他們撿起我們的陰毛，好讓水管不會堵住。我們的髒衣服與醜陋的一面攤在他們眼前。即便如此，他們是隱形人，美國的政治與政策無視於這群人，看輕他們，冷眼旁觀。我很清楚這些狀況，因為我在寫《我在底層的生活》（*Nickel and Dimed*）這本書的時候，曾經跑去臥底，暫時經歷這種生活一小段時間。我跟史戴芬妮不一樣，我隨時可以回去過舒舒服服的作家生活。另一個不一樣的地方在於，我體驗窮困生活時，不必靠自食其力養孩子。我的孩子已經大了，沒興趣為了我瘋狂的報導點子，和我一起住拖車停車場。所以說，我知道幫人打掃房子的工作是怎麼回事——那會使你精疲力竭，而且每當我穿上繡著「國際女傭」（The Maids International）字樣的清潔公司背心，我感受到社會上的人對我的輕視，然而，和我一起打掃的許多同仁心裡的焦慮和絕望，我只能用想像的。她們和史戴芬妮一樣，很多是單親媽媽，幫人打掃房子是為了活下去。她們為了外出工作，有時不得不把孩子留在惡劣的環境裡，一整天心裡七上八下，擔心自己的孩子。

幸運的話，你永遠都不必活在史戴芬妮的世界。本書會告訴你，那個世界為缺乏資源所困。錢永遠不夠，有時連食物都不夠吃；餐餐是花生醬和泡麵，麥當勞是大餐。在這個世界裡，什麼事都不可靠，車子不可靠，男人不可靠，住的地方不可靠。食物券是史戴芬妮能活下去的重要助力。近日美國要求必須工作才能領食物券的規定，只會讓人想握拳。少了這些政府資源，工人、單親家長，還有其他人將活不下去。這不是在施捨。他們和我們其他人一樣，希望能在社會上有穩固的立足之處。

史戴芬妮的世界最令人心痛的地方，或許是幸運人士散發的敵意。這是階級偏見，幹體力活的勞工尤其深受其害。工人經常被認定，他們的道德感或頭腦不如穿西裝、坐辦公桌的人。上超市時，要是使用食物券付帳，其他顧客會用批評的眼光，看史戴芬妮的推車裝了什麼，覺得是用自己繳的稅施的恩。一個老男人曾大聲告訴她：「不用謝我了！」一副史戴芬妮買的菜是他本人付的帳似的。史戴芬妮上超市跟做其他事的時候，隨時可能碰到這種態度，社會上有許多人都抱持這種觀點。

史戴芬妮的世界的故事走向，似乎朝著無底深淵而去。首先，一天打掃六到八小時，抬起重物、吸地、刷刷洗洗，損害了身體健康。在我工作的居家清潔公司，從十九歲到無上限，每位同事似乎都受過神經肌肉方面的傷，如背痛、旋轉肌腱受傷、膝蓋與腳踝問題。史戴芬妮每天吞下令人擔憂、大量的布洛芬（ibuprofen）止痛藥撐住，她曾一度羨慕地看著客戶放在浴室裡的鴉片類藥物，但實際上，她沒錢看病吃處方藥，沒錢按摩，無法接受物理治療，也沒辦法看疼痛治療專科。

除此之外，除了生活形態帶來身體上的疲憊，史戴芬妮也面臨情緒上的挑戰。她是心理學家建議窮人要有「韌性」的標準模範。遇上困難時，她想辦法前進，但有時關卡多到讓人應付不來。她對女兒懷有無盡的愛，也因此才能一路撐下去。史戴芬妮對女兒的愛貫穿全書，人生因此有了希望。

我在這裡就先不太算劇透地告訴大家，這本書有個幸福美好的結局。歷經書中提到的多年辛苦、掙扎和努力，史戴芬妮日益渴望成為作家。我在幾年前結識史戴芬妮，當時她還在寫作事業的初期。我除了是作家，也是「經濟困難報告計畫」（Economic Hardship Reporting Project）的創辦人。這個機構推廣高品質的貧富差距報導，尤其獎勵本身就在困難中度日的寫作者。史戴芬妮來信詢問，我們立刻抓住這個人才，協助她提案、修改草稿，幫她找最好的地方發表，包括《紐約時報》（*New York Times*）、《紐約書評》（*New York Review of Books*）。史戴芬妮完全是我們希望協助的對象——她是勞動階級作家，雖然沒沒無聞，只要有人幫忙推一把，事業就能上軌道。

如果本書鼓舞了你（我相信它會），別忘了這本書差點流產。史戴芬妮原本有可能因為絕望或太勞累而放棄；她有可能因為工作受傷而失能。想想有多少女性為了這樣的理由，永遠失去說出自己故事的機會。史戴芬妮提醒我們，社會上有成千上萬這樣的女性，每一個人都有自己勇敢的地方，等著我們聽見她們的故事。

——芭芭拉．艾倫瑞克（Barbara Ehrenreich），
《我在底層的生活》、《失控的正向思考》、《我的失序人生》作者

第一部

跌入谷底

1 收容所小屋

我女兒是在遊民收容所學會走路的。

那是一個六月的下午，在米亞即將滿週歲的前夕，我坐在收容所簡陋的雙人沙發上，拿著一台古董數位相機，拍下女兒人生的第一步。米亞頂著嬰兒的鳥窩頭，身上的條紋連身衣十分單薄，與她棕色眼珠露出的濃厚決心形成對比。她努力用腳趾抓地，試圖保持平衡。相機後的我，注視著她腳踝上的皺褶，還有嬰兒肥嘟嘟的大腿、圓滾滾的肚皮。米亞牙牙學語，一路朝我走來，光著的腳丫子踏在髒兮兮的瓷磚地板上。上頭日積月累的汙垢不管怎麼刷，永遠刷不乾淨。

這星期將是我們母女待在收容所小屋的最後一週，我們一共在這裡暫居九十天。美國住房局用鎮上北邊的這一角收容街友。接下來，我們母女將搬進政府安置貧民的過渡住房（transitional housing，譯註：服務無家可歸者的臨時居住設施，適用對象包括有工作、但收入不足以擁有住房的民眾），那是一棟地上只鋪了水泥的破舊公寓社區，同時也充當中途之家（halfway house，譯註：協助罹患身心疾病或有犯罪紀錄者學習技能、日後重返社會的機構）。雖然只是短短九十天，我還是努力將收容所營造成女兒的家。我把雙人沙發鋪上黃色床單，好替慘白的牆壁與陰暗的地板添加暖意，在陰鬱的時刻增加一點明亮愉快的氣氛。

我在大門的牆邊掛上小日曆，寫上和個案輔導員見面的時間，他們服務的機構可以協助我。先前我費了好大一番力氣，四處尋找社會福利資源，偷瞄每一間民眾協助機構的窗戶，最後加入大排長龍的申請者，手上拿著塞得亂七八糟的文件夾，試圖證明自己身無分文。我沒想到在這個世界，你需要焦頭爛額，精疲力竭，才能證明自己真的是窮人。

我和女兒待的收容所小屋規定不能有訪客，幾乎什麼家當都不能有。我們有一小袋私人物品，米亞有一桶玩具，我有一小疊書，書擺在分隔起居室與廚房的小架子上。屋內有一張圓桌，我把米亞的嬰兒高腳椅靠在桌邊，另外還有一張我可以坐著盯米亞吃飯的椅子，自己則通常喝咖啡充飢。

我看著米亞踏出人生的頭幾步，努力不讓視線飄向她後方的綠色箱子。箱子裡裝著法院文件，詳細記錄著我和她父親之間的監護權大戰。我試著把注意力放在米亞身上，對她微笑，好像一切都很美好，但要是把相機鏡頭翻轉過來，我將認不出自己的模樣。我僅有的幾張個人照上是一個陌生人。我目前大概處於一生中最不成人形的時期，我兼差當園丁，一週花數小時修剪樹叢、對抗生命力過於旺盛的黑莓，還要撿拾迷你落葉，讓所有不該有葉子的地方乾乾淨淨。我偶爾也幫一些認識的屋主清潔地板與廁所，這些朋友知道我需要錢。他們雖然手頭也不寬裕，但他們不一樣，有人會提供他們財務上的支援。對他們來說，要是少了一張薪水支票，只要稍微省吃儉用，就能撐過去，不會是一連串災難的起頭，最後流落遊民收容所。他們有父母、有家人，家裡的人會帶著錢衝去救他們，遠離一切苦難。至於米亞與我，沒人會來救我們母女，我們孤伶伶地活在這世上。

住房局要求我在收容文件上，回答接下來幾個月的個人目標，我寫上我將試著與米亞的父親傑米重修舊好。只要我努力，我們會想出辦法的。有時我會想像，我們三個人是真正的一家人，媽媽、爸爸，還有一個美麗的小女兒。我抓著那些白日夢不放，彷彿那些夢是綁著一個巨大氣球的線。那顆氣球將帶我飛過傑米的虐待，遠離單親媽媽的苦日子。只要我繼續緊抓不放，一切都會好轉。只要我專心想著我希望建立的家庭，就能假裝不好的部分不是真的，好像這種生活只是暫時的狀態，不是我的新人生。

我存了一個月的錢，買下給米亞的生日禮物。那雙棕色小鞋上，繡著粉紅色與藍色的小鳥兒。我和普天下的媽媽一樣，四處發送生日派對的邀請函，也邀請了傑米，就好像我們是共同扶養孩子的正常伴侶。親友來到我們母女居住的華盛頓州湯森港（Port Townsend），在查茲摩卡公園（Chetzemoka Park）可以俯瞰大海的野餐桌旁慶生。山坡上綠草如茵，大家坐在自備的毯子上面帶笑容。我用那個月剩下的食物券，買了檸檬水和瑪芬蛋糕過去。父親與外公坐了近兩小時的車，從反方向過來參加。小弟也找了幾個朋友加入，其中一人帶了吉他。我請人幫我和米亞、傑米合照，因為我們一家三口能像那樣坐在一起，實在機會難得，我希望米亞日後有美好的回憶可以回顧。然而，照片裡的傑米一臉嫌惡，怒氣沖沖。

母親和她再嫁的先生威廉遠從倫敦搭機過來，也可能是從法國或他們目前的定居地。母親與威廉違反遊民收容所「訪客止步」的規定，在米亞的生日會隔天過來，協助我們母女搬進過渡住房。他們兩人的裝扮令我搖了搖頭，威廉穿著黑色緊身牛仔褲、黑色毛衣、黑色靴子；媽則穿著過小的黑白條紋洋裝，緊緊包住豐滿的臀部，再配黑色內搭褲和低筒帆布鞋。兩個人看起來不是來搬家，而是準備悠閒啜飲濃縮咖啡。我不曾讓任何人見到我和米亞的簡陋住處，母親和威廉的英國口音與歐洲打扮，讓我和米亞的小屋、我們的家，更加自慚形穢。

威廉似乎嚇了一跳，我和米亞居然只需要一個旅行袋就能搬走。他把袋子拎到外頭，媽跟在後頭出去。我轉身看了屋內最後一眼，看著自己的幻影在雙人沙發上讀書，米亞翻找著玩具桶或是坐在單人床下方的抽屜裡。我很開心能夠離開收容所，但也想再看最後一眼，帶著苦甜參半的心情，向我們母女脆弱的人生開頭道別。

我和米亞搬進去的公寓隸屬於「西北航道過渡住房家庭住宅計畫」（Northwest Passage Transitional Family Housing Program），一半的住戶和我一樣，先前待在遊民收容所，另一半的人則剛出獄。理論上，這裡比收容所還高一級，但我已經開始懷念收容所的隱祕性。在這棟樓裡，我身處的現實攤在每個人面前，就連自己都必須睜眼看著。

我走向新家大門，媽和威廉站在後頭等著，鑰匙不管怎麼轉，門就是不開。我不得不放下手中的盒子，使出蠻力開鎖，才終於讓所有人進門。威廉開起玩笑，「至少這裡不必怕遭小偷。」

我們一行人走進狹長的玄關，我立刻注意到這間屋子有浴缸，我和米亞可以一起泡澡，我們已經很久沒享受這種奢侈品。兩間臥房在右手邊，各有一扇對外窗。廚房十分狹小，冰箱門會擦過一旁的櫥櫃。我踏過和收容所類似的大塊白瓷磚，打開通往迷你陽台的門，陽台大小剛好夠我把腿伸直坐在那。

兩週前，負責我案子的社工茱莉匆匆帶我看過這個地方。先前住在這裡的家庭，已經待滿最長的二十四個月收容期限。茱莉告訴我：「妳好幸運，這間公寓剛好空出來，尤其妳在收容所的時間已經到了。」

第一次見到茱莉時，我坐在她對面，結結巴巴回答自己接下來的計畫，例如我要如何讓孩子有地方住、如何穩定財務、能做哪些工作賺錢。茱莉似乎理解我的不知所措，提供了幾點建議，教我如何起步。我唯一的選擇似乎就是搬進低收入住房，麻煩之處在於如何找到空房。「家暴性侵服務中心」(Domestic Violence and Sexual Assault Services Center)的人員提供庇護所給無處可去的受害者，不過我運氣好，住房局挪出一間獨立房給我，讓我有辦法朝自力更生邁進。

第一次會談時，茱莉帶我讀過一清二楚的規定，共有四頁。如果我要待在他們的收容所，就得同意那些規定：

入住者明白本所為急難庇護所；

「不」是你的家。

我們將隨時進行「尿液抽檢」。

本所「不」允許訪客。

「沒有例外」。

茱莉事先聲明，除了那些規定，他們還會隨時抽檢，確認你做了基本家務，例如洗碗、吃剩的東西不能放著不收、保持屋內清潔等等。然後，我也同意接受隨機尿檢、隨時讓人進屋檢查衛生、晚上十點宵禁。訪客必須事先獲得許可方能過夜，最多不得超過三天。收入如有變化，必須隨時通報，還得每月繳交收支表，詳細說明每一筆錢如何進來、用在哪裡、原因為何。

茱莉永遠拿出和善的態度，臉上帶著笑容說話。我非常感激茱莉不像其他公務員一臉疲憊厭世。茱莉把我當成一個普通民眾對待，說話時把紅褐色的短髮往後別。然而，茱莉說我「幸運」時，我感覺挨了一巴掌，我不覺得自己幸運。我的確非常感謝他們的幫忙，感激到無以復加，但要說幸運的話，我不幸運。我要搬去的地方，住戶守則暗示我是毒蟲，生活習慣邋遢，行為不檢點，晚間需要強迫禁足，還得做尿檢。

當個一貧如洗的人，看來和緩刑有異曲同工之處。你犯的罪是缺乏謀生能力。

※

我借來一輛皮卡，威廉、母親和我以不快不慢的速度步上樓梯，把卡車上的東西抬到二樓我的房間門口。我搬進收容所前，父親幫我租了一個倉庫；現在我們將物品移出，改放到過渡住房裡。母親與威廉穿著不能弄髒的好衣服，我有提供T恤，但他們不肯換上。從我小時候開始，母親向來體重過重，除了和父親離婚的那段期間。她號稱自己是靠只吃肉、不吃澱粉的阿特金斯飲食瘦下來。但父親後來發現母親突然有動力上健身房，不是為了運動，而是外遇了。母親有了渴望逃離妻子與母親身分的新欲望。她的大變身源自某種表白或覺醒，她明白了自己一直想得到、但為了家庭犧牲的生活。對我來說，母親突然變成好陌生的一個人。

我弟弟泰勒高中畢業的那年春天，我父母離婚，媽搬進一間公寓。十一月過感恩節時，她的身材瘦到只有以前的一半，頭髮也留長了。我們母女走進一間酒吧，我看到母親吻著和我同齡的男孩，醉倒在雅座裡。我先是一陣尷尬，接著轉換成一股說不出的悵然若失。我想要我的母親回來。

有一陣子，父親也融入別人的家庭，離婚後立刻與一名有三個兒子的女人約會。那個女人善妒，不喜歡見到我。有一天，我們父女在她家附近的丹尼斯連鎖餐廳吃早餐。吃完後，父親告訴我：「好好照顧妳自己。」

我父母各自去過自己的人生，我在情感上成了孤兒。我發誓永遠不會讓米亞遠離我，也不會讓我們母女在心理上存在著那樣的距離。

我看著眼前的母親。母親嫁給一個才大我七歲的英國男人，身材再度發福，比從前還大上幾號，胖到似乎待在自己的身體裡都彆扭。母親站在我身旁，操著裝出來的英國腔，我忍不住凝視她。她搬到歐洲大約七年了，中間我們只見過幾次面。

我有好幾箱書，搬到一半時，母親嚷著要是能吃個漢堡就好了。我們再度在樓梯上錯身時，她又加上一句：「再來瓶啤酒。」時間根本還不到中午，但母親處於度假模式，一早就有喝酒的心情。她提議到市中心的「女妖」（Sirens）酒吧，那裡有戶外座位。我好幾個月沒外食了，聽了口水直流。

我說：「我等一下有工作，但我可以去。」我每週幫朋友打掃一次幼兒園，可拿到四十五元。此外，我得把借來的卡車還回去，再到傑米那兒接米亞。

那天，母親也清掉好幾大箱物品。她有一些舊照片和小擺設存放在朋友家的車庫，這次全部帶到我的新家當禮物。我念舊，說什麼也得接收，那些東西是我們母女曾經一起生活的證據。母親留下我在學校和萬聖夜的每一張照片，上頭的我捧著人生釣到的第一條魚、在學校歌舞劇表演謝幕後捧著花。當年母親在觀眾席支持我，舉著相機對我微笑。今日她站在我的公寓裡，單單以屋內另一個成人的眼神看著我，我們平起平坐，但我這輩子沒這麼失落過。我需要我的家人。我需要看見他們對我點頭微笑，告訴我一切都會沒事的。

我趁威廉去上廁所時，和母親一起坐在地板上。「嘿。」我開口。

「有事嗎？」母親語帶防備，好像我打算向她索取什麼。我一直覺得母親很怕我向她借錢，但我不曾開口。她和威廉在歐洲過得很省，把威廉的倫敦公寓租出去，兩個人住在離觀光勝地波爾多不遠的法國鄉間小屋，打算經營B&B民宿。

「或許妳跟我可以花點時間相處？」我問：「就我們兩個人？」

「史戴芬妮，我覺得那樣不太好。」

「為什麼？」我挺直了背問。

「如果妳想和我在一起，妳得接受威廉也會在。」母親說。

這時，威廉走向我們，用手帕大聲擤鼻子。母親抓著新丈夫的手看著我，眉毛揚起，似乎很自豪她清楚和我劃下界線。

大家都知道我不喜歡威廉。兩年前，我去法國拜訪他們，和威廉激烈吵了一架，母親沮喪到跑去車上哭。我原本希望這次她回來，我們可以重拾母女情，而不只是有人可以幫我照顧米亞。我想念有媽媽，想念有個可以信任的人，一個即便我住在遊民收容所，照樣無條件接受我的人。如果我有一個媽媽可以說說話，或許她可以解釋發生在我身上的事，助我一臂之力，度過難關，讓我明白自己不是個失敗者。我感到很難堪，想和自己的母親聚一聚，還得和外人爭寵。我努力對威廉講的笑話發出捧場的笑聲，微笑聽他嘲弄美語的文法。我沒評論母親的新口音，也沒提她如今擺出高人一等的姿態，好像外婆的沙拉不是用水果罐頭和現成的人造奶油做的一樣。

母親和父親在美國華盛頓州斯卡吉特郡（Skagit County）的不同區域長大，那一帶以鬱金香田聞名於世，就位在西雅圖的北邊車程約一小時處。兩人的家族好幾個世代都生活在貧困之中，爸爸的家族定居在克利爾湖（Clear Lake）上方森林茂密的山坡地，據說遠親直到今日還在釀私酒。母親家住在河谷下游地帶，當地的農夫以種植豌豆與菠菜為生。

外公和外婆結婚快四十年了，我最早的童年回憶是他們住在林子小溪旁的拖車屋。我父母白天要工作，便把我託給外公外婆。午餐時，外公會用國民品牌萬德麵包（Wonder），做美乃滋和奶油三明治。兩位老人家手頭沒有太多錢，但我對外公外婆的回憶充滿愛與溫情：外婆會一手拿著汽水，一手攪拌爐子上的金寶湯罐頭（Campbell）番茄湯。一腳站在地上，另一隻腳勾起來，像紅鶴一樣收在大腿處。她伸手可及的地方，菸灰缸上永遠有點燃的菸。

外公外婆後來搬到市區的一棟老屋，緊鄰阿納科特斯（Anacortes）的鬧區。那棟房子年久失修，宛如廢墟。外公是不動產仲介，他會在帶客戶看房子的空檔回家一趟，從門外衝進來，送孫女他找到的小玩具，有時則是他在保齡球館的夾娃娃機夾到的獎品。

我小的時候，如果不在外公外婆家，就會打電話給外婆。我常常和外婆講話，裝照片的桶子裡就有好幾張照片是四、五歲的我站在廚房裡，耳邊靠著一個巨大的黃色話筒。

外婆後來罹患妄想型思覺失調症，出現幻覺，逐漸無法與人溝通。上次我和米亞去看她，我用食物券買了「墨菲爸爸」(Papa Murphy's）的披薩過去。那天，外婆臉上塗著粗黑的眼線、亮粉色的口紅，幾乎從頭到尾都站在屋外抽菸。我們得等外公回家才能開動。外公終於回來時，外婆說自己沒食欲了，控訴外公有外遇，甚至說外公和我調情。

儘管日後發生了許多事，阿納科特斯仍舊充滿我的童年回憶。我和家人逐漸失去聯繫，我不時還會和米亞提到包文灣（Bowman Bay）的事。包文灣位於迷幻海峽（Deception Pass）一帶，裂口分隔了菲達爾戈島（Fidalgo）與惠德比島（Whidbey）。在我很小的時候，父親會帶我到那裡健行。華盛頓州的那塊小地方，長著參天的長青植物與楊梅樹

（madrona），在我心中是世上唯一真正像家的地方。我探索過包文灣的每一處角落，熟知每一條步道、洋流微小的差異，還曾把姓名縮寫刻在楊梅樹奇形怪狀的橘紅色樹幹上，位置了然於心。每一次我回阿納科特斯看家人，都會走在迷幻海峽橋下方的海灘上，經過聳立在峭壁上的大房子，踏著羅薩里奧路（Rosario Road）繞遠路回家。

我想念家人，但很欣慰至少媽媽和外婆每個週日都會說說話。媽不管人在歐洲哪個地方，依舊會打電話給外婆。那一點給了我很大的精神安慰，彷彿我沒有完全失去母親。母親對於她拋下的人，還保有一絲想念。

※

我們在女妖吃午餐，帳單來的時候，母親又加點一杯啤酒。我看了一下時間，我得預留兩小時打掃幼兒園，再去接米亞。我在餐廳多坐了十五分鐘，看著媽媽和威廉自娛娛人，講著法國離譜鄰居的故事。接著我說自己得離開了。

「噢，」威廉揚起眉毛。「要我叫女服務生過來，讓妳付帳嗎？」

我看著威廉，回答：「我沒要請客。」我們看著彼此的眼睛，好像在對峙。「我沒錢。」

禮貌上，我是該請媽媽和威廉吃午餐。他們是客人，還幫我搬家，但他們理應是我的父母。我想提醒威廉，他才剛協助我從遊民收容所搬出來，不過我沒說話，轉頭用懇求的眼神看著母親。母親說：「那啤酒的錢，用我的信用卡付好了。」

我回答：「我戶頭裡只有十塊錢左右。」我感到喉嚨打結。

威廉脫口而出：「十塊連付妳的漢堡都不夠。」

威廉說得沒錯，我的漢堡要價十塊五九，我點了整整超出銀行存款二十八分錢的餐點，羞恥感重擊我的心，那天搬離收容所帶來的些微勝利感，瞬間化為烏有。我連一個該死的漢堡都吃不起。

我看看母親，再看看威廉，藉口要上廁所。我不需要小便，我需要的是大哭一場。

鏡子裡的我瘦如竹竿，穿著兒童尺寸的T恤與過小的牛仔褲。褲管捲起，掩飾過短的褲子。鏡子裡的那個女人工作過度，但手裡沒有任何錢能證明自己的辛勞，就連一個該死的漢堡都付不起。我平日通常壓力大到吃不下，和米亞一起吃飯時，我大都沒吃，默默看著米亞把湯匙裡的食物送進嘴裡，她能吃到一口就謝天謝地了。我骨瘦如柴，體內什麼都不剩，只剩在廁所裡哭出來的情緒。

幾年前，我想著自己的未來時，不曾料到會落魄成這樣。這種景象離我的現實人生好遠好遠，我真的沒想過會淪落到這種地步。然而，生了一個孩子、分過一次手之後，我就這樣陷在不知如何脫離的窘境中。

我回到座位，威廉仍在火冒三丈，好像一隻迷你龍。母親靠了過去，悄聲對他說幾句話。威廉搖頭，一臉不贊同的樣子。

我坐下，告訴他們：「我可以付十塊。」

「好。」母親回答。

我沒料到母親真會答應。還有幾天才發薪，我翻找袋子，拿出錢包，把卡遞給母親，和她的卡一起結帳。簽完名，我起身把卡片塞進後口袋，連好好擁抱一下說再見都沒有，就朝門外走去。沒走幾步路，我聽見還坐著的威廉說：「我這輩子沒看過這麼大牌的窮鬼！」

2 以露營車爲家

一九八三年的聖誕節，我父母送我椰菜娃娃（Cabbage Patch Kid）當禮物。媽說她為了搶那個娃娃，在傑西潘尼百貨公司（JCPenney）開門前就去排隊，排了好幾個小時。百貨公司的經理們為了阻止混亂的民眾衝向櫃台，不得不在他們頭上方揮舞著球棒。老媽像戰士一樣，硬是殺出一條血路，搶在另一個女人之前，奪走貨架上最後一盒娃娃，至少她是這麼說的。我聽著母親講這過程，眼睛瞪得好大，覺得媽媽好棒，為我而戰。我的媽媽是英雄，是鬥士，送我人人搶的娃娃。

那年聖誕節早上，小小的我抱著新買的椰菜娃娃。娃娃留著鬈鬈的金色短髮，有著一雙綠色眼睛。我站在母親面前，舉起右手發誓：「我和這個椰菜娃娃見過面、瞭解她的需求後，希望負起重大的照顧責任，我會當安潔莉卡．瑪麗（Angelica Marie）的好媽媽。」接著在領養文件上簽名。椰菜娃娃能在美國風行一時，這個領養程序是關鍵，除了展現家庭價值，還可以培養孩子的責任感。我收到娃娃的出生證明，上頭寫著我的名字。母親同時抱住我和安潔莉卡，以我們為榮。為了今天的領養儀式，安潔莉卡被小心翼翼打理過，穿上特別好的衣服。

※

打從我有記憶以來，我就想當作家。成長過程中，我寫下故事，埋首書堆，書是我的老友。我最喜歡雨天，早上待在咖啡店，開始讀一本新書，當晚在酒吧看完。我二十八、九歲和傑米在一起的第一個夏天，開始收到米蘇拉市（Missoula）的蒙大拿大學（University of Montana）寄來的創意寫作課程的明信片廣告。我想像自己是照片上的人，走在蒙大拿如詩如畫的風景裡。廣告上方以手寫字體，印出美國作家史坦貝克（John Steinbeck，譯註：《憤怒的葡萄》、《人鼠之間》的作者，作品背景多為大蕭條時代的窮人生活）《查理與我：史坦貝克攜犬橫越美國》（*Travels with Charley*）書中的引言：「……我就是愛蒙大拿。」史坦貝克寫下簡簡單單幾個字，我卻因此受到別名「大天空之州」（Big Sky Country）的蒙大拿吸引，希望能在人生下個階段，在那裡找到家。

當初我和傑米邂逅，是因為我和同事輪完關門班後，到酒吧小酌，近午夜時走路回家。

那晚草叢裡，仲夏蟋蟀叫個不停。先前跳了整晚的舞，汗流浹背，我把帽T綁在腰間。回家時，我解下帽T，預備騎很久的單車回家。我的工作褲上滴到打工咖啡廳的濃縮咖啡，嘴裡還嘗得到當晚最後一口威士忌。

外頭的涼風中，公園椅子上傳來吉他聲。絕對是鄉村歌手約翰・普萊（John Prine）的歌聲，錯不了。我停下來許久，確認那是哪首歌，結果看見一個身穿紅色法蘭絨外套、戴著棕色軟帽的男生，手拿著MP3，腿上擺著隨身喇叭，隨著音樂搖頭晃腦。

我沒多想，就在男孩身邊坐下，威士忌帶來的暖意在胸前發燙。「嗨。」我打了聲招呼。

「嗨。」男人微笑看著我。

我們就那樣坐了一會兒，在湯森港的市中心海岸，聽著他喜歡的歌，吸進夜晚的空氣。波浪輕輕拍打碼頭，維多利亞式的磚造建築聳立一旁。

我起身離開，因為認識新朋友很興奮，一時衝動，在日誌一角寫下手機號碼後撕下。「想不想一起出去？」我把手機號碼遞給他。他抬頭看我，眼神飄向從女妖酒吧跌跌撞撞走出來的笑鬧酒客，接過我手中的紙片，看著我，點點頭。

隔天晚上，我開車入城，手機響了。

「妳人在哪？」他問。

「市中心。」我的車子飄移了一下，沒能成功同時換檔、駕駛，又拿住手中的電話。

「跟我在跳蚤市場（Penny Saver Market）外碰面。」他說完便掛掉電話。

大約五分鐘後，我駛進停車場。傑米倚著一輛紅色拼裝金龜車的車尾等我，身上的衣服和前一晚一樣，酷酷地對我微笑，露出一口我在黑夜中沒注意到的歪牙。

「我們去喝啤酒。」他把捲菸的菸屁股扔在人行道上。

傑米付了兩瓶塞繆爾史密斯黑啤酒的錢，我們上了他的福斯，開車到峭壁上看夕陽。他說話時，我翻閱副駕駛座上的《紐約時報書評》。他告訴我，他預計來一趟自行車之旅，沿著太平洋海岸的一〇一號國道，一路騎到舊金山。

傑米說：「我已經請好假。」他瞄了我一眼，他的眼睛是深棕色，顏色比我深。

「你在哪裡工作？」我突然發現除了他的音樂喜好，我對他一無所知。

「噴泉小館（The Fountain Café）。」他吸了一口菸。「我以前是副廚，但現在只在那裡做甜點。」他吞雲吐霧，煙消失在峭壁旁。

「你會做提拉米蘇嗎？」我忍不住也想捲根菸。

他點頭。我知道我會跟這個人上床。提拉米蘇就是那麼誘人。

那週又過了幾天，傑米頭一次帶我到他的露營車。我站在狹小的空間裡，看著木板牆、橘色懶骨頭沙發、擺滿書的書架。

傑米看到我四處打量，連忙道歉解釋，他住在拖車裡是為了單車之旅而省錢，不過我已經瞄到桌子上方的一排書中，有詩人布考斯基（Bukowski）與哲學家沙特（Jean-Paul Sartre）的作品，一點也不在意拖車簡不簡陋。我立刻轉身吻他。

他緩緩把我推倒在白色床單上，我們吻了數小時，好像世上其他東西都不存在。他包住了我。

我和傑米最後決定分道揚鑣——我去米蘇拉，他去俄勒岡州的波特蘭。傑米建議我搬進他的拖車省點錢，我立刻就搬了。我們住的拖車超過二十英尺，但租金只要一百五十元。我們兩人的關係有明確的終點，協助彼此達成脫離這個城鎮的目標。

湯森港的勞動主力在服務業，服務觀光客，以及有閒錢在溫暖月份成群來到這裡的人士。渡輪塞滿遊客，在海面上緩緩行駛，行經本土與半島之間，開向岸邊的雨林與溫泉。海邊的維多利亞宅子、商店、咖啡廳，替城市帶來錢潮，養活眾多居民，但錢並未大量湧進。湯森港的居民除非是自己開業，要不然一般勞工沒什麼未來可言。

這裡的許多主要居民，老早就替未來打好基礎。一九六〇年代末、七〇年代初，一群嬉皮移居當時幾乎已成鬼城的湯森港，多數居民受雇於紙廠死撐。湯森港原本預計規畫成美國西岸最大的港口，但是經濟大蕭條時代缺乏資金，鐵路改道通往華盛頓州的西雅圖與塔科馬（Tacoma）兩個港口都市。當年的嬉皮，有的今日成為我的雇主與忠實顧客，買下近一世紀無人維護、有如廢墟的維多利亞式住宅，耗費多年改建，保存歷史地標，振興城鎮，開起麵包店、咖啡店、釀酒廠、酒吧、餐廳、雜貨店、旅館。湯森港改以停泊木船出名，辦起正規學校與年度慶典。復興老鎮的核心居民今日慢下腳步，當起中產階級。我們所有的服務業工作者，以各種方式服務他們，替他們工作。我們住在迷你小屋、蒙古包（yurt）、小套房，成為季節性工作者。奧林匹克山（Olympic Mountains）帶來雨影（rain shadow，譯註：山地背風少雨的區域），我們的生活形態是看天吃飯，平日服務從西雅圖搭輪船就能抵達的隱祕文青社區。海灣的海水平靜時，我們在忙碌的廚房揮汗如雨地幹活。

我和傑米都在小餐館工作，享受容許我們如此揮霍的青春和自由。我們兩人都知道，我們追求更遠大、更美好的事物。傑米協助朋友辦外燴，盡量找不必繳稅的兼差。我除了在咖啡廳工作，也在狗旅館打工，還在農夫市場賣麵包。我們兩人都沒有大學學歷，傑米坦承自己連高中都沒畢業。我們為了賺錢，什麼工作都做。

傑米的工作時間遵循餐廳典型的輪班，從午後一直到夜裡。等他在酒吧喝得微醺回到家時，多數時候我已經睡了。有時我會到市中心和他碰面，拿小費換幾杯啤酒。

接著，我發現我懷孕了，早上狂吐，胃很難受，整個世界突然不斷縮小，有如一攤死水。我站在浴室鏡子前，掀起毛衣，左看右看，打量自己的肚子。這個孩子是我在二十八歲生日那天懷上的，也是傑米的單車之旅啟程的前一天。

我如果選擇留下孩子，等於決定留在湯森港。我原本想將懷孕的事保密，按照原定計畫，搬到米蘇拉，但似乎行不通。我必須給傑米一個當爸爸的機會——我感覺不能那樣對他。然而留下來的話，我成為作家的夢想就必須延後，晚點成為我期望自己成為的人，也無法向前走，成為一個優秀的人。我不確定自己想放棄那個理想。我一直在避孕，也不覺得墮胎不道德，但我忍不住想起母親。母親當年大概和我現在一樣，凝視著肚皮，考慮眼前的選項。

我希望踏上不一樣的人生道路，但接下來幾天態度軟化，開始愛上當媽媽的感覺，成為媽媽的點子似乎還不錯。我告訴傑米孩子的事，當時他剛結束單車之旅。他一開始先耐心哄我，希望我拿掉，我說我不打算那麼做之後，他態度丕變。我只認識傑米四個月，他的怒氣、他恨我的程度，令我嚇了一大跳。

一天下午，傑米衝進拖車，我坐在電視旁的內建沙發椅上喝雞湯，努力不要吐出來，同時看著莫瑞・波維奇（Maury Povich）的真人秀節目揭曉親子鑑定結果。傑米走來走去瞪著我，就跟節目上的男人一樣，大吼出生證明上不准寫他的名字。他指著我的肚子，一遍又一遍說著：「我不會讓妳稱心如意，利用這個他媽的孩子跟我要錢。」我沒說話。每次傑米咒罵個不停，我通常保持安靜，默默祈禱他不會開始摔東西。但這一次，他吼得愈是聲嘶力竭，愈是大叫我犯了天大的錯誤，我愈想保護孩子，想要留下孩子。傑米離開後，我用顫抖的聲音打電話給父親。

我告訴父親傑米說了什麼，問父親：「我做了正確決定嗎？我真的不知道，但我好像應該知道。我現在什麼事都不知道了。」

「該死。」父親語塞：「我真的希望傑米這次會像個男人。」接著再度無言以對。或許父親等著我先說些什麼，但我無話可講。「妳知道的，我和妳媽發現懷了妳的時候，也是一樣的情況，只不過我們那時才十幾歲。妳明白，後來發展並不是皆大歡喜，可能從來就稱不上圓滿。我們不曉得自己在做什麼，也不曉得自己是否做對，但妳、妳弟、我和妳媽，我們都度過了，我們後來都度過了。我知道妳、傑米、這個寶寶也可以，即便情況不會像妳想像的那樣。」

打完電話，我坐著凝視窗外，試著不讓目前身處的環境影響我想像的未來——我們住在緊鄰一間大木材廠的森林拖車裡。我開始對自己講不一樣的話，消除自己的疑慮。或許傑米會回心轉意，或許只要多花一點時間就可以。如果傑米依然沒改變心意，我有辦法自己面對，即便我還不知道要如何做到。我做決定的依據不能是傑米，不能是和傑米一起養孩子，只是我知道至少要給他當爸爸的機會。我的孩子該有爸爸。雖然這不是撫養孩子的理想情況，我會和全天下一代又一代的父母一樣找出辦法。這毫無疑問。我沒有別的選擇。我現在是個媽媽了，我會一輩子扛起那個責任。我起身走出拖車，撕掉大學申請書，前往工作地點幹活。

3 過渡住房

我七歲時，父母搬離華盛頓州，遠離所有親戚。我們住在阿拉斯加安克拉治楚加奇山脈（Chugach）的山腳，我們上的教堂主持數個計畫，關懷遊民與低收入社區。我小時候最喜歡做的事，就是在聖誕假期送東西給貧困家庭。星期天做完禮拜後，母親會讓我和弟弟從教堂大廳的聖誕樹上，挑一個紙天使。吃完早午餐，我們會去逛賣場，按照許願清單，替年紀跟我們差不多的女孩男孩買新玩具、睡衣、鞋襪。

有一年，我和母親一起送晚餐給一個家庭。濕氣很重的公寓裡，一個男人出來應門，我耐心等待輪到我，把細心包裝好的禮物交給他。男人有一頭濃密的深色頭髮，皮膚黝黑，穿白T恤。我把裝著禮物的袋子交給他之後，母親又給他一盒火雞肉與馬鈴薯，還有罐頭蔬菜。男人點點頭，就安靜關上門。我失望地離開，原本以為男人會邀我們進去，這樣我就能協助小女孩拆開我精心挑選的禮物，我想看到我的禮物讓她多開心。我會告訴她：「這雙閃亮的新鞋是店裡最漂亮的。」我不懂為什麼小女孩的父親見到禮物沒有很開心。

青少年時期，我曾利用午後到安克拉治的市中心分發午餐袋給遊民。我和同伴向無家可歸者「見證」並分享福音。我們送遊民蘋果與三明治，好讓他們聽我們說話。我會說耶穌愛你，即便一個男人面帶微笑告訴我：「耶穌似乎多愛妳一點。」我洗車打工賺旅費，造訪下墨西哥（Baja Mexico）的孤兒院和芝加哥的兒童聖經營。回首過往的竭力付出，今日的我，卻淪落到需要搶工作，找不到地方住。從前那些慈善與急難救助活動，雖然難能可貴，其實讓窮人成了一幅幅的諷刺畫——他們是樹上的無名紙天使。我想起當年那個應門的男人，我送了一袋小禮物給他。如今換成我開門接受慈善，收下自己給不了家人的東西，接收人們偶爾心血來潮想做善事的小心意，例如一雙新手套、一個玩具。然而，我沒辦法把「健康照護」或「托兒服務」放在許願清單上。

我的父母帶大我和弟弟的地方，距離華盛頓州西北的家鄉有千里遠，遠離外公外婆，我的成長環境漸漸符合多數人眼中的美國中產階級。我們不缺基本的東西，但是我父母無法負擔太多額外支出，如跳舞課、空手道課，也沒替我們開戶存大學學費。我很快就學到錢的重要性，十一歲開始當保母，之後幾乎永遠在兼一、兩份工作。我天生要工作。因著宗教和父母提供的財務保障，我和弟弟受到保護。

我是充滿安全感的人，過著安全的生活，也深信這樣的日子會持續下去，直到人生天崩地裂。

※

我告訴傑米，我會帶米亞投奔我的父親與繼母夏洛特。傑米的眼睛瞇了起來。那時米亞還不到七個月，但是已經目睹過父親太多次情緒發作；那些打打罵罵與威脅恫嚇使我的精神受創。

「我查了一下網路。」我伸手摸口袋裡的紙，另一手抱著米亞。「政府網站上的『子女扶養費計算器』，算出來的金額似乎滿合理的。」

傑米搶走我手上的紙，揉成一團，丟在我臉上，瞪著我，不肯移開視線。「我不會付妳孩子的養育費。」他冷冷地說：「妳才該付我錢！」傑米咆哮起來，走來走去。「妳哪裡都不准去。」他指著米亞。「我會帶走米亞，讓妳找都找不到。」傑米轉身離去，怒吼一聲，把門上的壓克力窗戶打穿一個洞。米亞震了一下，發出高分貝的尖叫，我從來沒聽過她發出那種聲音。

我打電話給家暴熱線，手抖個不停，語無倫次，根本無法解釋清楚傑米反覆咆哮前發生的事。他們建議我掛掉，改打給警察。幾分鐘後，巡邏車的頭燈照亮二十英尺拖車的整個側面。一名警官輕輕敲了敲破損的門，他好高，頭幾乎要碰到屋頂。我告訴他發生什麼事，他記下一些東西，檢視拖車門，點了點頭，問我和米亞是否安然無恙，我們是否感到安全。經過一年的虐待、威脅和高分貝的汙辱，那個問題令我鬆了一大口氣。傑米大都以無形的方式發洩怒氣，不會留下瘀青或紅腫，但這一次，這一次我有辦法指出他施暴的地方，可以請某個人看一看，告訴外界：「這是他做的。他對我們做了這個。」大家看一看，點點頭告訴我：「看到了。我看見他對妳做了這個。」警方留下的報案單證明我沒瘋。有好幾個月，我都把報案單收在錢包裡權當證明書。

※

過渡住房的公寓大樓緊臨大街。我和米亞在那度過的頭幾晚，感到很不安。每當有聲響在牆壁與地板間引發回音，我都會嚇一跳。我們母女在家時，我一遍又一遍查看，確認門鎖著。我這輩子沒做過這種事，但是現在只有我和女兒，只有我能保護我們兩個。

我們母女住在遊民收容所的時候，那裡的車道直通每間屋子的門口，如果需要離開，我的車就停在門外。我不曾見過鄰居，也沒聽過他們的聲音，所有人都住在獨立的小屋裡，被大自然包圍——樹木與原野帶來的是祥和感，不是麻煩。那個小地方是我的，不必擔心有人闖入。搬進公寓後，牆壁和地板好薄，有好多不熟悉的聲響。樓梯間隨時有陌生人上上下下，大呼小叫。我盯著前門，我們母女和外界唯一的阻隔就只有那道門，隨時可能有人破門而入。

在那塊灰暗的長方地帶，我們母女被其他公寓包圍著，但只有牆壁傳來的聲響、垃圾箱裡愈堆愈高的垃圾、駛進停車場的車子，證明有人住在那裡。或許如果能見到鄰居，知道他們長什麼樣子，我將更有安全感。他們在夜間發出的聲響、腳跟碰撞地板的聲音、突如其來的低沉嗓音、孩子的笑聲，讓我永遠處於半夢半醒之間，一個晚上起來好幾次，走到隔壁房間查看睡在旅行嬰兒床裡的米亞。

大多數夜晚，我輾轉難眠，不斷回想在法院與傑米對峙的情景。

我站在法官面前，一旁是傑米和他的律師。我無家可歸，卻要爭取米亞的監護權。經歷傑米幾個月來的語言精神虐待，我陷入憂鬱，傑米很清楚，卻反過來利用這點，證明我不適合扶養女兒。我被無力感籠罩。傑米的律師與法官似乎認定我自私自利，以為居無定所也能養小孩。好像我沒有每分每秒都在思考如何改善我們母女的生活條件——如果我真的有能力。我和傑米在一起時遍體鱗傷，在地上縮成一團，哭得跟幼兒一樣。我決定不讓米亞繼續待在那樣的環境，但那項決定在外人眼中，反而像是我做得不對。沒人認為我努力提供女兒更美好的人生，只看見我把她帶離所謂「財務穩定的家」。

我靠著一股幾乎算是原始的母愛力量，打贏了監護權官司，替自己找到居所，一個可以讓米亞跟著我的地方。儘管如此，多數的夜裡，我們母女面臨的匱乏，將我包裹在罪惡感裡。那種感覺，有時深沉到讓我無法完全面對米亞。我會打起精神，在睡前念書給她聽，坐在當年母親念故事書給我聽的同一張椅子上，輕輕搖晃她到睡著。我告訴自己明天會更好，我會變成更優秀的母親。

我坐著看米亞吃東西，在廚房踱步，喝咖啡，凝視掛在牆上的預算表與工作表。如果我們當天要出門買菜，我早上會先瀏覽銀行帳戶與EBT卡（electronic benefit transfer，電子福利交易卡，這是由政府買單的食物簽帳金融卡。譯註：美國的電子化食物券，使用者可持卡至指定的超市與雜貨店購物）的明細，看我們還剩多少錢。EBT卡算是比較新型的福利制度，二〇〇二年後才啟用。我在懷孕期間申請了政府的食物券補助，傑米仍記得自己的母親當年是用紙本的食物券買菜，每次提到那段回憶就要譏笑一遍。我感激這項福利計畫餵飽我的家，但我也得提著一袋恥辱進門，每次買菜都得經歷一番心理鬥爭，憂心收銀員是怎麼想我的：這個女人獨自背著嬰兒出門，靠救濟金買食物。人們只看見食物券，看到有人用好大一張「婦嬰幼兒營養補充計畫」(ＷＩＣ)食物券，帶走雞蛋、起司、牛奶、花生醬，沒看見我們的戶頭剩多少錢。我收入不定，戶頭裡永遠只有兩百元左右，能買食物的錢就那麼多。每個月必須省吃儉用，用那麼一丁點錢撐到月初錢再度進來。他們沒看見我只能吃花生醬三明治和水煮蛋，早上的咖啡要分多次喝。當時我還不知道，不過政府其實已經努力多年，想要洗刷食物券的汙名，好讓兩千九百萬使用食物券的民眾不被歧視，方法是更名為「營養補充援助計畫」(Supplemental Nutrition Assistance Program, SNAP)。然而，不論是叫「營養補充援助計畫」或「食物券」，民眾還是認為美國納稅人辛辛苦苦賺來的錢，被窮人拿去買垃圾食物。

我儘管心神不寧，仍然非常介意自己是否是個好母親。我不是一個稱職的母親，我多半在煩惱我們能否撐過眼前這一週，而不是花心神陪伴孩子。我和傑米在一起時，他的工作能讓我和米亞待在家。我懷念能和米亞獨處一整天的時光，有時間好好觀察、好好學習、對萬事萬物感到驚奇。現在我們連活下去都感到艱難。永遠在遲到，永遠在車上，永遠在匆忙吃東西和收拾，永遠要趕去下一個地方，很少有機會停下來喘口氣。我擔心自己會遺漏或忘掉某件事，讓我們的生活陷入絕境——我真的沒空陪米亞觀察人行道上緩緩前進的毛毛蟲。

對門鄰居的馬桶沖水聲、椅子移動聲，幾乎隱隱約約都聽得見。住我樓下的女士，清楚讓我知道她的存在。每當米亞在家裡跑，樓下就會拿著掃把或拖把用力敲天花板，吼著要我們安靜。我們剛搬進來時，我掃掉陽台上的落葉和蜘蛛網，髒東西掉到樓下，樓下的女人在我正下方尖叫：「妳在搞什麼鬼！」除了一直用掃帚頂天花板，這是她第一次半直接地對我說話，破口大罵：「靠夭！」她的怒火一發不可收拾，罵個不停：「幹！妳把垃圾都弄到我家了！」我躲進屋內，輕輕關上門，動也不動地僵坐在沙發上，暗自祈禱樓下的女人不會衝上來敲門。

我樓上住著一名帶著三個孩子的母親，他們幾乎整天不在家。頭幾週，我沒見過那家人，只聽過他們弄出的聲響。我晚上十點左右上床睡覺，他們大約也在同一時間上樓。二十分鐘後，他們再度安靜下來。

某天早上天剛亮，我聽見他們出門的聲音，立刻跑到窗邊偷看。我好奇和我處於相同情形的人長什麼樣子。

女人很高，穿著紫紅色防風外套和白色球鞋，走路一跛一跛的，後頭跟著兩個學齡期的男孩與一個女孩。我無法想像那個媽媽的生活有多辛苦，我只需要照顧一個孩子，她卻有三個。那次之後，我偶爾會見到她。小女孩的頭髮永遠梳得整整齊齊，綁著辮子頭，上頭用鮮豔彩帶裝飾。我好奇他們一整天都去了哪，那個女人又是怎麼有辦法讓三個孩子那麼安靜、那麼乖。她似乎是個好媽媽，孩子很尊敬她，我羨慕這一點。我的孩子才剛學會走路，感覺她醒著的每一秒鐘都在搗亂，不肯好好待在我身邊。

有一次，社福單位的人上門檢查房子，我因此見到鄰居布魯克。布魯克告訴我：「妳會學著愛上咖啡。」她指的是住戶不能喝酒的規定。先前我和布魯克剛好打照面時，都是有點尷尬地擦肩而過，這還是我們第一次開口對彼此說話。我其實先前就認識布魯克，那感覺像是上輩子的事了。當時她在酒吧工作，幫忙倒我點的啤酒。我好奇她怎麼會淪落到此處，但我從來沒問，因為我也不希望她打聽我的事。

社區的另一頭是中途之家。我從沒和那裡的男人講過話。他們會站在通往他們公寓大樓的走道上，穿著運動褲和拖鞋抽菸。有一位老人家常有家人來接他，但其他人似乎永遠哪裡都沒去。或許他們是在中途之家服刑，我感覺自己也有點像在坐牢。

我懷念能上酒吧的日子。我懷念想喝啤酒就來一杯，不過我愛的不是酒，而是不必擔心住房局的人隨時冒出來，我想念自由。我想念擁有許許多多的自由：想走就走，想留就留，想工作就工作，要不要吃東西隨便我，休假時可以多睡一點，還有辦法休一整天的假。

我和米亞過著看似正常的生活，一天之中卻有必須待著的地方。我符合領取托兒津貼的資格，但政府只補助半天的托兒。我朋友的先生約翰開了一間小型園藝公司，他付我時薪十元拔草、修剪灌木、清理杜鵑花叢的殘花。我開車繞遍奧林匹克山的東北區，抵達一個又一個非請勿入的小社區，後車廂放著一個大垃圾桶，裡頭疊著一個我放工具與幾雙手套的白色油漆桶。有的客戶有專門收垃圾的區域，可以丟雜草與剪下的枯枝落葉，不然我就得自己裝袋，擺在人行道旁，甚至硬塞進我車子的後車廂。約翰只有幾個工作多到需要固定請我幫忙的大客戶，於是我大多數時間都在做自己接的工作，時薪逐漸提高到二十或二十五元，但加上開車時間，一天只能工作兩、三個小時。

做庭院工作，意味著我得趴在地上。多數人請我清理一整片鋪滿碎木片的山坡地。我花數小時戴著手套、穿著膝蓋處多縫一層布的工作褲，趴在地上，以有機的方式，徒手拔起一根一根的野草，裝滿水桶、垃圾桶、垃圾袋。工資還不錯，但這是季節性的工作，做個幾週就沒了，我不曉得接下來的工作在哪裡。湯森港的工作市場也是季節性的，靠的是飢腸轆轆與荷包滿滿的遊客，沒有很多能配合「媽媽時間表」的「正常」工作。就算有，我也沒經驗。我一向在咖啡廳工作或打零工，沒什麼資歷好放在履歷表上，就連每個星期日打掃幼兒園，也稱不上什麼經驗。但無論如何，我目前有工作，我會盡一切努力做好。

我中午之前會把米亞送到日托中心，她爸爸每週有三天會接她過去，照顧到晚上七點。有些晚上，米亞和傑米在一起時，我坐在陽台上，背抵著牆。某家鄰居似乎永遠和女兒待在外頭，在建築物與樹木間的一小塊草地上玩。那家的女兒比米亞小一點，母女皮膚都非常白，接近透明。我聽見那名年輕媽媽輕聲問：「要玩溜滑梯嗎？」女兒爬上溜滑梯的階梯。那座褪色的紅藍色塑膠溜滑梯，可能是好幾輪之前的房客留下的。小朋友溜下來時，媽媽發出驚喜聲：「哇！」我聽著她引導小朋友在溜滑梯爬上爬下，但我清楚自己永遠無法做出那般興奮的模樣，心想：**那位媽媽比我稱職**。

然而有一天，在同樣的傍晚時刻，警消人員走過草地上那座小溜滑梯，把它移開，以免擋路，接著一行人全都進了皮膚很白那個媽媽的公寓。我沒聽見孩子的聲音。我靠在陽台欄杆上，想知道發生了什麼事，其他幾位鄰居也一樣。一名消防員抬頭看見我們幾人，我的直覺反應是立刻後退躲起來。消防員搖了搖頭。不曉得我們這群人，這群在過渡住房倚著欄杆偷窺的男男女女，在他眼裡看起來是什麼樣子。我好奇警消人員是如何談論這棟建築物，又是怎麼講起我們，先前還曾因為哪些原因被叫來這裡。他們用擔架床把出事的媽媽推出來，我連忙躲進屋內。即使她的眼睛閉著，我仍不想讓她發現我在看；我想替她留點尊嚴。要是我，也會如此盼望。

一小時後，我離開公寓去接米亞。布魯克走出來，眼睛瞪大，臉頰紅紅的，急著要講小道消息，衝過來告訴我：「妳知道發生了什麼事吧？」

我搖頭。布魯克說，先前有人幫忙送那家的孩子回來，結果發現媽媽倒在床上不省人事，怎麼都叫不醒。原來她吞了安眠藥，還灌下一整瓶伏特加。布魯克安慰我：「不過他們及時發現，她還活著。」布魯克嘆口氣，聳聳肩，「還說什麼這裡不能喝酒。」

我的第一反應不是擔心那位媽媽的安危，也不擔心那個小女孩。我只希望這件事不會傳進傑米耳裡。我整天活在恐懼中，我擔心要是米亞在家，或是在「提前起始方案」（Early Head Start，譯註：美國聯邦政府提供的學前幼兒發展教育計畫）的日托中心出了事，我勉強取得的監護權可能會被搶走。

我讓米亞生活在貧窮的世界裡，她身邊的大人有時試圖以悲劇的方式面對這樣的人生。有的人在監獄或勒戒所待了太久，最後失去住處；有的人因為生活永遠沒機會喘口氣而忿忿不平；有的人飽受精神症狀的折磨。有一位母親最終選擇完全放棄。有那麼一瞬間，那個選擇好誘人，一陣羨慕湧上我心頭。

4 有室外遊戲空間的公寓

「請問茱莉今天在嗎？」我問。我等玻璃後的女人幫我開房租支票的收據。我每個月要付的房租費都不一樣，金額依據我申報的收入而定，大約都落在兩百元。

女人眯著眼看向接待處後方牆壁上的白板。「不在。」她嘆了口氣。「她和案主出去了。妳要留言嗎？」

我留了言。

隔天，我在會議室告訴茱莉：「我不習慣新公寓。」

茱莉沒追問原因，讓我鬆了一大口氣。

我受不了過渡住房的環境，隨時擔心住房局的人會來敲門，還得躡手躡腳，以免樓下的女人大吼大叫，用掃把柄頂天花板。我有一次甚至邀請傑米留下來吃晚餐，因為寂寞開始吞噬我。我已經很久沒出門見朋友，也沒邀請過任何人到家裡。我感到孤立，這世上沒有我的位置。

茱莉說：「在這裡等著。」幾分鐘後，她拿著幾疊文件回來。「我們可以讓妳參加TBRA。」茱莉講了一個和「運動胸罩」(tee-bra)同音的字，是「承租人導向租屋協助計畫」(Tenant-Based Rental Assistance)的縮寫。茱莉問：「TBRA和『第八類租屋補助』(Section Eight)非常像。妳在第八類租屋補助的候補名單上，對吧？」

我點頭。第八類租屋補助感覺只存在於傳說之中。人人聽過這個政府補助，但沒人真的領到過。第八類租屋補助是一種租屋券，政府補貼超過租屋者收入三到四成的其餘租屋費用。舉例來說，如果有人領最低薪資，一個月賺一千美元，那麼每個月只需要自行負擔三百美元的房租，剩下的政府全部幫你付，唯一的條件是你租的房子必須符合申請資格——通常是二到三房的房子，建築物本身必須符合第八類租屋補助的條件，相當基本，例如使用無鉛油漆、管線沒有問題等。一旦你找到這樣的房子，補助就能生效，房子可以位於州內任何地方，而且永不失效——只要房東願意收租屋券。

我的名字在三個不同郡縣的等候名單上，等待期限最短的是湯森港的所在地傑佛遜郡(Jefferson County)，只需排一年。其他我打電話問過的地方，大都要等五年以上，有的甚至不接受新的登記，想申請的人已排到天邊。

茱莉把我轉介給另一名個案負責人，第八類租屋補助與TBRA計畫的業務由她負責輔導。那個女人坐在一張大辦公桌後面，深色的短鬈髮包著一張不會笑的臉。她要我填好幾份申請書，說明未來幾年及日後的個人計畫。如果我能提供詳盡的收入證明，仔細計算收支，加上每個月二百七十五元的兒童補助，租下每個月七百元的兩房公寓，目前只需要付一九九元。

茱莉補充說明：「實際金額將依據妳申報的收入增減。」我感激茱莉從頭到尾陪著我做這次的諮詢。

TBRA的申請者還必須上課或參加講座，瞭解計畫詳情，不過主要目的是瞭解如何說服房東接受用TBRA的方式收租（最終過渡到第八類租屋補助）。我們走出辦公室，茱莉告訴我：「多數房東或多或少和第八類租屋補助打過交道，至少聽說過，但有的房東不明白那其實是相當好的制度。」我不確定那句話什麼意思，難道還能是不好的制度嗎？但我沒多問。

我們在停車場停下腳步，茱莉寫下住房補助的上課時間與交通資訊，用樂觀的語氣告訴我：「妳真幸運，明天就有一堂課。妳應該很快就有辦法搬到新地方了！」

我對茱莉點頭微笑，但其實心中不抱希望，我不覺得這類課程真能幫上什麼忙。自從六個月前我和米亞淪落街頭，我心中留下了創傷，每次要和傑米接觸都心驚肉跳。我的大腦、胃、神經，無一不隨時處於高度警戒的狀態。沒有任何事是安全或永久的。我每天戰戰兢兢走在一條地毯上，隨時都有人會把那條毯子抽掉。我看著人們對我點頭微笑，一遍又一遍說著我有多幸運，居然可以申請這個方案，母女倆租得到房子，但我感受不到絲毫幸運，我整個人生支離破碎。

社福人員告訴我該怎麼做，要去哪裡申請，填好哪些表格。他們問我需要什麼，我回答：「住的地方」、「食物」、「讓我能工作的托兒服務」，接著他們就會協助我，或是找別人幫我，也可能一點忙都幫不上，但他們盡力了。從創傷中復原十分重要，可能還是最關鍵的一步，但這件事不僅沒人幫得上忙，我也不曉得自己需要復原。幾個月生活在貧窮、不穩定、不安感之中帶來的驚慌反應，需要好多年才能復原。

※

一個狹小的房間內，大約有二十人圍著兩張桌子坐著，站在教室前面的男老師告訴大家：「你們會以為房東會喜歡這個制度。」老師叫馬克，「低收入住家能源補助計畫」（LIHEAP, Low Income Home Energy Assistance Program）的課也是他教的。一年前，我上了三小時的省電講座，課程內容是不用講也知道的常識。我試著抽離情境，幽默以對。為了領四百元的暖氣補助，你得學習如何隨手關燈。我愈來愈感到政府把需要領取補助的民眾當成教育水準極低的人，以高高在上的態度看待。這也太羞辱人了，就因為我需要錢，我一定不懂節省水電費的方法。

現在又來了。我得坐在這裡，花好幾小時的時間，學習房租補助制度如何付錢給房東，這樣我才有辦法向房東**保證**他們拿得到錢。對政府、對世上的每個人來說，他們理應不信任我。一切太不合理了，就為了來這裡上課，我得請假，找人帶孩子。我坐在椅子上瞪著馬克，馬克站在教室前方，穿著他教「低收入住家能源補助計畫」課程時一模一樣的長袖法蘭絨襯衫，高腰藍色牛仔褲整個拉到肚子上方。他的稀疏馬尾比我上次看到時長了一點。想起他的省錢建議，我笑了出來。他說節省電費的方法就是不要預熱烤箱，冷卻時則要打開烤箱門。洗完澡或沖完澡之後，永遠不要立刻放掉熱水，讓熱氣跑進房間，屋內就會溫暖一點。

馬克說：「第八類補助對房東很有利，因為保證會交租。房東只是不喜歡把房子租給需要用到第八類租屋補助的**人**。各位的任務是讓房東明白，為什麼把房子租給你們並不會吃虧。」

我想起過去兩個月來，不曉得有多少次，警察、消防員、醫護人員突襲我們的住處，確認我們保持屋內清潔，或是修理停車場壞掉的車輛。他們跑來檢查我們有沒有做不好的事，覺得窮人就是一副邋遢懶惰的鬼模樣，不洗衣服、不倒垃圾。但實際上，我們每天為了做沒人願意做的體力活，累到沒有力氣，也沒有精神。我們必須靠最低工資過活，在不同時間兼好幾份差，滿足基本需求，還要搶到安心托兒的地方。然而不曉得為什麼，沒人看得見我們的辛苦；他們只看見辛苦掙扎活下來的結果。不論我多努力提供反證，「窮」就是跟「髒」連在一起。窮人身上貼著無數的汙名，我要如何向房東證明我是一個負責任的房客？

「使用TBRA的人，必須解釋這個計畫將如何轉換到第八類租屋補助，但一定要同時強調兩者都有好處！」馬克強調：「這些美好的制度將你的房租分成兩部分，一部分你付，一部分由計畫支付。」馬克為超棒的福利激動不已。你會以為他在主持拍賣大會，而不是對第八類租屋補助的申請人講話。「房東不喜歡第八類租屋補助會在特定日期發放；他們想要每個月一號就拿到錢，你們得說服他們！」馬克拿起另一疊紙發給大家，重申：「第八類租屋補助一定會讓房東拿到錢。」

你打破偏見的高牆、說服房東租房子給你之後，還有更多障礙要克服。理論上，房東有責任符合計畫的撥款條件，他們的房子或公寓必須符合數條安全標準，包括煙霧偵測器必須正常運作等居家安全條件。多數時候，如果房子或公寓不符合標準，這個家庭就不能靠租屋券承租。這是一個難題，因為好區的房東不願意把房子租給「有第八類租屋補助的人」。我們只能在老舊破敗的區域找房子，而那種房子又無法通過入住檢查。

馬克指出：「房東必須符合第八類租屋補助規定的標準，但很多房東不肯那麼做。那是他們的選擇。那不違法，也不是歧視——」

我身旁的女孩大喊：「那就是歧視！」

我認識那個女孩，她是「水岸」披薩（Waterfront Pizza）的員工。我們曾經對視微笑。她的名字大概是艾美，但我不確定。

女孩說：「我和男友找到一棟很棒的小房子，最後卻被我朋友租走。房東說他不想租給領第八類租屋補助的人，那種人會破壞屋況。」她撫摸懷孕肚皮的底部。「他說他不想成為貧民窟的房東。」

在場的每個人轉頭看馬克。馬克把手插進口袋，不發一語。

奇蹟出現，我只花一星期就找到房子，不僅能立刻入住，也通過了安檢。我和米亞可以立刻搬出過渡住房。新公寓正對著一座戶外遊戲場，離北海灘（North Beach）僅幾個街區。我的房東葛蒂聽見我要如何付房租後，聳了個肩。我向她解釋，她會先收到我繳的部分，接著要到十號才會領到剩下的金額。

「好，沒關係。」葛蒂對著米亞微笑，米亞把頭塞進我肩膀。「這個小傢伙需要嬰兒床或其他東西嗎？」

我想要拒絕。人們試圖協助我們母女時，我的直覺反應永遠是回絕，因為有別人比我們更需要。不過，我想起米亞的嬰兒床側邊破了一個洞。

我回答：「她需要嬰兒床。」

葛蒂說：「太好了。先前的房客留下一些東西，我不曉得要怎麼處理。」她走到卡車後方，拿出一張白色的嬰兒床，跟米亞的托兒中心設備是一樣的。嬰兒床裡有一件紅色小上衣，我撿起來遞給葛蒂。

葛蒂說：「那件衣服妳也可以留著，好像是萬聖節裝還是什麼的。」

我用空著的手抖開衣服，看見帽子上縫著一對眼睛，後面還有一根填充尾巴。「這是一隻龍蝦嗎？」我露出微笑。

葛蒂大笑：「應該是吧。」

米亞沒有萬聖節服裝。現在是九月，我還沒想那麼遠，我的心思都放在找到地方住。

葛蒂幫我把嬰兒床放進屋內，手中拿著鑰匙，把新家交給我們母女。我們租下公寓的一樓，有一個前廊，緊鄰一小塊綠地，後方是大型空地。廚房一旁的飯廳有一片開闊的落地窗。弟弟幫我架好電腦，我把電腦擺在和廚房流理台相連的桌上，放進CD。米亞跟著音樂輕輕起舞，在桌旁跑來跑去，然後衝進客廳，一頭撞進沙發，接著又跑進走廊，從頭來一遍。

我把書擺滿客廳書架，掛起母親留下的幾張照片和藝術作品——阿拉斯加的藝術家畫的銀白色大地，這些畫在我小時候一直掛在家中。我掛好最後一幅樺木風景畫時，傑米剛好打電話過來。我先前留言給他。

我接起電話，傑米問：「妳又想要什麼？」

「我，呃，星期六有工作，你那天可不可以照顧米亞久一點？」

「多久？」傑米每個六、日負責照顧米亞幾小時，除了每個月最後一個週末。

我回答：「這次的工作地點離鎮上很遠，而且永遠做不完，所以愈久愈好。」

有幾秒鐘時間，傑米都沒講話。我聽見他深吸一口氣，他一定是在抽菸。我最近經常請傑米帶米亞久一點，我想趁這一季結束前，盡量多接一點工作。

「不行。」他終於吐出一句話。

「為什麼？傑米，我是為了工作。」

「我不想幫妳。」傑米脫口而出。「妳拿走我所有的錢，而且妳帶米亞過來的時候，從來不帶尿布，我還得餵她吃晚餐，所以我拒絕。」我一直拜託傑米，希望他改變心意。

「**我說我不幹！**」傑米再度大吼：「**我不想幫妳任何他媽的忙。**」他掛掉電話。

我的心臟開始怦怦亂跳。每次和傑米起這樣的爭執，結束在他習以為常的大吼大叫，我就會心律不整。這一次胸口感覺更緊，無法完整吸到氣。家暴計畫的治療師碧翠絲教我，這種時候要吐氣到紙袋裡。我閉上眼睛，用鼻子吸氣數到五，再用嘴巴吐氣，同樣數到五。我再度深呼吸兩次，睜開眼睛，米亞站在我面前凝視我，問我：「妳－債－就－什麼？」她含著奶嘴，口齒不清。

「媽媽沒事。」我彎腰抱起米亞，手指彎成爪子狀，大叫：「搔癢怪來啦！米亞開心尖叫，繞著廚房桌子跑來跑去。我緊跟在後追她，在沙發抓到她，一直搔她的癢，她笑到奶嘴都掉出來。我用雙手抱起米亞，緊貼在胸前，感受她身上的暖意，吸進她身上的氣息。

米亞開始亂動。「不要，媽媽！」她大笑。「再一遍！再一遍！」

米亞跑進臥室，我跟在後頭。這一次，沒人會對我們大吼大叫，在樓下拿掃把頂我們的地板。

5 七種不同的政府補助

我伸手戴上雨衣的帽子，慌忙遮住頭，但夏末的雨下得又急又快，我頭髮全淋濕了。我走向一道石牆，工作夥伴站在那等我，他的臉被雨帽遮住。我大聲問：「現在該怎麼辦？」雨聲淅瀝嘩啦，我扯著嗓子說話。

約翰回答：「我們回家。」約翰是我朋友艾蜜莉的先生，六個月前雇用我當園藝助手。約翰聳肩，擠出半個笑容，森林綠的雨衣上，還殘留大雨傾盆前降下的冰雹。他拿下眼鏡，擦去霧氣和雨水，再度戴上。

我垂頭喪氣。我接的工作最近很常因為下雨臨時取消，而這一季即將結束，我的主要收入來源也將隨之消失。

我們把垃圾桶、籬笆剪、耙子放上約翰黃色皮卡的後車廂。約翰上車前，再次對我微笑，然後就開走了。我目送他離開，接著瞄到自己停在路邊的車子，前座的車窗開著。**完**

蛋了。

我回到家，一腳努力在玄關的油氈地板上保持平衡，手忙腳亂脫掉橡膠靴，解開工作褲鈕扣，往下脫到膝蓋的地方，讓雙腳掙脫褲子。我的工作褲沾滿泥巴和雨水，保持原狀立在地上。老阿拉斯加人是這麼說的，卡哈特牌（Carhartt）的褲子只有到了一種時候才需要洗：脫下褲子，褲子會自己立著的時候。

那天，米亞會在傑米那裡待到晚上七點，我不太確定突然多出的時間可以做什麼。我的廚房桌上放著幾本課本，提醒我每天都得寫功課。我先前開始以牛步的速度拿學位，註冊了十二學分，有兩堂線上課程，還有一堂必須在米亞的日托中心附近上課。我見到註冊輔導員時告訴她，我只想拿文科副學士的轉讀文憑（transfer degree）。大部分的課，我在高中先修課程已經修過，也就是可以在高中取得的大學學分，阿拉斯加大學承認這樣的學分。社區大學的兩年制文憑最好拿，況且我得想辦法以最便宜的方式完成核心課程。拿到兩年制文憑後，轉到四年制大學會輕鬆一點。但就如多數沒有太多奧援的單親媽媽，我得花上好多年才能走到那個階段。

由於我報稅時已經申報扶養米亞，申請政府的念書補助不會太複雜。我申報米亞是被扶養人，又有稅單可以佐證，因此能以最簡單的方式，證明自己是以最低薪資（或無薪資）

扶養孩子。

聯邦計畫的裴爾助學金（Pell Grant）贊助低收入學生讀書，助學金額高過全職生每個學季的學費，因此我手中會多出一千三百元。另外我每個月會拿到兩百七十五元的子女撫養費，打掃幼兒園每週可領四十五元，也就是說，我和女兒每個月大約可以靠七百元撐下去。食物券的金額將近三百元，此外還有婦嬰幼兒營養補充計畫的支票。我有TBRA房租與低收入住家能源補助計畫的補貼，所以住居支出大約是一百五十元，還剩一點錢可以繳車險、電話費、網路費。冬天時我沒工作，所以米亞的日托補助會被停掉。受教育與上學不構成領托兒補助的條件，所以每週上兩次法文課時，我得另外找人帶米亞幾小時。法文不但是必修課，還得親自到場上課。我覺得上這堂課非常麻煩，但這通常是我整個星期能和別人相處的唯一機會。

許多夜晚，在米亞睡著後，我會泡一大杯咖啡，熬夜到凌晨一、兩點完成功課。米亞白天不睡午覺，永遠在講話，動來動去，隨時需要我關注她、照顧她。我找不到工作填補空出的時間，我們母女便成天去樹林與海邊散步。我有工作時，很渴望能像這樣出去走走，現在有機會了，我每天卻只能睡四小時，收入又少很多。米亞年紀小一點的時候，散步比較輕鬆。那時她還不會走路，哭鬧也只要哄一哄就會睡著。她現在長大了，意志強大的性格開始完全顯現。米亞絕對擁有獨立的人格特質，倔強固執，一個早上就能累壞我。

然而，米亞上床睡覺後，只剩我一個人在安靜的廚房裡瞪著課本。千篇一律的閱讀作業和每章結尾的討論題目，只放大了我的孤獨。那年夏天，我們居無定所，我把心思都放在尋找住處。現在一切安定下來、稍微放寬心之後，必須獨自一人照顧孩子的事實，像一陣霧悄悄鑽進我心中。我和米亞的爸爸爭執不休，到底孩子要放在他那裡多久。由於他每次只探視米亞兩、三個小時，我覺得我永遠沒機會喘口氣。米亞精力無窮，散步時堅持用龜速自己推著嬰兒車。在公園時也一樣，堅持要我幫她推鞦韆；溜下滑梯時，我也必須看著她，一遍又一遍，時間長到像是永遠。

我快三十歲了，很多朋友都結了婚，買好房子，成家立業。他們按部就班，五子登科。我完全和朋友切斷聯繫，沒臉承認我陷入什麼樣的窘境。要是停下來數一數，裴爾助學金、營養補充援助計畫、承租人導向租屋協充計畫、低收入住家能源補助計畫、婦嬰幼兒營養補充計畫、低收入戶政府醫療補助（Medicaid）、托兒補助，我一共申請了七種不同的補助計畫。我需要七種政府補助才活得下去。孩子小，錢難賺，壓力大，一團混亂中，我的世界是無聲的。

我的生日到了，頭一次沒有任何家人發現這件事。傑米八成是可憐我，同意帶我和米亞去玩陶杯彩繪。我們到「橄欖園」（Olive Garden）吃晚餐，我看著傑米把米亞抱在腿上，米亞一口一口把義大利麵塞進嘴裡。

回到我們母女的公寓門口時，我在車內多坐了一會兒才打開車門。

「你要不要進來？」我問。

「進去幹什麼？」傑米手指拍打方向盤。

我努力不掉下眼淚，我好想、好需要有傑米的陪伴。「或許你可以哄米亞睡覺？」

傑米洩了氣般緊閉著雙唇，但還是拔鑰匙下車。我看著傑米，然後轉頭對米亞微笑。他們兩個是我唯一的家人。

我希望傑米能留下來過夜，即使是睡在沙發上也好。平日裡，我每次想到要獨自一人上床，就彷彿有野獸在啃蝕我的心。我盡可能把身體縮成一團，有時我會抱緊枕頭，但心空蕩蕩的，沒有東西可以填補。我好希望那種感覺消失無蹤，但仍然揮之不去，每個晚上都在。今天是我的生日，這是多年來第一次沒人擁著我入眠，我努力不被寂寞吞噬。

「或許你能留下？」我低著頭小聲問傑米，看著地板，不看他。

「不行。」他幾乎要笑出來，走出門外，沒說再見，也沒說生日快樂。我後悔剛才開口。

我坐在地上打電話給父親。已經快晚上十點了，但我知道他還沒睡。每晚這個時候，他會和太太夏洛特一起看MSNBC頻道的《NBC新聞倒數之凱斯點評》(*Countdown with Keith Olbermann*)。我想和他們一起住。傑米把我踢出來後，我無處可去，曾經和他們一起住了幾個星期。

「嗨，爹地。」我打了招呼後沒說話，不曉得該說什麼；我需要父親，但說不出口。我們家的祕密語言就是沒人真的會開口。

「嗨，史戴芬妮。」父親的聲音聽起來有點驚訝。我先前已經不再打電話過去。雖然父親的住處只需開車一、兩個小時就到，自從三個月前慶祝米亞的生日後，我們兩人還沒見過對方或說過話。「怎麼了？」

我深吸一口氣。「今天是我生日。」我的聲音有點顫抖。

「噢，史戴芬妮。」父親深深嘆一口氣。

我們父女陷入了沉默。我沒聽見背景的電視聲，我想像父親那邊客廳是暗的，只有電視螢幕上暫停的影像發出亮光。或許夏洛特到屋外抽菸了。不曉得他們兩個是否依然週間不喝酒。

※

我最初離開傑米時，寄居在父親那裡。父親看著我半夜還坐在廚房桌邊，被堆積如山的申請書與法庭文件包圍著。我想像父親試圖弄懂我的人生發生了什麼事。他只知道我沒錢、沒房子，米亞才七個月大。父親不曉得從何幫起。他可以分我一口飯吃，但他實在沒錢。房市崩盤讓他的水電工生意受到影響。當時是二〇〇八年，地產開發商因為市場枯竭，根本沒有新案子可開發。我試著減輕我和米亞帶來的負擔，用我的食物券替全家人購買食物。我煮晚餐與早餐，白天幫忙打掃家裡，但我知道那麼做還不夠。我帶給父親和夏洛特很大的壓力，他們原本就要很努力工作，收支才能勉強打平。他們在四、五年前搬進那塊地，打算先住活動屋，再慢慢蓋出夢想中的房子，但後來房地產價格大跌，他們的計畫被打亂。夏洛特在家工作，擔任醫療診治碼分類師。她為了這份工作，重新回學校念書，取得專業證照。父親則是高中畢業後一直擔任水電工。

夏洛特離婚後買下一輛拖車，靠著普通的薪水獨自養大兒子。父親盡了最大努力，讓他們住的地方像個家，在後方蓋了很大的門廊，擺上十幾個餵鳥器。米亞喜歡從客廳窗戶看藍松鴉俯衝而下吃花生，小手揮個不停，發出喜悅的尖叫。每當米亞這麼做，父親都會笑出聲，帶著一絲敬畏告訴我：「米亞和這個年紀的妳長得一模一樣。」

一天晚上，父親回來遲了，手裡提著沉重的食物。我把米亞哄睡後，和夏洛特一起坐在客廳看電視。父親帶著一瓶酒，悄悄跑到外頭的加熱浴缸。除了電視聲，我和夏洛特開始聽見類似啜泣的聲音，有成年的男人在哭泣，我從來沒聽過那種聲音。夏洛特不斷起身，到門廊查看父親的狀況。

來來回回幾次後，我聽見夏洛特大喊：「別哭了！你嚇到你女兒了！」

我從來沒見過或聽過父親哭，但我跟天底下的孩子一樣，認定那是自己的錯。我給父親帶來重擔，在他負擔不起的時候求他幫忙。那個星期稍早，父親和我提過我得搬出去了。我向夏洛特提起這件事，夏洛特要我放寬心，愛待多久就待多久。不曉得為了我的事，父親和夏洛特起過多少爭執。

父親的崩潰讓我很不安，這代表我和米亞得另外找地方住。雖然對父親不好意思，但我沒工作，我和米亞不可能去住要付房租的地方，我根本不敢想事情會演變成什麼樣。一想到自己會瞬間無家可歸，還帶著孩子，我嚇得不知所措，回不過神來。夏洛特說得沒錯，父親嚇到我了，但不是夏洛特以為的那樣。

夏洛特第三度從屋外回來時，坐回沙發上，我們一句話也沒說。夏洛特取消電視靜音，我們繼續看《NBC新聞倒數之凱斯點評》。我沒法轉頭看夏洛特，但我試著不要動，保持冷靜。

最後，我起身上床睡覺。先前叔叔開了一輛小露營車過來，停在車道上，我和米亞暫時住在那兒。門邊的車頂會漏水，車上的迷你廚房和廁所也無法使用，但有一台電暖爐，也有地方讓我們棲身。

「史戴芬妮，妳要睡啦？」夏洛特試著假裝這是一個平常的夜晚。

「對，我滿累的。」我說出善意的謊言，在門邊停下腳步看著她。「謝謝妳讓我們待在這裡。」

夏洛特一如往常微笑，回我：「妳們要待多久都可以。」不過這一次，我們似乎都知道那句話不再是真的。

我探頭看露營車，米亞躺在摺疊沙發床上熟睡。我跌跌撞撞走到沙發床的另一頭，鑽進我們的毯子裡。我不累，只想躺在那裡，聽米亞在夜晚發出的呼吸聲，忘掉這個新環境的一切事情。我輾轉難眠，父親的啜泣聲一直在我腦中播放。或許我可以租一陣子休旅車營地，把拖車停在那裡。我們也許可以回外公在阿納科特斯的房子，但我無法想像住得離外婆那麼近，聽說她最近收留了五十隻流浪貓。

一小時後，透過拖車的薄牆壁，我聽見主屋的甩門聲。父親和夏洛特在吵架，我聽見一連串的碰撞聲，接著回歸寂靜。

我溜進屋內，想知道發生什麼事。廚房裡，冰箱上的磁鐵散落一地，桌子移位，氣氛凝重。後門廊傳來父親和夏洛特的聲音，父親還在哭，但這次一遍又一遍向夏洛特道歉。

隔天早上，我和米亞過去吃早餐，爸爸已經出門工作。夏洛特坐在還沒擺回原位的廚房桌子旁。我坐下，憑直覺握住夏洛特的手。夏洛特抬頭看我，雙眼紅腫無神。

「他從來沒有那樣過。」夏洛特凝視對面的牆壁，一動也不動。突然間，她看進我的眼睛：「他真懦弱。」

夏洛特一股腦說出昨天晚上發生的事：夏洛特告訴父親，她要搬去姊姊那裡，開始收拾行李，甚至說連狗也會帶走。我仰慕地看著夏洛特。先前傑米聽見我懷孕，瞬間變一個人，開始亂發脾氣；真希望當初我和夏洛特一樣有勇氣離開，有勇氣堅強。

夏洛特告訴我：「是我的錯。」她低頭看窩在她腳邊的傑克。「我不該讓那種事發生。」她把咖啡杯放在桌上，小心翼翼捲起袖子，露出深紫色的瘀青。

我低頭看米亞，她開開心心坐在廚房地板上，和狗狗一起玩。她輕拍狗狗的背，每拍一下，就說一次：「狗，狗。」米亞剛睡醒，頭髮亂糟糟的，還沒換掉連身睡衣。

我閉上眼睛。我得離開。

就在那一天，我打電話給遊民收容所。收容所至少可以讓我們母女在一段時間內不必流落街頭。幸運的話，我和女兒再也不必活在心驚膽戰中，害怕誰突然使用暴力。父親在工作時打給我，要我搬出去時，我已經把所有家當放上車，準備離開了。

我試著告訴姑姑和弟弟夏洛特露給我看的瘀青，但父親已經搶先打過預防針，告訴他們我是胡說八道。就連傑米對我做的事都不是真的，全是我在捏造故事討同情。

※

我生日那天晚上，父親在電話上不停告訴我：「史戴芬妮，不好意思。」父親說他那星期忙著工作，所以才不記得我的生日，但我已經不想聽，也後悔自己打電話過去。

父親試圖彌補忘記我生日的事。一星期後，我收到一張卡片，裡頭夾著一張百元支票。我看著那張支票，知道對父親來講，一百元是很大一筆錢。我還在氣他把我趕出家門，決定揮霍一下，不把錢存起來繳帳單，也不買必要的盥洗用具。我帶米亞到鎮上新開的泰式餐廳吃飯，甜點是用小碗裝著的椰漿芒果飯。米亞吃得滿臉都是，米粒黏在她細細的嬰兒鬈髮裡，得好好洗個澡。我回家把她弄乾淨後，讓她睡午覺，接著坐在廚房桌子的電腦前，決定做一件完全只為了自己的事。

線上約會網站 Match.com 已經占據我的瀏覽器好幾天了。我填好個人檔案，上傳照片，查看同年齡男性的資料。我父母都是在這個網站上找到目前的另一半，姑姑也是。我不是百分百確定能在網站上找到那個人，但我的生活的確缺一樣東西：社交生活。過去一年，我幾乎和所有的朋友失聯，與世隔絕，因為我感到自己過的日子太丟人。深夜裡，米亞早已進入夢鄉，我終於可以好好坐下。在那樣的時刻，我渴望有人陪，就算只是有個可以寫信或是講講電話的對象也好。我不想找知道我周遭發生多離譜的事的朋友；我已經厭倦自己一再講那些事。我想要打情罵俏，逃開一切，變回這一切發生前的我。那個女孩綁頭巾、有刺青，留著一頭俏麗短髮，把運動衫綁在腰間，隨著樂團起舞。我想交新朋友。

以我的情況來說，還去交友網站似乎太可悲，但我不在乎。我和千里之外的男人聊天，從猶他州鹽湖城到華盛頓州溫斯羅普（Winthrop）都有。我喜歡挑住得離我很遠的人，這樣我就不可能和他們產生感情。我不可能千里迢迢跑去找他們，他們也不可能跑來找我，因為米亞只會在她爸爸那裡待幾小時而已。約會什麼的感覺太麻煩了，我只是需要有機會笑一笑，想起當媽前的那個我，想起貧窮讓我不再有喜怒哀樂之前的那個我。我已經完全不是那個人，那個人無憂無慮、自由自在，看心情決定要不要見朋友，打三份工存錢去旅行。我需要知道那個人依然存在。

我如果誠實以對，我會承認我在找一個伴，或是暗自希望找到。我的不安全感，或是我理性、實際的那一面，明白那種事成真的機會渺茫。我領政府補助維生，焦慮症定期發作，尚未能夠處理先前經歷的大部分精神虐待，甚至不曉得自己受到的心理影響有多深。我的人生有點像是陷入新身分帶來的僵局，當上母親把從前那個我銷磨殆盡，我甚至不確定自己是否喜歡這個新的人。天底下有哪個腦筋正常的人，會想和**這種人**在一起？

單單上了約會網站一個月，真的有一個網友跑來見我，我嚇了一大跳。他住得不算遠，就在華盛頓州的斯坦伍德（Stanwood）。我找房子的時候，覺得住哪都好，只要不是湯森港就行，曾經開車經過斯坦伍德好幾次。斯坦伍德是一個迷你農業社區，就在我父母家族居住的斯卡吉特郡南方。有點近又不會太近，一旁是有無數沙灘的卡梅諾島（Camano Island），大都杳無人煙。這個網友除了占據地利之便，他在電子郵件上，談起他的曾祖父在一片地上蓋起房子，後來在屋內舉槍自盡，讀起來像是美國作家史坦貝克的作品。

這個網友名叫崔維斯。他大談他居住的農場，流露非常陶醉的神情，我有點訝異，因為他曾經短暫搬離。崔維斯說自己有一張嬰兒時期的洗澡照片，照片裡的「浴缸」就是他每晚刷牙的洗手台。崔維斯的父母從他祖父手中買下農場，現在夫妻倆依舊住那裡，在那工作，獨資經營馬匹寄宿事業。崔維斯的母親負責記帳，平日還要照顧五個孫子。單憑這點，就足以吸引我，讓我答應崔維斯吃晚餐的邀約，遠勝過隨時都能騎馬。

那天晚上，崔維斯把餵馬喝水吃飼料的工作交給父親幫忙，非常願意來湯森港一趟。我和崔維斯在渡輪碼頭碰面時，他瞪大眼睛，滿臉驚奇。

「我沒搭過這渡輪。」崔維斯有點氣喘吁吁。「我甚至不知道湯森港就在這裡。」他緊張地笑了起來，我提議散步到女妖酒吧。時間才下午四點，店裡不會有客人。我知道要是有人看見我和陌生人出去吃飯，一定會跑去告訴傑米。幾個月前，我結束一整天的庭院工作後，感覺需要到市區喝杯啤酒放鬆一下，結果就有人跑去通知傑米。我去接米亞時，傑米指控我是酒鬼。在那之後，我盡量不進酒吧。

我和崔維斯在酒吧內找了空位坐下，兩人都點了漢堡和啤酒。我瞄一眼六個月前我和媽媽、威廉坐過的戶外區座位，那是我最後一次踏進女妖。我感覺崔維斯也不像常出門的類型，點餐時手忙腳亂。但我猜他只是緊張，我對他太感興趣，沒去多想。

「所以你究竟是做什麼的？」儘管崔維斯在信上、在電話上都告訴過我答案，我還是又問一遍。

「我早上清理馬廄，晚上餵馬，中間處理其他需要處理的事。」崔維斯似乎不在意我感興趣地問東問西。我們其中一人試著開玩笑時，他總是一下子就笑起來。「不過如果是乾草季，隨時都要幹活。」

我點頭，一副我懂的樣子。「你們自己種草，餵寄養在那裡的馬？你們有多少匹馬？」

「我父母在他們的馬廄裡養了兩匹，還有幾匹朋友寄養的馬。」崔維斯大咬一口漢堡，我等著他說下去。崔維斯身上穿的似乎是工作服，藍色牛仔褲上有破洞和油漬，腳上是棕色皮靴，褪色的T恤外罩著帽T。我穿得和他差不多，只是我穿的是好一點的幸運牌（Lucky）牛仔褲，是我夏天在寄售商店買的。「蘇珊，那個分租場地的女人，在她的馬廄教課。大馬廄大約可以養一百二十匹馬，但我們現在只有一半。把馬寄放在我們這邊的人，已經傾家蕩產，再也無力養馬，甚至連出錢請人把馬帶走都沒辦法。」

我沒想到養馬的開銷那麼大，但我知道照顧馬的工作繁重。在我很小很小的時候，一家人住在祖父母家旁邊。有許多夏日，我待在長長的泥土路盡頭的屋子裡，我父親在那裡長大。祖父退休前是伐木工，他會牽著一排排的馱馬走入森林。我在米亞那麼大的時候，祖父把我放在馬背上。我不需要馬鞍就能騎馬的技術，勝過用自己的雙腿跑步。我滿腦子幻想著米亞也能過同樣的生活。

天色漸暗，我陪崔維斯回到渡輪碼頭。我們擁抱說再見，我想把臉埋在他的胸膛上，不想放開。崔維斯身上有馬匹、乾草、油脂、木屑的氣味，那是工作的氣味，我的心解釋為「安定」。幾種氣味交融在一起，帶來我抗拒不了的懷舊感。我小時候跟著爺爺一起修車、騎馬、遞鐵釘給父親。崔維斯的擁抱令我回想起各式各樣的時刻，撫慰著我，彷彿帶我回到自己的家。

6 農場

我闔起單刃的戈博刀（Gerber），放回工裝褲口袋，和崔維斯一起把數十綑重七十磅的乾草塊放進粉碎機，切成半吋長，混進木屑，鋪在馬廄地上。秋天的空氣濕黏地附在臉上，我抹去額頭上深黃色的髒汙，重新戴上剛才夾在腋下的工作手套。我停下來喘口氣，把綁著乾草的紅繩扯向自己。只要割斷乾草塊繩結處前方的繩子，就能輕鬆解開，整塊乾草不至於散掉，比較好撿起薄片，扔進粉碎機。但如果切斷繩結後方的繩子，則會頑強地要鬆不鬆，掉下大塊乾草，拖慢工作速度。

我的腳邊堆起乾草屑。崔維斯大喊：「妳那樣不對！」

「抱歉！」我喊回去，盡量聽起來像是真心的。我一次又一次處理堆積如山的乾草，碎成更細、更多的乾草小山。

我和崔維斯第一次約會後，才過了四個月，我和快兩歲的米亞，就搬到斯坦伍德和他一起住。我們已經同居大約九個月。崔維斯平日在屋外的農場上賣力工作，進屋後眼睛幾乎都黏在電視上。我們兩人的關係帶來穩定的生活和一個家，不過更重要的或許是我獲得隱形的認可。有崔維斯在，我成為家庭成員，我完整了。但沒料到自己會失去獨立性，我先前不知道，獨立讓我的母親身分有價值。在崔維斯眼中，我的價值要看我在屋外的農場上做了多少工作。對他來講，我在屋內做的清潔與煮飯等家務毫無價值。我找不到工作，我的價值因此要看我協助他完成了多少工作。問題出在我只能靠傑米付的一小筆育兒費與食物券撫養米亞。我看著崔維斯因為我大量參與的工作拿到錢，但一毛也分不到。

一開始，每天晚上餵飼料和水給五十多匹客戶寄養的馬很有趣。週末的馬廄清潔工辭職後，崔維斯自願接手，每週多賺一百美元。此外，他的父母還會付他一百元的餵馬費。週末，米亞待在她爸爸家，我早上七點就起床，到外頭幫忙清理馬廄，再加上原本每天晚間都要餵馬。我看著崔維斯從他父母那收走一疊工資，但他完全沒分給我。

第二次發生這種事的時候，我問他：「崔維斯，我不也該拿到錢嗎？我有幫忙做事。」

「妳要錢幹什麼？」他氣沖沖地回答：「妳又不必付帳單。」

我忍住長年累積的羞辱帶來的淚水，尖聲說我的車子需要加油。

「拿去。」他抽出一張鈔票，給我二十塊。

我們開始吵架——每次我拒絕幫忙餵馬，桌上沒晚餐，或是我選擇睡過頭，知道崔維斯會用冷暴力來懲罰我。我瘋狂地找工作，Craigslist或地方報刊登的每個工作機會，我幾乎都試過了，每星期投三、四份到十幾份履歷，但鮮少得到回音。後來一位朋友把我的電話轉給需要新員工的清潔公司，我當場就被錄取。這份工作感覺可以做，時薪十元，老闆珍妮可望每星期給我二十小時的工作。這樣一週我就有屬於自己的兩百元，或許甚至不必在農場上工作了。

崔維斯爬下牽引機，我告訴他：「這是一份好工作，所有要打掃的房子都在斯坦伍德。公司那邊似乎連訓練期都不用，我可以直接上工，工資不必繳稅。」我試著甜甜一笑，儘管我們已經好幾天說不到兩句話。「我感覺這是老天賜給我的工作。」米亞現在兩歲半了，和崔維斯一起住的日子讓她非常快樂。老實講我也一樣，但主要原因是，有崔維斯在，我就能避開單親媽媽的汙名。

「什麼？」崔維斯看起來有些生氣，似乎只聽進一半我說的話。他身上穿著我們第一次見面的衣服，我試著回想第一次擁抱他的感覺。一年前，我在他的臂彎裡感覺很安全，但如今那雙手太討厭我，不願意抱我。

我跟在崔維斯後頭，他把拖車掛在牽引機後方。我試著和他講道理：「如果我早上兼差，米亞可以整天待在日托中心，我就能到農場幫忙了？」我說服我自己，在農場工作是在付我的房租跟帳單。我受不了還要開口討加油的錢。

崔維斯面無表情地看著我。

「我會努力工作，清理馬廄。」我拋下自尊，哀求起來：「我會餵馬，弄水給牠們喝。我會盡量煮晚餐，雖然我討厭煮東西。」

崔維斯說：「只要妳到農場工作，煮不煮晚餐無所謂。」他嘆了一口氣。

我等著。

「幫我弄碎這些乾草堆。」他再度爬上牽引機。

牽引機的引擎聲震耳欲聾，我大聲問：「所以你覺得這份工作可以嗎？」崔維斯瞄了我一眼沒回答。我只能悶聲不響，跟著堆滿乾草塊的拖車走到馬廄。

當時是二〇〇九年初冬，全球深陷金融危機，人們無力為了娛樂或任何目的養馬。崔維斯和他父母的馬匹照顧生意，陷入前所未有的低潮，苜蓿與鋪馬廄用的木屑成本又升高。多數設備已經老舊不堪。崔維斯的父母無心經營事業，大部分工作都靠崔維斯一個人完成。乾草季節時，他不眠不休地工作，一天待在牽引機上十二小時。寒冷的月份，他通常會修理東西，處理結凍的水管，每天早上打掃四十到八十間馬廄。

乾草屑滿天飛舞，我抬頭一看，沒想到看見崔維斯的笑臉。第二堆乾草大致已經磨碎一半，乾草屑布滿他頭上的紅色棒球帽，還有帽T的肩膀部位。他伸出戴手套的手，撥亂我的頭髮。我躲開，丟了一把繩子在他身上。崔維斯大笑，藍色眼睛讓整張臉亮了起來。

※

珍妮的清潔公司看上去井然有序。她像是拿皮包一樣，隨身攜帶一本排了大量客戶的行事曆。我第一天上工時，珍妮交給我一組打掃工具、一卷紙巾。我在某位客戶俯視峽谷的棕色大屋子外，和珍妮及其他清潔婦碰頭。珍妮把我介紹給大家，連名字都沒講，只說：「這是新來的。」其他人點點頭，沒握手，也沒看我，忙著從自己的後車廂拿出打掃托盤。來應門的客戶是一位戴著髮捲的銀髮女士，她微笑迎接，彷彿我們是受邀上門吃晚飯一樣。所有人走進屋內，各就各位，我站在原地等候指示。

年紀最大的清潔婦吩咐我：「妳負責清理主浴室。有時間的話，連臥室也一起整理。」她似乎名叫崔西。她指著一個房間，床邊是一張用襯墊過度填塞的粉紅色大椅。我還來不及開口問任何問題，她就走了。

我大約清理到一半，珍妮過來檢查，有幾秒鐘面無表情，接著微笑告訴我：「看起來很不錯！」然後再度消失無蹤。我走出浴室，每個人都在收拾東西準備離開，珍妮說：「跟著我們到下一家。」我上工的第一個星期，天天如此。大隊人馬降臨一間房子一小時，每個人分散到不同角落與房間，再一路清理到前門。接著回到各自老爺車組成的小車隊，浩浩蕩蕩前往下一棟房子。

珍妮是清潔隊的核心人物。她的草莓金頭髮綁成緊緊的馬尾，散發高中風雲人物的氣質，期望每個人都要討好她。珍妮教我如何清理時，不論是臥室或浴室，總是微笑說著：「弄得亮晶晶！」我噴灑清潔液，用紙巾擦拭，拿螢光色的羽毛撣灰塵，離開時噴灑空氣芳香劑。

每個女孩似乎都有自己最喜歡的打掃區域。有的人喜歡整理廚房，有的人喜歡在客廳和臥室吸地，但沒人喜歡掃廁所，所以廁所的工作就落到新人頭上。

有的浴室看似乾淨漂亮，鋪著粉紅色的馬桶坐墊，地毯、毛巾和浴簾也是相同的玫瑰色系，但不代表馬桶就不會髒兮兮。我覺得最噁心的是東一根、西一根的陰毛，但久了也見怪不怪。我學會就算戴著手套，清掉馬桶旁的小垃圾袋時，也能不碰到衛生棉、保險套、沾滿鼻涕的衛生紙和頭髮團。人們習慣把處方藥罐擺得洗手台上到處都是，放在牙膏或玻璃杯旁。我的工作確實是到府清潔，但我總希望屋主可以愛乾淨一點，收拾一下自己製造的混亂。光是把每樣東西拿起來擦一擦，抹一抹底下的檯面，再整齊排好，少說就得花上五分鐘。

我跟著清潔隊出勤一星期後，我被分到跟一個年紀大我十歲左右的女人一組。她留著及肩的棕色鬈髮。其他人都在抱怨她，但只敢私底下講，不敢讓珍妮聽到。安潔拉因為抽菸的關係，牙齒和指甲泛黃，也沒人正式介紹我們認識，直到珍妮指派我們兩個自行到下一棟房子打掃。

珍妮吩咐：「安潔拉熟悉那些房子，她會教妳怎麼過去。妳以後就負責載她，早上去接她。安潔拉，我今晚會傳簡訊給妳，告訴妳明天要打掃哪一棟，可以嗎？」接著珍妮揮揮手，載著另外兩位清潔婦離去，看來我的訓練期就這樣結束了。

隔天，我和安潔拉到當天的客戶家中打掃。安潔拉進門後，開始和屋主聊天。那是一對中年夫婦，身穿燙得整整齊齊的卡其色衣服。我忙著打掃廚房和浴室，安潔拉似乎無所事事。我快要打掃完主臥室時，才聽見她開了一下吸塵器。

安潔拉關掉吸塵器，微笑問我：「妳好了嗎？」

先前珍妮把我分配給安潔拉時，另一位清潔婦等珍妮離開後，才偷偷告訴我，打掃時要多留意安潔拉。「安潔拉會偷拿房子裡的菜瓜布和紙巾。」理論上，我們應該自行掏錢購買打掃用具。有時我們打掃完房子，安潔拉還會從客戶的櫥櫃裡偷拿零食，拿著剩下半包的洋芋片或一條蘇打餅跳上車。我看著安潔拉大快朵頤，心知肚明我們進到客戶的房子前，她沒帶那些食物。

安潔拉一點也不在乎我譴責的眼神，還把袋子推過來問我：「要吃嗎？」我簡直想尖叫。

「不用。」我等著那天跟我們同組的兩位清潔婦，看她們什麼時候會開出車道跟上來。那輛車由崔西負責駕駛；她的黑色短髮髮根白了一吋。她停下來點菸。

安潔拉看到崔西在抽菸，第三次或第四次問我：「嘿，我可以在妳車上抽菸嗎？」安潔拉和米亞一樣，喜歡趁我很累、可能會讓步的時候提出要求。

我脫口而出：「不行。」

安潔拉說：「那我去問問能不能搭崔西的車。」她打開車門，衝向崔西開始倒車的車。

我沒向珍妮提過安潔拉的所作所為，乖乖低頭做事不抱怨，很珍惜能有一份工作。然而，我需要更多的工作時數。珍妮提到員工時，感覺很照顧他們。安潔拉似乎跟了她很久，資歷可能比我們所有人都長。我好奇安潔拉的故事，不曉得她是如何墮落成今天這個樣子。我好奇所有同事的故事。她們發生了什麼事，怎麼願意為了少得可憐的工資，跑來這間公司打掃廁所？

有一次，前往下一家的時候，難得車裡只有我和珍妮。珍妮告訴我：「安潔拉以前是我最優秀的員工。她日子過得不太好，我很同情她。」

我嘴裡說：「我懂，看得出來。」但老實講，我完全不懂。我和安潔拉一起打掃房子時，她會東摸摸、西摸摸，翻翻雜誌和櫃子，而我幾乎得用加倍的速度做事，補完她的份。一陣子之後，我得了富貴手，身上都是氨水、漂白水味，還有一股吸地前會在地毯上撒的一種粉末味。

冬天讓我的肺布滿濕氣，才上工幾週，就得了嚴重的支氣管炎；我試著用喉糖和感冒藥壓下症狀，但愈來愈嚴重。一天早上，我和安潔拉轉進一條石子路，抵達一棟藏在林間的海軍藍房子，我大咳不止，差點喘不過氣。

「噢噢，」安潔拉用病態的聲音關心：「妳也病啦？」我試著深呼吸，但就像是摀著一條濕毛巾呼吸。我藏不住自己的病，氣惱地看向安潔拉。安潔拉說：「或許我們該打給珍妮。這一家住了老人，我不認為我們應該進去打掃。」安潔拉拿出手機，找著珍妮的號碼。

安潔拉背對著我，走開幾步。我來不及阻止她，她就撥號了。我對她揮手搖頭，用嘴型告訴她「別打」，但她依舊跟珍妮講個不停。

安潔拉像小孩裝病逃學那樣，裝出低啞的聲音：「史戴芬妮病得很嚴重，我覺得我也被她傳染了。」她用肩膀夾住手機，從口袋裡掏出一包菸，發現是空的，皺起眉頭，把空盒扔進她的清潔用具托盤。

我不想損失今天的工資，也不想要還是新人就請病假。我需要這份工作，我不希望珍妮認為我很懶惰。我下車，硬是卸下打掃用具。安潔拉不理我，繼續說：「星期四下午，我可以。」她看著我，露出一個大大的笑容，比出大拇指，開心今天放假。她對著電話說：「太好了。」臉上仍在微笑，忘了裝出生病的聲音。「好，我們再跟妳聯絡。」

「我跟妳說了不要打電話。」我站在車尾，安潔拉走過來。我的心跳得很快。我已經告訴崔維斯今天要工作，要是他發現我提早回家會不高興，但我更不舒服的是今天沒賺到錢。「我不能少做一天工，妳難道不知道嗎？」

「小女孩，別擔心。」安潔拉把幾乎沒裝什麼的清潔用具托盤擺回我車上。「明天還會有更多工作。」

我沒再多說什麼，開車載她回家。我故意轉大收音機的聲音，不想跟她講話。安潔拉跟著音樂搖頭晃腦，在腿上打節拍。我不敢相信她對於損失今天的工資，一點都不緊張。我想問安潔拉她是怎麼有能力養孩子、有地方住，我想多瞭解她的情形，因為我同樣是沒房子的貧窮單親媽媽。那是我和崔維斯在一起的部分原因，只不過我不曾向任何人坦承這件事。安潔拉的家就在崔維斯家的轉角而已，那棟房子已經公告是危樓。政府要求安潔拉搬離，但她置之不理，沒水沒電也繼續住。

然而，我那天因為損失了二十元的收入，同情心與好奇心就此消失無蹤。我停在安潔拉的房子前，頭壓低，眼睛試著不要盯著門上好幾張危樓通知單。

安潔拉呆坐一陣子才下車。「妳能借我錢買包菸嗎？」

我瑟縮了一下：「一包菸是我一小時的時薪。」我知道她在利用我的不好意思，纏著我借錢。

安潔拉點點頭。她大概看出我有多不高興，甚至瞭解我真的沒錢借她。

我等她取走自己的清潔用具托盤，試著不看向她的房子。我不希望她感到尷尬，我還記得自己前一年住收容所是什麼感受。其他清潔婦私底下在說，安潔拉最近失去孩子們的監護權。我不曉得那個說法真確與否，不過我送安潔拉回家時，的確沒再看到孩子的蹤影。

「我走了。」她關上車子行李廂。我點頭，試著不去想她接下來一天會做什麼，只希望隔天早上來接她時，她已經準備好了。

同一個星期的幾天後，我們再度回去打掃老夫婦的家。看得出他們二人一起建立了生活，屋內四處擺滿家人的照片，如今他們將攜手走完人生最美好的歲月。那家的先生和安潔拉說說笑笑，我看著他收拾太太吃穀片的碗，幫她拿心愛的毛毯，讓她舒舒服服坐在沙發上。想到他們之中有一人會先走，我就感到心痛。我很難不去思考我在客戶生活中扮演的角色。

我成為一名證人。詭異的是，我是隱形的，沒有客戶知道我的名字，即便我每個月在他們家中待上好幾個小時。我的工作是擦去灰塵與髒汙，讓地毯毛呈現整齊的線條，同時維持隱形。我幾乎感到我認識客戶的程度，比他們的親戚還深。我知道他們早餐吃什麼、看哪些節目、是否生病、病了多久。就算他們不在家，我仍看得見他們，因為他們在床上留下痕跡，在床頭櫃留下衛生紙。我以很少人、甚至沒人能做到的方式認識他們。

7 最後的希望

珍妮答應給我更多工作時數，但一個月後，仍是說到沒做到。不曉得為什麼，她似乎不是很喜歡我。或許是我不夠健談，不夠關心誰跟誰去約會，也可能是我沒控制好情緒。我煩躁不安，因為工作時間不穩定，沒辦法事先抓好托兒的預算，也沒辦法找人帶孩子。也或者，我整個人就是太暴躁。

儘管如此，我還是忍受珍妮糟糕的管理技巧，有工作就接。安潔拉做事愈來愈馬虎，珍妮晚上交代工作時，改把簡訊傳給我。我渴望擁有正常工時，珍妮原本答應我一週會有二十小時的工作，後來卻變成十小時不到，一切要看安潔拉有沒有去上班，這個問題一直沒解決。我也無法抱怨早上要坐在安潔拉的房子外枯等十五分鐘，等她穿好衣服，最後晚到屋主家。珍妮認為抱怨的人不懂得團隊合作。每當安潔拉在那邊吹噓自己有多喜歡做黑工，可以多領政府補助時，我原本就緊抓著方向盤的指關節失去了血色。安潔拉無所謂的態度惹惱了我，我和她原本應當互相照顧，但我更關心米亞該怎麼辦，我們母女的未來又會如何。

安潔拉做事亂七八糟，崔維斯又把我出去工作當成和朋友開讀書會，認定我在找藉口偷懶，不肯做家裡重要的農場工作。我要照顧米亞，又要打掃家裡，弄得焦頭爛額。每當崔維斯用眼神暗示我該去餵馬了，我就怒火中燒，不高興的情緒愈來愈強烈。身為「農夫太太」的家庭生活，帶來一連串的衝突，我感到十分不安，前途未卜，不曉得和崔維斯同居的生活還能維持多久。萬一事情再度生變，我和米亞唯一的保障是我工作賺錢的能力。只是長期來說，珍妮並未提供足夠的工作，讓我安心養活我們母女。

※

「一流清潔」（Classic Clean）是一家有政府立案的清潔公司，幾乎永遠在地方報上的分類廣告徵人，只見粗體字寫著：「**誠徵清潔人員！**」我打算萬一珍妮那邊做不下去，就來應徵這一家。看來是時候了。

「嗨，妳是史戴芬妮，對吧？」應門的女人問：「剛才有沒有迷路？這裡的地址有點難找，房子蓋得很亂。」

我試圖擠出溫暖笑容，儘管我剛剛才因為崔維斯把廚房踩得到處都是泥巴，和他吵架吵到哭。我說：「妳的指示很清楚。」女人看起來很得意。

「我是羅妮。」她伸出手。「一流清潔的人資經理。」

我和羅妮握手，把履歷遞過去，她看起來嚇了一跳，似乎不常收到履歷。

「噢，妳的經驗可真豐富。」羅妮看起來很開心。這個工作機會是我最後的希望。只要能賺到錢，我就不必再次打給一家又一家的遊民收容所。我擔心受怕，氣自己為什麼淪落到這種地步。如果有固定的工作時間，有一份真正的工作，就能換取獨立，我們母女就能活下去。我和米亞的未來端看我有沒有工作。

羅妮點頭示意，要我坐到兩座大型附屬建築物之間、長形辦公區後方的一張桌子。羅妮稍早在電話上告訴我，她們的公司有營業處，地點是老闆潘姆名下的產業。「找張椅子坐下，填好我們的申請表。我們需要妳同意我們做犯罪背景調查。沒問題吧？」

我點頭按照指示做。幾分鐘後，羅妮在我旁邊坐下，告訴我：「妳聽我的口音，大概就知道我是澤西（Jersey）人。」的確，聽羅妮說話，就像美國義大利裔喜劇演員丹尼・德維托（Danny DeVito）的妹妹。羅妮身材矮胖，頂著一頭蓬蓬的馬蓋先黑色鬈髮。你會忍不住想討好羅妮，她性格直率，公事公辦，講話有如連珠砲似的，講一大串話後會停下來，等我吸收她剛才講的話，揚起眉毛，等我說「好」之後才說下去。

羅妮指著她辦公桌後方的一個布告欄：「這是我們的班表。」布告欄大到羅妮必須踩著矮凳，才有辦法碰到最上方。「每一位客戶的名字會寫在標籤上，按A週、B週、C週、D週輪流。看這個箭頭，就知道現在是C週。有的客戶一個月打掃一次，有的每週打掃一次，但大都是兩週一次，也就是一個月兩次。每位清潔人員用一個彩色圓點代替，這樣我們就知道哪位人員負責哪位客戶。」羅妮停下來看我，問：「聽懂了嗎？」我點點頭。「好，如果妳的背景調查過了，我不是不相信妳會過，但是妳懂的，有時候結果出來會嚇人一大跳。」羅妮停下來笑了一聲。「反正等妳通過，我們就會請妳過來，發給妳清潔用具托盤、吸塵器，還有幾件上衣。妳穿幾號？S號？M號？妳大概不會想穿S，有點呼吸的空間比較好。我想我們還有幾件M號。還有問題嗎？」

我有一肚子的問題想問，像是工資多少，工作時數多少，公司有沒有提供健康保險，有沒有給薪病假，但那些問題似乎都不重要。最重要的是我取代的那個人是黃色圓點，也就是說，如今布告欄上的所有黃點都代表我要上工，包括隔週的週三、週四、週五，還有每個月的一個週一。

羅妮指著牆上的海報，上頭寫著「時薪八．五五元」，也就是華盛頓州目前的最低工資。羅妮說：「受訓期間，我們只能付妳這麼多錢，不過之後是九塊錢起跳。」也就是說，如果我最終能全職工作，一年可賺一萬八千七百二十元，但那是不可能的。羅妮說公司政策是每天不能工作超過六小時，超過的話，就可能因為過勞而不小心受傷。此外，通勤時間也不支薪。先前在珍妮那兒會將我開車到下一家客戶的時間計算在內，所以一天會多付一、兩塊錢。新公司這邊的話，我開車來往兩個客戶的家就可能耗掉兩小時，但是都不算錢。下工回到家，還得自掏腰包買洗衣精，把抹布和黑色制服洗乾淨。制服上的公司名稱「一流清潔」旁，繡了一隻紅色小鳥。

羅妮似乎不在意我站在那研究班表，她繼續解釋公司的制度。許多客戶的房子一次的清潔時間是二至三小時，少數幾間是四小時，有的是六小時。我被分配到的每間房子，都附一張打字的資料，詳細說明每個房間該如何打掃，必須在多少時間內完成。羅妮抽出其中一張解釋。大部分的房間會列出相關的注意事項，例如提醒清潔人員哪塊瓷磚鬆脫了，以及最容易沒清理到的地方，還有萬一客戶忘了拿出乾淨的床單，可以在哪裡找到等等。單子上巨細靡遺列出雇主要我做哪件事，以及我可能碰到的情況，包括晚上不准聯絡、一切用簡訊安排。我可以事先安排行程，提前三個月得知，當月的第二個星期三要在某間屋子換床單，接著開三英里路抵達下一家。我沒料到自己有多渴望這樣的固定作息，可以確切知道要做什麼真好；我努力隱藏湧出的淚水，想要擁抱羅妮。

羅妮隔天打電話給我。我接到電話時，剛剛和安潔拉打掃完某位客戶的房子，不耐煩地坐在車上，等安潔拉在屋內收尾，試著不去想她可能正在拿走不屬於自己的東西。

「妳通過背景調查了。」羅妮說：「我就說一定沒問題，只不過公司規定要確認一下。」

「喔，我懂。」老實講，我很慶幸他們這麼謹慎。

「妳今天下午有空過來一趟拿東西嗎？」羅妮問：「老闆潘姆不在，但我幫妳處理好，妳就能上工了。或許拿完東西到我家一趟，就在公司那條街走下去而已。妳清理一下我的浴室，還有到處掃一掃，當成小小的職前訓練。」

我試著聽進羅妮在說什麼。意思是我被雇用了，而且下午就開始工作。我有工作了，一份真正的工作，有薪資條，還有固定的工作時間。「太好了！聽起來不錯！」我突然喘不過氣，幾乎叫了起來。羅妮大笑，要我下午順道過去辦公室。

小時候，星期六早上是家裡的大掃除時間。那天媽媽會等事情都做完了，才換掉浴袍。我會在飄進臥室的鬆餅和培根或香腸的香味中醒來，屋裡播放美國鄉村田園音樂家喬治・溫斯頓（George Winston）的鋼琴曲。吃完早餐後，大家各就各位，心不甘情不願做著事先分配好的家事。我負責浴室。有一陣子，我和弟弟的工作只有一起清理浴室，但我很會打掃，媽媽一直讚美我，所以我想要連主浴室也一起負責。媽媽常在她朋友面前誇我有多會清理浴缸，我得意極了，覺得自己是小大人。

母親一向注重儀表。我想要的衣服如果是白色，她就會說：「妳一定會弄髒。」我小時候也不能塗指甲，因為媽媽說女孩子的指甲油要是缺角，看起來就像是下等人。我五、六歲時，某個週六晚上待在外公外婆家，我看著外婆把手腳的指甲塗成深粉紅色，接著她小心翼翼幫我塗，我已經提醒她媽媽會非常生氣。隔天早上上教堂時，每到要合掌禱告的時候，我都把最上面的指頭凹進去，以免被發現。

一流清潔清理客戶房子的方法，和珍妮的公司十分不同。我將成為沒有名字的鬼魂，依據客戶的行程，或是看有人打掃時客戶是否想在家，在早上九點或下午一點前抵達，很少有下午三點半以後的工作。羅妮說：「妳知道，那段是媽媽時間，孩子都在學校。」我必須用特定的方式清理房子，一定得和前一位清潔人員用一模一樣的方法、花一樣長的時間，以免客戶發現換人了。我得勤奮工作，眼睛要利。廚房的爐盤一定得擦到亮晶晶，每次打掃都要把枕頭抖蓬，廁所衛生紙每次都要摺成一模一樣的小三角。

我最初的訓練測試是清理羅妮與潘姆家的廚房與主臥，我一定會好好幹。她們兩人都有位於林子裡的兩層樓漂亮住宅，不是豪宅，但也不小。我載著新補充的清潔用品，跟在羅妮的 Kia Sportage 休旅車後頭，一起抵達她家。我帶走仔細盤點過的清潔用品，而且一絲不苟記錄在員工檔案上：有兩瓶噴霧、一盒彗星牌（Comet）去汙粉、兩塊海綿、一雙黃色手套、五十條白抹布、兩支雞毛撢子、一台歐萊克（Oreck）吸塵器、兩根拖把。羅妮要我只使用公司的用具，用完就回公司補充。我們聊了一下，她找出所有我會用到的清潔用品，開始試掃。我提到那天晚一點還要送米亞到她爸爸家過週末。

羅妮說：「噢，我懂，我完全懂，相信我，真的。」羅妮說她在女兒十歲時再婚。「還有潘姆。妳知道，她也一樣。妳知道嗎？她開這家公司時是單親媽媽。妳們兩個一定有很多話可聊。」珍妮也是單親媽媽。我在想，不曉得有多少清潔人員是焦頭爛額的母親，又要處理家裡的事，又要找勉強餬口的工作。當清潔工感覺像是不得已而為之。

羅妮讓我用她家電話打到辦公室，正式打卡。我聽完語音訊息和「嗶」一聲之後，說出留言：「嗨，我是史戴芬妮．蘭德，我要開始打掃羅妮的房子。」說完後掛掉電話。

「不對！」羅妮大叫一聲，害我嚇了一跳。「妳還得說日期和時間！」羅妮說完後立刻糾正自己：「好吧，反正訊息播放後，本來就會記錄日期和時間，不過妳每次上工和收工都得打電話。一定得用客戶家裡的電話打，這樣才會有來電顯示。我們是靠這個辦法追蹤員工的出勤。」我眼睛微微睜大，點點頭。羅妮交給我塞滿客戶資料的文件夾時，這些話她都交代過，但我就這樣忘了一堆事。公司的指示這麼多，看來羅妮得經常一念再念。

羅妮指著和小巧廚房隔著走廊的浴室：「這間浴室的重點是要特別清理檯面，還有洗手台後面那道牆。」羅妮說自己使用大量的髮膠，鏡子上方也的確擺著兩罐水網牌（Aqua Net）的造型霧。「其他東西則和一般的浴室一樣，妳知道的，馬桶、浴缸、蓮蓬頭。」羅妮拍拍我的肩，「盡力掃，好了叫我過來檢查。」

我懷上米亞的幾年前，一度很想找咖啡廳以外的工作，應徵過「快樂清潔婦」（Merry Maids）的地方分公司。上工第一天，我在辦公室裡看了四小時的訓練影片。影片中，一個金髮女人穿著獵人綠的polo衫，仔細紮在卡其褲裡，面帶笑容，戴上護膝。興高采烈的女性旁白說著：「我們要怎麼清理地板？沒錯，跪下來趴在地上。」我瑟縮了一下，不過那段訓練影片真的很有用：每種空間、每個房間、每塊地板，都可以想成方格圖。快樂清潔婦教打掃人員按照固定的方向做事：由左至右，由上到下。從那時起，我不管打掃什麼地方，腦中都會冒出那支影片。由左上角開始，一路往右、往下，直到完成工作。

我幾乎是靠直覺打掃完羅妮的浴室，直接從浴室門的左方與鏡子左上方開始。沒噴到鏡子上的髮膠，幾乎全都黏在原本一定得清理的浴室表面上。此外，你也不太會漏掉小地方，清潔人員的工作基本上就是碰觸房子表面的每一寸。有的房子有四間臥室；兩間全套浴室、兩間半套衛浴；加上廚房、飯廳、起居室。想到有那麼多寸的表面要清理，不能漏掉任何一處，你很容易覺得工作排山倒海而來。

我告訴羅妮，我清完她的浴室了。她噘起嘴，準備驗收成果。她進到浴室幾秒鐘後，就大喊：「史戴芬妮！」

我連忙跑進浴室。羅妮面對著鏡子彎下腰，接著立刻起身，然後又彎下去，要我做相同的動作。羅妮指著鏡子上我漏掉的地方，那個地方只有彎腰從下方才看得到。羅妮摸了摸檯面：「全部要重清一次。」她搖搖頭。「檯子和牆上的髮膠要整個泡過。」

我瞪大眼睛，剛才完全忘了要清理牆面。

羅妮要我用手劃過浴室檯面，感受到表面黏黏的，吩咐我浴室的每個地方都要摸過一遍。髮膠形成的膜的確到處都是，就連馬桶後方也一樣，那裡我也忘了清。

羅妮拍拍我的肩，安慰我：「不過浴缸和淋浴間看起來很不錯。」她走出浴室，留我在原地重做一遍。

我站在空蕩蕩的浴室裡，凝視鏡子裡的自己，想起母親當年是如何向朋友炫耀：「史戴芬妮把浴缸刷得亮晶晶的。」鏡子裡站著一個丟臉、駝背的女人，她想逃開這一切。她不但得在另一個女人坐在房間裡蹺腳看目錄時，清理她的馬桶，還被叫去再清一遍。

就在我快要有足夠像樣的工時前夕，珍妮把我開除了。當然，沒有什麼正式的程序。她只在晚上八點隨便寄了一封簡訊，把我一腳踢開，就在她臨時要我隔天去掃某間房子，而我拒絕之後。那個時段，我得去打掃一流清潔公司的另一間房子。珍妮事先知道我那天沒空，卻完全忘記有這麼一回事，仍然以此為藉口開除我。

珍妮在簡訊上寫道：「是妳自己說，妳需要更多工作時數，我才特地幫妳找了這個客戶。這樣不行。我需要具備團隊工作精神的員工。」

我沒替自己辯解，反正我知道羅妮會很開心，這下子我就可以把所有時間都排給她們。一流清潔公司的工資較低，但比較有制度，也比較實際，所以我願意接受。至少目前不接受不行，我也只有這家的工作能接了。

8 色情雜誌屋

新工作開始的頭兩週，我跟著我即將取代的凱薩琳到處跑。凱薩琳個子高高的，年紀比我大，但她開的Cherokee吉普車型號很新。凱薩琳說自己離職後，將全職幫先生的營建事業管帳，當清潔工只是在先生生意不好時，幫忙補貼家用。凱薩琳看上去很累，但是很開心這是她最後一次去客戶家打掃。

兩星期以來，我跟著凱薩琳的吉普車，四處造訪不同的房子，試著模仿她不慌不忙的樣子。我注意到在聖誕節前夕，客戶通常會寫小卡片給凱薩琳，裡頭夾著十塊左右的小費。客戶不曉得一共有兩名清潔人員進了自己家門，也不曉得我即將取代凱薩琳。每次碰上客戶留錢，凱薩琳都表現得像是遇上開心的驚喜，所以我想那大概是聖誕節的特別禮物，並不是平時客戶都會多給一點錢。我得整整工作一年，每一個馬桶親手刷二十四次，才會得到十元小費。

清潔客戶大都要求我們從後門或廚房側門進出。我們進入屋內時，帶著噴霧與刷子擺放整齊的工具箱、一大袋方形白抹布、一台吸塵器與拖把。最初我不太曉得該如何使用那些清潔用品。一流清潔公司的做事方法和珍妮那邊相當不同，每樣東西都得親自用手刷過。我的工作不再只是撣灰塵，把東西擦得亮亮的、噴得香香的，得改成用大量的海綿、刷子、有機肥皂和醋做事。

我試著一次就把所有的清潔用品拿下車，跌跌撞撞進屋，按照指示擺在「工作站」。我打開文件夾，翻開到時間表那一頁，寫上客戶的姓氏，打電話給辦公室，留語音訊息打卡，回報開始打掃的時間。最初，每一間房子都得跟時間競賽，才有辦法在規定的三、四個小時內掃完，再次打卡。

我的日子再度規律起來，早上第一件事是先送米亞去轉角的日托中心。我一直覺得那家中心不好，但那是唯一一間接受用托兒補助繳費的機構。那個地方不但寒冷、擁擠，員工看起來很痛恨自己的工作，米亞還一直帶新的傳染病回家，上一個病剛好，下一個又來。米亞必須待在托兒所，我才能工作——即便得犧牲她的健康。對我們母女而言，我的賺錢能力是現在唯一重要的事。有一次，我站在日托中心門口，握著米亞濕黏的小手，我知道她需要我。她需要我們一起待在家裡，但我無法向她解釋，要是媽媽因為和她待在家而丟了工作，我們兩個會有什麼下場。我們站了一會兒，才走進大門。我低頭看著米亞，米亞的上唇掛著兩條濃濃的綠色鼻涕。

一個深色頭髮的女人經過我們身邊，問米亞：「妳鼻子流的那是什麼？」我猜那個人是日托中心的助手，我沒見過她。女人對著米亞講話，但其實是在問我。米亞要我抱她，那個助手搖頭走開。把米亞留在這兒，我感到於心不忍。昨晚米亞吐了之後，我別無選擇，只能讓她先吃泰諾感冒藥（Tylenol）撐著。

米亞的日托中心只有在孩子無精打采、連吐好幾次或發高燒時，才會打電話要我接她回家。有時我把米亞接回家，得把她放在電視前的沙發上，蓋上毯子，讓她半握著裝了果汁的吸管水杯，動也不動，直到晚餐與睡前的洗澡時間。我忙著煮飯和打掃家裡時，崔維斯會坐在旁邊陪她，兩個人一起看卡通。

我愈來愈怨恨崔維斯，但看得出他是真心愛米亞。崔維斯喜歡有這個小傢伙在車裡陪他，或是一起坐在沙發上看電視。不過我喜歡我們三人象徵的意義，大過喜歡人本身。崔維斯是很好的父親人選，傑米缺乏的特質他都有。他和我父親一樣熱愛工作，淡季時就做一些搞笑的事和煎鬆餅，但那樣的風趣對我來說遠遠不夠，我不喜歡看到人懶散的樣子，成天只知道盯著電視螢幕，但米亞看到崔維斯時眼睛會發亮。我羨慕米亞能夠那樣，我希望自己也深深喜愛著崔維斯。我辛苦工作一整天後，崔維斯和米亞一起坐在沙發上的景象，讓我萌生一絲安全感——或許一切都會沒事的。

凱薩琳離職後，我和羅妮培養出一種默契。每次碰上新客戶，她會一起登門，向屋子「介紹」我，好像每間屋子各有靈魂，而我必須認識那些房子。

介紹房子是羅妮最開心的時刻。她似乎真心感到自己和那些房子都有交情，俏皮地對我眨眼睛：「現在輪到你們好好認識彼此。」

羅妮跟我介紹的每一間房子的大小事，大都不在我們拿到的客戶資料文件裡。有一些叮嚀是客戶永遠不會看到的，例如「你得進到淋浴間用力刷，這個地方真的有夠髒」，或是「小心那間房間的半套衛浴，小便都積在地板上」。我眼界大開，以全新的方式看待自己的工作。在專業外表下，我們私底下都明白這份工作令人反胃的本質。

我剛開始在一流清潔公司任職時，一個人打掃固定幾棟房子。星期三工時長，一天要做六小時，清理兩棟相鄰的小房子，兩棟都蓋在懸崖邊，俯視著海洋。

我的許多客戶都住在卡梅諾島一帶，離米亞的日托中心僅三十分鐘車程。許多客戶通勤到埃弗里特（Everett）或西雅圖上班，至少得花上一小時。我實在不清楚他們的職業，大概是大城市的醫生和律師吧，才付得起他們稱為「家」的屋子物業稅。卡梅諾島位於美國本土與惠德比島之間，因此我打掃的房子大都享有大海景觀。星期三要清的兩棟房子最小間，獨立車庫是客廳的兩倍大。

羅妮要我週三先打掃一對夫婦的房子，好讓另一間的獨身屋主從容做好出門準備。早上，我們走向第一棟房子，羅妮把頭揚向隔壁的房子：「我們給那間的屋主一點時間起床出門，他病得很重。」我問他怎麼了，羅妮聳聳肩：「他太太過世了。妳以後就知道了，很令人難過。」

從那時起，我就把那棟房子命名為「悲傷之家」（Sad House），我想不到別的名字了。其他房子的暱稱則要等我比較熟悉後才取，如「抽菸女士之家」（Cigarette Lady’s House）、「農場之家」（Farm House）等等。

我展開新的清潔工作。那種感覺有些奇怪，星期三的兩家客戶都不知道清潔人員換了，只是我和房子已經熟悉彼此。除非特別吩咐，不然羅妮不需要事先告訴屋主有新的清潔工，因為清潔人員是隱形的。客戶要是知道流動率那麼高，對公司的形象也不太好。平日有那麼多陌生人進出他們的屋子，客戶多少會不舒服。我不是他們專屬的女傭，我受雇於公司。而客戶聘請的是公司，他們信任的對象是公司，不是我。我每個月在客戶的房子待上六小時，但他們連我的名字都不曉得。

星期三要掃的第一棟房子，我日後命名為「色情雜誌屋」（Porn House）。認真算起來，那棟房子只有三個房間，大窗戶正對著峭壁，屋子後方有座玫瑰園。那麼小的空間卻住著兩個人加一狗一貓，意思是到處都是灰塵、毛屑、皮屑。我得特別留意壁爐架、電視機上方和洗衣間。

羅妮打開一扇拉門，眼前出現一個方形淋浴間，到處都是落髮、洗髮精瓶子，還有看起來像是一團綠色鼻涕的東西。羅妮指示：「這間得泡過。」

公司只發放非常少量的清潔劑。我的托盤裡有一個重複使用的瓶子，裡面一半是水，一半是布朗博士（Dr. Bronner's）的橄欖皂。另一個瓶子裝著四分之一的白醋，其餘是水。我手上有一盒彗星去汙粉、一塊浮石、一把牙刷、幾塊綠色菜瓜布、兩種尺寸的刷子。眼前的淋浴間表面，結著一層明顯的肥皂浮垢和汙垢，公司對這種情況有明定的清潔程序。

第一道手續是拿走所有的洗髮精瓶子、毛巾、絲瓜絡，整整齊齊擺在門外，接著把整個淋浴間噴上一流清潔公司所謂的「全效清潔劑」，先泡一泡。等清完浴室檯面和馬桶，再將一個剪成一半的小牛奶瓶裝水，放進淋浴間。我將用上海綿、刷子、兩瓶噴霧、幾條抹布，再次把玻璃門的內面噴上清潔劑，在海綿上撒一點彗星去汙粉，接著整面刷乾淨，由左到右，由上到下。

接下來，用醋水清一遍，用抹布擦乾，擦洗任何漏掉的地方。好了之後，清理淋浴間剩下的地方，方法一模一樣。我第一次造訪時，整整花了一小時才把淋浴間弄乾淨，我很希望用的是「真正的」全效清潔劑。一流清潔公司雖然不標榜以「環保的方式」打掃，但公司利用天然清潔劑壓低成本，全靠清潔人員刷得要死要活，才能去除汙垢。我不曾告訴主管這件事，但我的脊椎神經有問題，沒辦法用慣用的右手抓海綿或刷東西。我從小就有脊椎側彎的毛病，但最近因為做清潔工作，壓迫到連結右手臂的神經。如果要刷色情雜誌屋的淋浴間，我得右手握拳，把海綿壓在牆壁上，使盡吃奶的力氣，用指關節施力。如果要清淋浴間地板上的肥皂垢，我得夾住手肘，握拳，用上半身全部的力量壓著右手做事，以免傷到手。右手太累就換左手，不過頭幾個月碰上一天要掃六小時的工作日，回家後我會連晚餐的盤子都拿不太動，也提不了購物袋。

我頭幾次打掃時超過了時間，老闆潘姆很不高興。超時的話，一流清潔不會向客戶額外收錢，多付的工錢得自行吸收。我沒因此多拿到多少工資，但潘姆抱怨錢難賺，公司壓力很大，好像我多花了十五分鐘打掃，就會害她本人傾家蕩產。我很擔心會花太多時間，壓力很大。我不懂怎麼可能只花三小時，就能裡裡外外打掃完一整棟房子，就算是小屋子也一樣。

我是掃過色情雜誌屋好幾次之後，才取了那個名字。有一次，我走進臥室換床單，看見床頭櫃上的電子鐘前，擺著一瓶潤滑液，被亮紅色的數字照得閃閃發亮。我瞪著那瓶潤滑液，感覺它會撲到我身上。我慢慢靠近床角，不想碰到那瓶東西。床頭櫃下方的抽屜沒關好，露出一本《好色客》（*Hustler*）雜誌，我腳邊還有一雙扔在地上的髒襪子。

我掀開床罩時縮了一下，快速扯下床單，把手包住，拿走襪子。我把所有東西都扔進洗衣機，按照受訓內容，換上乾淨的床單——兩個對角要整齊塞進下方，被套則要整件鋪到床頭。撢灰塵時，我決定把床頭櫃留到最後才整理，以免碰觸到潤滑液。看黃色書刊自慰是人之常情，但大剌剌擺在外頭要清潔人員收拾，那就不禮貌了。

我心想：**或許他忘了今天是星期三**。

然而，過了一段時間後，我發現在色情雜誌屋的整體故事中，潤滑液只是一個小徵兆。住在那棟房子的夫妻似乎各過各的人生。女屋主是護士，工作時間不定；我會知道此事，是因為後方房間的椅子上，小心擺著護士的手術服。我看不出這家的男主人是做什麼的。我假設他們是夫婦，但是牆上沒掛任何婚禮照，只有兩人穿著情侶毛衣的照片。整棟房子有些陰暗，因為兩位屋主顯然偏好海軍藍與深綠色等暗色。廚房水槽上方的窗台放了一個畫架裝飾品，上頭寫著：「我們為了貓在一起。」

色情雜誌屋浴室裡的垃圾桶是滿出來的衛生紙、衛生棉、衛生護墊、一團團的牙線。藥櫃門沒關好，露出一排排的處方抗生素。從淋浴間的衛生紙和鼻涕，看得出他們其中一人的鼻竇問題一直沒好，跟我和米亞一樣。住在美國西北潮濕氣候帶的民眾，八成都有這種健康問題。家中、地下室、窗框上會一夕之間冒出一片片黑色的黴斑。

客廳放著沙發和兩張椅子，正對著方形電視與壁爐。護士似乎喜歡坐在檯燈旁的沙發上，他們的貓通常也坐在那兒。護士的先生顯然都坐在椅子上。一旁的籃子裡，過期的《好色客》雜誌被塞在幾疊旅遊雜誌裡。大約有一個月的時間，飯廳桌子上擺著好幾本介紹全包式度假村的冊子，但我不認為他們曾經成行。客戶如果出門玩，通常會取消打掃服務。

屋子後方，洗衣房旁的那間房間有一張整齊的單人床，床邊的椅子擺著摺好的護士服。後方角落有幾疊言情小說，那種雜貨店貨架上會擺的書，插圖是裸著上身的肌肉男擁抱長髮女子。不曉得為什麼女屋主睡在後方的房間，主臥明明有一張特大號雙人床，還有狹長的梳妝台，上頭擺了一個套著狗項圈的甕。或許男主人會打呼，或許女主人上床睡覺和起床的時間不固定，兩人才分房睡。

然而，成人雜誌和言情小說讓我嚇一跳。我想像他們分睡在不同的床上，各自幻想擁有不同的伴侶，八成還幻想著不同的人生。

我和崔維斯也開始過起那樣的生活。儘管還不到那種程度，但是崔維斯下工後會吃我煮好的食物，接著就坐在沙發上一連看四小時的電視。最後，坐到我們的床上，繼續看有計時器的小台電視，他通常會設定六十分鐘。

我最初和崔維斯同居時，他有一面超大的電視螢幕，和加大的雙人床床墊一樣大，擺在自己做的電視架上。他讓螢幕往前傾，調好角度，用大鎖鏈固定在牆上。我第一次到他家時，目瞪口呆地看著那台電視。後來他又升級，改成一般的平面電視，放在店裡買的電視櫃上。但那個螢幕尺寸跟之前的差不多大，我同樣看不順眼。

崔維斯送我的三十一歲生日禮物是一台筆電。米亞夜晚上床睡覺後，我坐在廚房桌前寫網路日記。這個習慣是我的右手很難使力之後養成的，我連筆都拿不太動。我有時會在崔維斯看電視時，背對著他，用那台電腦寫作業，在網路上和朋友聊天。

9 搬家大掃除

對我來講，為人母通常意味著得狠下心，學著和孩子分離，祈禱回去時會再度被接納。我和米亞、傑米的關係一團混亂時，我從治療師那學到的許多理論都說，如果要培養孩子的情商與適應力，孩子的人生中必須有一位一直都在的照顧者。那個大人告訴孩子，自己會一直陪在他們身邊，也真的說到做到。這點很重要，甚至是絕對必要。在孩子的人生中，不論有多少其他的照顧者來來去去，只要最主要的照顧者從頭到尾都在，那就夠了。米亞出生的頭幾年，經常被送來送去，一下到日托中心，一下到爸爸家過週末，因此我嚴格要求日常的行程及家中作息是可預期的。每次洗完澡後是一連串相同的動作：把浴巾擺在馬桶上，抱起米亞，放在浴巾中間，用另一條毛巾擦乾她的身體和頭，用相同的方式搔癢。每一次講完床邊故事，我會親親米亞，告訴她：「晚安，我愛妳，早上見。」這麼做，同樣是為了提供孩子熟悉感。這是我身為母親能給米亞最大的禮物，因為我要耗費龐大的心力，才能保證自己永遠會在，絕不食言。我希望，就算米亞人生的其他部分一團混亂，至少她知道只要在我們稱為「家」的地方，鬆餅都是用同樣的方式切片。

說再見，就如同學習和虐待我們母女的男人分享我的女兒，永遠好難好難。每天早上，車子一停進日托中心的停車場，就要上演丟下米亞的肥皂劇。走進教室時，中心人員得把黏在我身上的米亞拔下來，米亞會尖叫亂踢，哭喊著叫媽媽。我告訴米亞：「再見，親愛的，媽媽愛妳。吃完點心後，我就會來接妳。」隨即狠心轉身離去。有的日托中心工作人員從我這兒接過米亞後，還會抱她一下，但大部分的人會強行從我身上搶下她，然後就把她放在地上。我得看著米亞對著窗外哭，不斷敲打玻璃。

把米亞托給也是老人之家的日托中心，起先似乎是個好主意，因為米亞很少有機會見到自己的祖父母。然而，當我每天兩次走過日托中心的走廊，看見工作人員讓院民排隊吃藥，當著老人家的面抱怨他們身上臭死了，我感覺像在親眼目睹人生的盡頭。相較於我打掃的悲傷之家，住老人院似乎是最悲哀的離世方式。

※

悲傷之家永遠不會髒。有時我得擦掉浴室地板上的血滴，馬桶也很恐怖，但除此之外，每樣東西都覆蓋著一層薄薄的灰塵。屋主是一名老年人，除了上醫院，大都待在家裡，但似乎極少使用房子。

從照片判斷，老人的妻子在一九八〇年代晚期過世。起初我還以為女主人近日才離世，但我找不到她過去幾年的照片。她蒐集的小玩意還擺在窗台上，迷你的解憂娃娃和鳥巢整整齊齊排成一列。廚房桌子上方的軟木留言板，釘著她的手寫待辦事項。浴室有兩個洗手台，屬於她的那一邊，吹風機掛在鉤子上，插頭依舊插著，每次我來打掃都會撣撣灰塵。先生的水杯裡放著梳子和藥物，每次我來，藥都不一樣。我因為好奇他得了什麼病，查看過他服用的藥物。我感覺他得的是心碎。

浴室架子上，就在男主人平日站著看鏡子的正後方，擺放著他妻兒的骨灰。某張照片裡，兒子站在山頂，擺出「和平」的手勢，頭上綁著綠色大手帕，鬍子很長。相框裡寫著一首常見的詩：

別站在我的墳前哭泣。
我不在那，我沒長眠。

下方有兩個並排的小盒子：一個是上頭裝飾著立體玫瑰的粉紅色陶盒，另一個是暗色的白鑞容器。男主人妻子的照片倚在粉紅色容器後方。我打開過兩個盒子，想看裡頭裝什麼，結果看到來自殯儀館的骨灰、標籤和報告。

男主人平日吃雜貨店熟食區的糕餅和三明治，喝加了大量卡魯哇酒（Kahlúa）的咖啡，年約六、七十，依然喜歡打高爾夫，在印第安賭場賭博。車庫放著一艘逐漸腐朽的漂亮快艇，還有一台吉普ＣＪ。客廳牆上的照片是他妻子站在那輛吉普車前方，臉上戴著太陽眼鏡在微笑。男主人會站在臥室玻璃拉門的門框上，抽無濾嘴的駱駝菸，天氣好的話則在前門廊抽。他的小兒子住在兩小時車程外的地方，似乎不常來探望父親。老人孤獨一人，生命逐漸在妻子去世後就沒變過的靈堂裡消逝。他一輩子五子登科，有好工作、好房子，娶了心愛的女人，夫妻四處遊山玩水，但他仍將孤獨地離開人世。

我第一次打掃完悲傷之家的那晚，回家後不禁一直想起我的客戶。我原本覺得當清潔工是一份不需要用腦的工作，只為了付帳單，沒想到這下子這份工作在我的生命留下痕跡。我在屋子裡感受到的脆弱，讓我多多少少忘記自己的苦難。我不曾遇過屋主本人，沒和他們講過話，許多客戶甚至不知道我的存在，但是他們變得像是我會在遠方擔心、好奇、照顧的親友。我好奇我的客戶在晚間做些什麼、坐在哪裡、前一天吃些什麼、看了什麼、他們每天的心情。我的生活如今變得好安靜，而這些人給了我期待，給了我希望。我除了希望好運能降臨在自己身上，也希望別人能夠幸福。

※

米亞一直在轉班，原因是日托中心的職員流動率太高，招生人數又起起伏伏。有幾週的時間，每次我見到米亞早上班的老師，老師連忙擦去自己的眼淚，才接過我那不斷反抗尖叫要媽媽留下的孩子。我偷聽到老師告訴另一位家長，在一個如此低薪的地方工作實在太辛苦。她怒氣沖沖地說：「我念了大學，卻只能做這種工作。」我不喜歡把米亞交給這位老師，也氣自己無法負擔更好的托兒所，至少是薪資能讓員工活下去的機構。

一天早上，分離顯得特別困難，我上車後哭了起來，縱容自己幾分鐘，用愛與情感關照自己的悲傷情緒。那天，我得比平常更早送米亞去日托中心，孩子拖拖拉拉不出門，最後還是遲到。我的煩躁情緒顯露出來，沒送飛吻說再見便離開。我心神不寧，想著人生無常，萬一我死於車禍，米亞對母親最後的回憶竟是我狠心離去，不顧她又哭又叫，把她扔給陌生人？

那天早上，我特別脆弱敏感。我知道接下來兩天，我將在卡梅諾島收不到手機訊號的地方工作。我不喜歡離米亞太遠，也不喜歡把她交給日托中心，那不是什麼溫暖、溫馨的環境。我尤其討厭萬一米亞白天出事，沒人聯絡得到我，只是這次是很好的工作機會，我不想錯過。

羅妮在電話上告訴我：「客戶要求搬家大掃除，我們現在很少接這種案子了。」大部分的清潔工作，一流清潔公司都會告訴詢價的客戶大概的費率。公司會和屋主碰面，判斷工作量，盡量估算所需時間（有時含清潔人數）。一般的客戶要求每週、每兩週或每個月打掃一次，那種打掃有固定的時數與價格，但如果是施工清潔和搬家清潔，通常會有議價的空間。

我的班表是輪流打掃五、六間房子，不過那些房子全都是一個月掃兩次，甚至是一個月一次。也就是說，我大都是兩週領二十小時左右的工資。我無法找別的工作，因為每星期的打掃行程都不一樣，只能被動等待更多的工時從天而降，有什麼工作都接。羅妮問我有沒有興趣接搬家大掃除，我立刻興奮地答應，甚至感謝她優先問我，沒先找其他員工。

這次要掃的房子是兩台拖車合併的組合屋，就在我平日打掃的「廚師之家」（Chef's House）同一條街再過去。我命名為「廚師之家」的原因是屋內有巨大的爐面。屋主有一次碰巧在家，他站在廚房爐子旁，人占據爐子與中島之間的整個空間，輕輕撫摸著爐子外緣，告訴我：「我為了買這個寶貝，還跑去借個人貸款，價格大概是妳開的車的兩倍！」我不懷疑他講的話，但我試著不要因為他特別指出我開舊款的速霸陸（Subaru）旅行車而皺眉，詢問他有沒有特殊的清潔指示。我每兩週清一次這間屋子，每次我來，整片爐面都油膩膩的，因為屋主很愛使用擺在流理台上的油炸鍋，以及無數罐各種風味的橄欖油。他每星期一定使用油炸鍋很多遍，因為整間房子都浸在油臭味中。「有。」他特別用手指著強調：「不要用菜瓜布的粗面刷！」為了不留下刮痕，我得用五、六條抹布擦個不停。

我把車開進要進行搬家大掃除的雙拼組合屋車道時，已經遲到十分鐘。潘姆也在，她帶著當天一起打掃的其他人。我衝過去加入大家，趕緊誠心道歉：「抱歉遲到了，米亞今天早上不希望我離開她。」

潘姆不大高興，喃喃自語說孩子要懂事一點、乖一點，父母需要工作。我沒請潘姆再講一遍，解釋為什麼要這麼說，我猜她也經歷過同樣的事，為了工作幾乎見不到孩子的面，但最後也熬過去了。潘姆對著另一名板著臉的清潔婦點頭，那個女人身材魁梧，金髮用髮圈綁起，看起來是因為無聊才一臉不高興，不是因為我遲到。潘姆說：「這是席拉，她這週要離職了。」席拉和我對看點點頭，露出半個微笑。我們已經開始忙著從車上卸貨，拿出各式各樣我不熟悉的噴霧，平時每週的打掃並不會用到那些東西。那些是除黴、除油、去漬的強效型清潔劑。席拉遞給我清潔托盤和一袋抹布，不耐煩地等我笨手笨腳拿起裝在回收瓶裡的咖啡。

大家站在組合屋外，潘姆說：「我們進去前，我得先解說這棟房子的幾件事。」她要我和席拉靠近一點，席拉看著潘姆，但我一直看著席拉，壓下滿肚子的羨慕，好奇她為什麼要辭職。

潘姆轉頭看向後方長滿野草的空地，仰頭示意：「赤腳神偷（Barefoot Bandit）的母親，就住在那邊再過去的地方。」

那時人人都聽過赤腳神偷。赤腳神偷的本名是科爾頓・哈里斯・摩爾（Colton Harris Moore），很少人叫他這個名字，但我知道他跟我一樣是斯卡吉特郡人。赤腳神偷才十九歲，最近在地方上到處作案，趁富有人家的屋主熟睡時闖入，有一次還在車庫的灰塵上留下赤腳的腳印。他上星期闖進過廚師之家，偷用電腦，盜走我客戶的信用卡資料，訂購防熊噴霧、夜視鏡，甚至尋找無人看管的小飛機。我可以想像他坐在我每兩週擦拭一次的桌前，是如何在亂堆的紙片中，輕易找到信用卡號碼。地方新聞說他是攜帶武器的危險人物，目前大概躲藏在母親家。

我不認為赤腳神偷真的躲在那裡，但眼前這個地方確實像是恐怖故事的完美場景。畢竟我們人在樹林裡，長長的泥土路通往廢棄的組合屋。不管怎麼說，搬家大掃除就是給人那種毛骨悚然的感覺，好像你在清理犯罪現場，抹去所有人類互動的痕跡。

我們走向前門，潘姆再度要我們做好心理準備。她解釋這棟房子屬於一對離婚夫婦，妻子搬走後，先生和幾個室友繼續住了一段時間。潘姆說：「屋主預算很緊，所以我們得非常有效率。」她打開前門之前，轉頭看著我們，「今天我會和大家待幾小時，一起動工。史戴芬妮，妳明天回來做完剩下的。」

「非常有效率」不曉得是什麼意思。公司原本已經沒給午休時間，理論上，我們趁著從A客戶家開車到B客戶家的時候，在車上囫圇吞棗吃下蘋果和花生醬三明治，那就叫「休息時間」。但今天連開車到下一家都不必。一連兩天，我將在這棟樹林中的雙拼組合屋，待上六到八小時。這裡收不到手機訊號，我沒辦法打電話給任何人，萬一米亞出事也沒人聯絡得到我。

潘姆一邊嘗試將門鎖打開，一邊叮嚀：「記得要多喝水。」她放下塞滿額外清潔劑與紙巾的拖把桶子。「需要休息的時候，一定要暫停一下。」

這句話令我揚起眉毛。我們是領時薪的，我還是第一次聽到可以休息。或許搬家清潔的費用計算，包含短暫的休息時間，一般的清潔工作沒有。直到前一刻為止，我都以為我們不能坐下。

到目前為止，我打掃過的多數房子，屋主都有錢維持家中整潔，我很少是第一個打掃的清潔人員。搬家大掃除其實沒那麼簡單。雖然房子已經清空物品，桌上沒有檯燈要撢灰塵，架子上沒有書或小擺設，乍看之下很容易，卻是最耗時、最麻煩、最骯髒的打掃工作。屋主會決定賣房，最常見的情況是房子已經出租過，好多年沒定期清潔。這種房子的廚房會黏著一層像橡膠黏著劑的油膩膩灰塵。馬桶周圍的地上是一層黃色髒汙，所有的縫隙都卡著頭髮。一擦過表面，原本的顏色就露出來，讓其他尚未去色的表面看起來更髒。

我走進組合屋，首先注意到門口發黑的瓷磚。地毯通往客廳的地方，明顯被踩成一道黑色。我們站在飯廳，抬頭盯著上方高高的大吊燈，骯髒的蜘蛛網垂掛上頭。

「客浴我來。」潘姆自請接下苦差事，我對她的好感上升。「那裡頭很可怕。」潘姆雙手扠腰，抬頭望著蜘蛛網。「席拉！」潘姆叫喚。席拉正在查看客廳的百葉窗，一端已經摺起，髒得汙黑。「妳負責撢灰塵，還有那些百葉窗一定要清。」潘姆看著我，深吸一口氣，下令：「妳負責廚房。」

我跟著潘姆走進下一個房間，瞄了一眼冰箱。潘姆拔下插頭，敞開冰箱門，做出類似鬼臉的表情。這是我唯一一次看到房子髒到讓潘姆變臉；她通常就連在罵我們的時候，也會端出和藹可親的樣子。「妳得把冰箱抽屜全部拿出來浸泡。」她轉頭跟我說，但視線仍緊盯著冰箱內部。我走近，站在她背後望進冰箱。潘姆指示：「把玻璃隔板全部拿出來，盡量浸泡。」她停下來檢視冰箱門邊的橡膠條，「這些門邊的膠條，我建議用牙刷刷。卡在縫隙的結塊食物，一定要去掉。需要幫忙的話叫我。」她拍拍我的肩，微笑說道：「那些肉盒滲出的乾掉血漬很難清喔。」

我們繼續巡視小廚房。潘姆指著爐台上方的抽油煙機底部，上頭黏著一層厚厚的棕橘色油漬。我們站在油漬下，瞠目結舌。天花板潑濺著像是辣醬的東西。爐子的控制鈕上也結著一點一點褐色的食物塊。這間廚房的每一寸，就連櫃子裡面，都得全部刷過、擦過。

我站在水槽前，從窗戶就能勉強望見赤腳神偷的老家一角。我忍不住偷瞄他的頭是否從草叢裡冒出來。我覺得我要看好我心愛的速霸陸，沒車我就無法往返工作地點。我想像赤腳神偷拿槍威脅我交出鑰匙，然後開著我的車揚長而去。

我為了清理天花板，站上廚房流理台。潘姆走過來仔細檢查我的進度，要我廚房弄好了就告訴她，她要跟我說明主浴室要做哪些事。潘姆自己也還在清理客浴，我聽見她被漂白水氣味嗆到咳嗽的聲音。她戴著可拋式的白色口罩，卻阻擋不了有毒氣體。潘姆為了替大家立下榜樣，率先戴上口罩，提醒我們也要戴。萬一工作時受傷，第一個會被問的問題，就是我們是否使用了公司提供的安全配備。

潘姆走進廚房，剛好看見我在讓手臂休息。方才我站在廚房流理台上幾乎整整三十分鐘，努力去掉天花板噴到的髒東西，但徒勞無功。

潘姆要我跟著她。我們走到我還沒看過的另一半。主臥室的家具還在，衣櫥只清出一半的衣服。看起來像是水床的床上，鋪著有野狼圖案的厚重羊毛毯，我忍不住扮鬼臉，腦中冒出男屋主在這間臥室取悅女人的畫面——我才在那男人的噁心廚房花兩小時刷掉乾掉的食物。不曉得究竟是什麼樣的女人，願意和那種人躺在上下起伏、毛茸茸的狼毛毯裡。

我心中又驚又怕，孤單疲憊，靠著想像或假設客戶是什麼樣的人，撐過一天的打掃工作。想像中的屋主在我身邊走來走去，我看見他們在上班日的黎明時刻起床，用著淋浴間的濕毛巾——那些堆在地上的毛巾，我通常會小心翼翼撿起，甚至戴上手套。屋主也會留下痕跡，揭露自己做過什麼事。當我擦掉杯子底部留下的圓形痕跡，彷彿就看到屋主站在廚房窗戶前，啜飲早上的咖啡。

我十六歲時在寵物店打工，負責清理各種動物的籠子，包括大大小小的老鼠、沙鼠、刺蝟、雪貂、小鳥。老闆講話總是帶刺，聲音高到讓我瑟縮。一天早上，我上工時已經忍耐到極點，我曉得自己再也沒辦法把手伸進鳥籠，因為鳥的翅膀瘋狂亂打，引發我全身想逃的反應。

我大步走進老闆的辦公室宣布：「這份工作壓力太大，我要辭職。」老闆坐在桌前，一旁是公齧齒動物的繁殖籠。她大肆嘲諷：「那我最好在妳壓力太大之前，就讓妳滾出這間辦公室！」

我後來爭取了好幾個星期，才收到最後的薪水。在那之後，我工作不曾半途落跑，但這次要清理的組合屋主浴室，真的讓我差點做不下去。

第二天，我獨自一人回到組合屋。我把車停在車道上，鎖上車門，接著把自己鎖在屋內。我害怕看見赤腳神偷走過，刻意不去看窗外。那天早上，米亞有點發燒，我給她吃了泰諾感冒藥之後，把她留在日托中心。前一天已經證明，在組合屋一點手機訊號都收不到。如果米亞病情加重，沒人能聯絡到我，我無計可施。今天只剩我一個人，我被關在組合屋，沒有手機訊號，令我渾身不自在，怎麼都甩不開那種感覺。雪上加霜的是，今天一整天我身邊完全沒人，我似乎沉進一個空洞，實在有點緊張。我是做媽的人，永遠隨時待命。萬一發生什麼事，至少要能隨叫隨到。

前一天，我們已經清理完屋內大部分的空間，但席拉負責的部分，我得仔細檢查一遍。冰箱抽屜仍泡在水槽裡，廚房的油氈地板還等著我刷——那是讓水槽、爐子、冰箱形成一個三角的破舊棕色走道。不過除了那些地方，今天大部分的時間將用來清潔主浴室。

前一天，潘姆叮嚀我分配時間，噴清潔劑和刷洗要輪流進行。她建議先在浴室噴小劑量的清潔劑，放著不動，清理好房子其他部分後，再回頭清理浴室的一小區。我的左到右、上到下清理法，不太能應付這麼髒的房子。天花板覆滿一點一點的黑色黴菌，淋浴間上方的牆壁也是。我噴了兩罐除黴噴霧，先泡一下，接著刷掉黴菌。我戴著護目鏡與口罩，以免吸進那些東西。

淋浴間的角落與縫隙因為黴菌的緣故，變成粉紅色。清潔劑滴在我腳邊，匯流成小溪，髒汙與黴菌匯聚成棕黑色的河水。我每刷乾淨一個地方就會後悔，因為那代表那個小淋浴間的其他每一寸，我都得刷得同樣用力，顏色才會一樣。我拿下口罩，用上衣衣領摀住鼻子，好幾次躲進昏暗的主臥室呼吸新鮮空氣。

我在馬桶邊跪下，看清楚馬桶的狀況後，一下子衝到屋外。夠了，我忍不下去了。我在門廊至少坐了十五分鐘，天空下著毛毛雨。我幾乎希望手上有根菸，至少有像樣的午餐可吃，或是水以外的飲料。那天早上我帶來的咖啡和花生醬三明治早就吃完了。

我坐在門廊上，百感交集，當中少不了憤怒的情緒。我怨恨徒手刷掉馬桶糞便的工作只能領接近最低工資的薪水，就算是三倍也不值得。組合屋的主浴室裡，馬桶底座的周圍是一圈圈小便結晶。坐墊下方、馬桶瓷磚上，還有馬桶上方突起的地方，全是一點一點棕色的東西，大概是大便；黃橘色的斑點，看起來是嘔吐物。我戴上黃色洗碗手套，拿起彗星去汙粉對抗。只是使用這間浴室的男人，買了藍色的馬桶清潔錠，大概想讓馬桶看上去很乾淨，結果不只馬桶缸內的水線處有一圈印痕，連乾淨水沖下來的內圈瓷磚，都留下深藍色的水痕。我得把手伸進馬桶，用浮石刷掉那些藍色痕跡，一遍又一遍，直到痕跡消失。

我喃喃自語：「他們付我的錢，不夠做這個。」我對著樹嘶吼同樣的話。我一個人坐在門廊上，雨水從屋頂滴下，我聲音中的憤怒，連自己也嚇了一大跳。自從忍受過傑米無預警的攻擊，我已經變得逆來順受，雙腳往往無法動彈，肺部也無法呼吸，只覺得胸前緊繃，好像有個高大的人用怪力手臂壓住我一樣。我已經身陷險境太多次，一直如履薄冰地走著，知道只要跌倒一次，就可能摔回原點，再度回到遊民收容所。我得鎮定。天有不測風雲，我無力掌控，但我要保持冷靜。我會工作，把該做的事做完。我不斷告訴自己：「妳不能崩潰！」我不斷在心中念著這句話，甚至大聲說了出來。

我的深紅色速霸陸在雨中閃閃發亮，層層烏雲突然開了一道口，陽光灑落車身。我不曾那麼想拋下工作，半途而廢。我覺得馬桶不尊重我，把馬桶弄成那種鬼樣子的屋主不尊重我，付我最低薪資的公司不尊重我。我凝視速霸陸，想像自己逃離一切。

我別無選擇。我和崔維斯現在幾乎不講話了。週末時，米亞會去她爸爸家，崔維斯會氣我睡懶覺，沒有早上七點就爬起來在農場上幫忙。我再也不在乎了，他也曉得我不在乎。我們冷戰了好幾個月。而我絕對租不起房子。於是，我又回去刷馬桶。要是沒做完，接下來幾個月就慘了，我將毫無收入。我拿到的子女撫養費連加油都不太夠。每個月兩百七十五元，全用在接送米亞，好讓她見到父親。要是丟了工作，我得靠崔維斯養。我會看不起自己。

我握拳站了起來，走回屋內，咬緊牙關。這不是我的命運，這不是我最終的結局。我下定決心證明一切尚未結束。

這次打掃組合屋讓我開始做噩夢。夢中，我開車回家，手機開始嗡嗡作響，跳出語音留言通知，有不認識的號碼打來。我接起電話，另一頭的女人歇斯底里，我聽不懂她在說什麼，直到蹦出「醫院」兩個字。米亞躺在床上，棕色短鬈髮上凝結著血塊。女人質問我跑去哪裡了，為什麼沒列緊急聯絡人。我在夢中一遍又一遍說著：**我只有一個人！我只有一個人！**

然而，那間組合屋陰魂不散。我花了十二個小時清理後，羅妮過了兩天打電話來，聲音缺乏平日的活力。羅妮說，客戶不滿意這次的打掃，燈泡上和百葉窗還有灰塵，鏡子有沒擦到的地方，整體都不滿意。羅妮輕聲說：「妳必須回去，把沒弄好的地方清乾淨，而且妳的員工合約上有寫——」她停下來吸一口氣。「補掃的部分，我們不會付妳錢。」

我的心臟怦怦跳，用力敲擊著胸口，我激動得差點說不出話：「我辦不到。」開車到那裡單趟就要四十分鐘，公司不會補貼油錢。這次要是拒絕羅妮，我可能會丟了工作，但如果我回去掃，大概會乾脆辭職。「我不覺得我有辦法回去。那個馬桶讓我想要辭職。」

羅妮嘆了一口氣。她知道我有多需要工作賺錢，而且我真的付不起多餘的油錢。「我會想辦法。」羅妮說完後掛掉電話。我一直不曉得她後來是否找人代我補掃。或許她找了席拉回去，但大概是潘姆親自出馬。不過就算是，她也不曾對我明說。

10 亨利的房子

羅妮和我一起站在混凝土門廊上，等著把我介紹給新客戶的房子。我們敲了敲紅色木門，枯等了至少一分鐘，聽著此起彼落的狗叫聲，屋內有人拖著腳步走來走去，試著要狗兒安靜下來。門砰一聲打開，應門的男人裹著浴袍，底下穿著白上衣、海軍藍運動褲、拖鞋。

「妳們來了！」屋主聲如洪鐘，兩隻活潑的澳洲牧羊犬搖著短尾巴，興奮地跳上跳下。

「亨利，」羅妮開口介紹：「這位是我們最優秀的清潔人員史戴芬妮。」

亨利說：「好，請進。」他伸手要幫我拿打掃用具。羅妮微笑謝謝他，亨利關上我們後方的門，放下一袋疊好的白抹布：「我來介紹一下這間房子要怎麼打掃。」

亨利先前要求撤換清潔人員。羅妮在他面前講了我很多好話，說我一定會做得比上一個好。我被吩咐一定得完全遵照亨利的指示打掃，依照他的順序來，而且永遠不能遲到，也不能超時。永遠、永遠得盡全力。隔週的星期五打掃四小時。羅妮對我說：「準備好好流汗吧。」

還沒正式開始掃，亨利已經嚇到我。羅妮事先提過亨利有多龜毛，見到他本人，讓我不由自主心驚膽戰。亨利高我整整一英尺，背脊很直，自信十足，挺著一個大肚腩。

我們從靠門的起居室開始。亨利和太太把那裡當作辦公室，兩個人各有一張亮晶晶的桃花心大木桌。亨利的桌子擺在前窗旁，大部分的人會在那個位置擺上一張豪華沙發。牆上的書櫃擺滿西部小說、旅遊書、寫電腦程式的手冊。L形的桌子上有兩台電腦螢幕。亨利原本在夏威夷的科技業工作，退休後，夫妻倆才搬到這裡。桌面埋在一疊疊帳單、相機、手冊底下。太太的桌子比較小張，也比較整潔，擺了一台掃描器、護貝機、一疊疊從雜誌剪下的食譜及剪貼祕訣，還有家中貓狗的照片。

我打掃時，亨利會在家，我得配合他的作息，照特定的順序打掃房子。比如說，趁亨利吃早餐、看新聞時，先清理辦公室與待客用的大飯廳。等到電視開始播《價格猜猜猜》（*The Price Is Right*），我轉而打掃房子的另一頭，清洗客浴前，先清洗衣間，最後清主衛浴。

客浴的部分，我先把四條地墊堆在門外，等一下再清。我先處理馬桶，馬桶正對著大型的雙頭淋浴設備，裝潢材質是溪石，亨利說淋浴間他自己清。我將毛巾重新摺好，擦拭角落的按摩浴缸，那個浴缸看上去沒人用過，亨利夫婦平日用的是門廊上的加熱浴缸，亨利指著掛在門上的泳衣向我解釋。清理完浴缸，我會擦拭鏡子。那面鏡子非常大，我必須跪在檯面上，才有辦法擦到最上面。燈泡、雙洗臉盆、擺著瓶瓶罐罐的洗手台，也要撢一撢灰塵。太太專屬的洗手台旁，擺了好幾個透明塑膠抽屜，以及有著不同形狀小洞的架子，擺放刷具和其他我認不出的美容用品。亨利那邊的洗手台堆著好幾個藥盒，那種每一格標註星期一到星期日的盒子。他有好幾把牙刷，牙膏沾得到處都是。

吸毯子前，我得先清理牆壁上的點狀髒汙和拖地。我得輕手輕腳把地墊擺回浴室，免得弄亂用吸塵器吸出的整齊線條。接下來，我會去更衣室裡撢掉很多層架子上的灰塵，然後才清理他們的臥室，一路開著吸塵器，倒退出房門。

我和羅妮第一次來亨利夫婦家時，在屋內走廊停下，欣賞一個玻璃展示櫃。亨利的興趣是木雕，他特別停下來說明，櫃子裡大多數的作品出自遠比他優秀的藝術家之手。他有點害羞地說，他的車庫有一半的空間挪去做木工，只是他現在很少做家具了。

亨利帶我參觀屋內，我一路保持安靜，努力記下多如牛毛的指示，狐疑要是沒做對，亨利會不會發飆。起居室裡的電視簡直比我的車子還大，電視下方的櫃子有好幾個插電的方形設備，大概是ＤＶＤ播放器或第四台的盒子，有的是電源開關，有的可以調整屋內好幾台音響的音量，我只在商店裡看過那種裝置。另一面牆是壁爐，磚頭砌成的壁爐架和壁爐椅一應俱全。我得挪開兩張有輪子的笨重皮椅和椅子間的桌子，還不能讓桌上的五台遙控器掉下來。我開始吸紅色地毯，發現一層薄薄的狗毛不見後，比較接近磚頭色。起居室弄完，再清理早餐區，包括一台不鏽鋼冰箱、大理石流理台、廚房地板，最後是靠近玄關的半套衛浴。

我頭幾次打掃時，亨利的聲音總會讓我嚇一跳。我工作時完全不休息，只會偶爾停下來調整 iPod Shuffle，或是瞄一眼手錶，確認進度沒落後。我頭兩次星期五都超時，羅妮擔心到打電話和潘姆討論，結果潘姆又打電話問我是否一切順利。一陣子過後，我就知道哪裡容易積頭髮，哪些髒點需要立刻擦一擦、刷一刷，否則會很難去掉。我不需要花腦筋就能一氣呵成，改而擔心自己生活中的其他事。

我早上抵達亨利家時，兩個人總會聊一下。接著，他慢條斯理走進廚房做早餐，通常是兩塊厚片麵包夾番茄與酪梨。接下來，我會清理他吃早餐的木桌，擦掉他留下的麵包屑，掀起擺滿各種鹽和辣醬的餐桌轉盤，清理下方。等我清到走廊，亨利已經在桌前工作，直到我離開前，他都待在那裡。

某個星期五，亨利問我能不能隔週也過來。

我回答：「很可惜，沒辦法，星期五我輪流打掃你家和對面那一家。」農場之家也是新客戶，而且我發現那家的狀況和亨利家很像，把公司的清潔人員幾乎換過一輪，最後換到我。兩間房子都必須清理到滿頭大汗，用飛快的速度四小時完成。屋裡養了很多動物，地毯慘不忍睹。一想到要用吸塵器清理樓梯上鋪的海軍藍地毯，我就忍不住抖一下。

「噢。」亨利望著地上。

「但我可以這個週末過來。」我說：「如果你時間可以的話。我女兒隔週的週末會去她爸爸那。我可以過來清掃，再送她過去。」

亨利挺起身體，看起來很高興。「太好了，因為我要辦晚餐派對！」他說。亨利要我跟著他。我們經過玻璃拉門，走到宅子後方有遮頂的內院。「我希望這個烤肉爐可以閃閃發亮。」

我點點頭，瞥見那個爐子有多髒，也注意到加熱浴缸的角落有一瓶喝到見底的香檳。要是有機會躺在浴缸裡喝香檳，一次就好，那是多麼愜意的人生。

我回到屋內，繼續用吸塵器清理接待賓客的用餐室。亨利在那裡擺了一台老式的撲克遊戲機，吧台的小水槽旁，放著剩下半瓶的頂級琴酒。我忍不住想，自己的退休生活不曉得會是什麼樣子——如果真有那麼一天的話。可以確定的是，我永遠不會擁有大到無法自己打掃的房子。感覺好浪費空間，居然還要請人吸地，但地毯毛的方向顯然和兩星期前一樣，根本沒人踏上去過。我試著維持同樣的吸塵方向，音樂音量開到很大，深深陷入思緒之中。亨利拍拍我的肩時，我嚇一大跳，連忙關掉吸塵器，扯下耳機。

「妳喜歡龍蝦嗎？」亨利問。

我眨眨眼。

「我通常會在星期五煮海陸大餐。」他說：「會從市場買幾隻龍蝦。」

我點頭，不明白亨利為什麼要打斷我吸地，努力回想這輩子是否認識從水箱裡挑選龍蝦的人。

「妳今天要煮幾人份的晚餐？」他問。

「兩人份。」我回答。

「那我幫妳挑兩隻。」亨利說：「感謝妳為了我們開派對多來一天。」

我結結巴巴說謝謝。我從來沒碰過對我這麼好的客戶，把我當人看。我不曉得要如何接受這份善意。此外，我這輩子只吃過一、兩次整隻的龍蝦，根本不知要如何烹調。況且我的廚藝不怎麼樣，光是想到自己大概會毀掉這麼慷慨的禮物，心中已經生出罪惡感。

幾分鐘後，亨利帶著狗出門。這是他第一次讓我單獨留在屋內。他肯信任我，我很開心。我想起農場之家的女主人。我第一次過去打掃時她在家，走來走去，沒事就湊過來瞧一眼。我感覺她沒把珠寶收進抽屜，隨意擺在外面，是想要測試我會不會手腳不乾淨。

我伸手拿口袋裡的手機。雖然屋內沒其他人，也沒人監視我，我還是看了看四周。我打電話給崔維斯。他接起電話後，我興奮地告訴他龍蝦的事，要他從冷凍櫃拿兩塊牛排出來解凍，那是我在大特價時買的。能和他分享好消息，告訴他今天這麼好運，讓我感覺我們之間還是有可能的。

然而，崔維斯對龍蝦沒興趣，對牛排也沒興趣，只冷冷地問：「妳有沒有檢查車子的變速箱油？」

「有，剩不多。」我感覺被潑了一盆冷水。亨利屋子的走廊上，掛著幾幅金屬色澤的燈塔畫。我原本眼睛看著畫作，此時低頭看向自己穿了褲襪的腳，一腳的襪子劃過發亮的木頭地板。

或許崔維斯表達愛意的方法是要我注意行車安全，但我感受不到。我很少和家人聯絡，我需要崔維斯。掛電話前，我告訴崔維斯：「我愛你。」但他沒回應。

放下電話後，我開始清理亨利的浴室。和崔維斯通完電話留下的失望感揮之不去。亨利回來時，我正頂著一塊抹布擦拭馬桶，好好弄乾淨。

亨利問：「妳知道龍蝦要怎麼處理嗎？」亨利的聲音在牆壁間迴盪，嚇了我一跳。我轉身，他要我跟他到洗衣間。我剛剛弄乾淨的洗衣機上方，擺著兩隻我這輩子見過最大的紅棕色龍蝦，活跳跳的，而且是給我的。

亨利遞給我印好的烹飪指示，還附贈一組閃亮的龍蝦破殼器。

我撫摸著器皿銀色的部分，告訴亨利：「你知道嗎，你今天可能當了讓情侶和好的大恩人。」

「真的嗎？」亨利問。他露出感興趣的開心眼神。

我回答：「真的。」我聳了聳肩裝沒事。「我們經常吵架，為了錢起爭執什麼的。」

「這樣啊，」亨利雙手抱胸，「很遺憾聽到這種事。」他直直看進我的眼睛，眼睛微微瞇起，拿著破殼器指著我的鼻子。「要是兩個人在一起不再開心，就沒意思了。」

接下來一整天，我一直回想亨利那句話。我和崔維斯對於樂趣的定義十分不同。他喜歡開著休旅車，在原地快速繞圈，我則喜歡喝著小批釀造的啤酒，和人聊政治與書本。我們努力配合對方，他晚上常和我坐在外頭，喝杯啤酒，凝視我們在院子角落打造的大菜園。我和崔維斯兩個人個性不合，但米亞是潤滑劑，她成天開心蹦蹦跳跳，張開雙臂同時抱住我們兩個。在那樣的時刻，我感到我們像一個真正的家庭，我也努力去感受米亞感受到的愛與喜悅。然而我也知道，我永遠無法理解為什麼崔維斯不想踏出家門，對外界不感興趣，沒有學習的欲望。我們兩個已經到了相看兩厭的地步，為了彼此的不同責怪對方。

為了米亞，我努力抓住這個夢，農場、馬兒，以及前院有輪胎鞦韆、可以奔跑的無盡草原。我們上個夏天在菜園種了東西，我看著米亞只穿著內衣和小小的牛仔靴，從土裡拔起蘿蔔，懷中抱著大豐收，我一直在心中偷偷向米亞道歉，小聲說對不起。**媽媽很抱歉，對媽媽來講這種生活還不夠。**

我打掃完亨利家，亨利幫我把打掃用具搬到車上。我把裝著龍蝦的袋子抱在胸前，我也想擁抱亨利，他人真好，不把我當女傭看待，而是一樣值得有人愛、生活可以有笑聲，偶爾還能吃頓龍蝦大餐的一般人。我向他說謝謝，他露出一個大大的微笑，挺起胸膛，要我「回家吧」，儘管那個「家」如此短暫，是一顆滴答作響的定時炸彈，即將爆炸。

街尾的「停止」交通號誌映入眼簾，我在路邊臨停，額頭壓著方向盤，剛才和亨利的互動讓我好想念爸爸。

去年這種事常發生。每當失去的痛苦襲來，我胸口的空心處會塌陷。我發現此時最好的處理方式是停下來稍等，讓那個感覺過去。痛苦不喜歡被無視。痛必須用愛來撫慰，就跟我需要有人愛是一樣的。我坐在車內，一旁的副駕駛座擺著龍蝦袋子，我吸氣，吐氣，分別數到五。我對自己輕語：**我愛妳，我在這裡陪著妳。**

我只能確認自己愛自己。

我去日托中心接米亞，準備開車帶她到傑米那邊。米亞睡著了，但已經快下午兩點，要是再晚一點出發，就會碰上塞車。我硬是把米亞挖起來，要她穿外套，把她放進安全座椅，米亞鬧個不停。我們先回家一趟，我把車子留在車道上沒熄火，衝進屋內，放下龍蝦，抓起米亞週末外宿專用的背包。我丟進幾件衣服、毛毯、我們做的相簿、米亞的「好奇猴喬治」(Curious George）布偶。繼續開車上路後，米亞沉沉睡去，讓我有機會聽前一陣子自己燒的CD。喇叭傳來無厘頭的乾草農夫鄉村歌曲。米亞坐在崔維斯的卡車上時，崔維斯總是會大聲播放這首歌的開頭，低音貝斯模仿引擎旋轉的噪音震著你的胸膛。我微笑想起米亞要崔維斯再播一遍，她腳上有棕馬圖案的粉紅色靴子踢上踢下，放聲大笑。看到海了，我搖了搖米亞的腿，要她醒來。

我到家時還不到六點，一個人在廚房裡忙，弄了一鍋水，加鹽，放上爐子。等水滾了，開始噴濺，我用身體遮住龍蝦的視線，同時第五遍還是第六遍讀著烹調指示。崔維斯選擇在外頭的門廊上顧烤爐，大概正把牛排弄焦，把丟龍蝦到鍋裡受死的事扔給我。

我的鍋子無法同時塞進兩隻龍蝦，得一隻一隻來。爸爸從前就是用這個鍋子，一次煮很多的墨西哥辣肉醬，他和媽離婚後，這個鍋子便傳給我。它是琺瑯材質，還有一個可以濾水的內鍋。我二十歲出頭時，和當時的男友住在阿拉斯加的一間小木屋。那棟屋子坐落於五英畝大的永凍層上，沒有自來水。爸爸過來拜訪我們的時候，帶來手寫的辣肉醬食譜，甚至寫上「爹地的辣肉醬」。我把那張紙塞進透明資料袋裡，收進我搜集食譜的活頁夾。

那不是什麼複雜的食譜，材料包括做漢堡的絞肉、洋蔥、花豆、一點孜然。爸爸絕對是從「貝蒂妙廚食譜」上抄來的，但小時候每次他煮這道菜，我都很開心。一家人圍坐在桌邊，拿著熱騰騰的碗，用手弄碎蘇打餅，還把屑屑掃到地上，讓媽媽倒抽一口氣。大約在傑米把門捶破、把我們母女趕出來的一個月前，我和米亞第一次造訪父親和夏洛特的家。夏洛特一直對爸爸碎念，要他幫我做辣肉醬，夏洛特真是個好人。就在我瞪著開始滾的熱水、龍蝦等著受死的時刻，回憶不斷湧上來。我想起夏洛特，我想不起來上一次見到她是什麼時候，連上次講過話是何時都想不起來。

我把第一隻龍蝦放進滾水，龍蝦沒像我想像的那樣尖叫或亂動，殼幾乎瞬間就變紅，水面浮出綠色泡泡。煮熟後，我撈掉泡沫，再煮第二隻。

餐桌擺好了，有兩塊牛排、兩隻龍蝦、兩瓶啤酒。不曉得我們的晚餐餐桌看起來跟亨利家的有多不同。亨利家大概會拿出只有特殊場合才使用的漂亮碗盤，腿上鋪著大條的亞麻餐巾。我和崔維斯默默無語吃掉晚餐，我試著對他微笑，假裝不知道他在生氣吃個飯要這麼大費周章。崔維斯開始看電影後，我清理桌面，把碗盤放進洗碗機，洗好較大的盤子，擦桌子、清流理台。我和崔維斯一起坐在他從父母那兒接收的棕色皮沙發上，但沒碰觸彼此。電影演到一半，我起身走到門廊，點起一根菸，現在米亞不在家時我會抽菸。幾週前，在我清完恐怖的組合屋後，買了一包菸回家。抽菸變得愈來愈像是一種儀式。崔維斯走過來，抽掉半根菸，告訴我他要上床了。

我問：「要我陪你嗎？」我彈了彈菸灰。

崔維斯沉默，扔下一句「隨便妳」就進屋了。

我還以為我那個週末要工作，所以沒和崔維斯一起打掃馬廄，他沒有很生氣。我甚至希望那天我們能好好做愛，而不是像平常一樣草草了事：夜裡，他頂著我的臀部，身體包住我，兩個人的臉不曾相碰，路過的車燈光線劃破寂靜的黑夜。

隔天早上，亨利在他家的大紅門前迎接我。我把漂亮餐具還給他，他面露微笑問我：「昨天怎麼樣？」

「那是我吃過世上最美味的東西。」我開心地告訴亨利，接著打住，突然聽懂亨利在問什麼。「不過沒挽回我和男友的關係。」

「啊。」亨利低頭看著銀色餐具。「或許那樣最好。妳看起來不像是需要等男人救的女人，妳是勤勞工作型的人。」

亨利讚美我，我無以回報，只能拚命打掃。我為了顧及念書、家務、米亞，以及試圖賺錢餬口，陷入永無止境的工作。我的薪水令我感到我根本沒做多少工作，但是亨利敬佩我，我頭一次確定有客戶尊重我。

龍蝦晚餐過後沒多久，我和崔維斯分手了。那天晚上，我下工回家煮晚餐，打掃，幫米亞洗澡，送她上床睡覺。我在廚房桌子上擺好我的書和筆電，戴上耳機堵住電視的聲音，開始做學校功課。我瞥見廚房垃圾滿出來，便起身走到崔維斯面前，擋住電視。

「可以麻煩你把垃圾拿出去嗎？」我雙手扠腰問他。

崔維斯想也不想就回答：「我認為妳應該搬走。」他站起來，把我移開，坐下來繼續看電視。我目瞪口呆地站在原地，看著崔維斯。電視爆出罐頭笑聲，崔維斯的臉亮了起來，盯著螢幕微笑。我回到桌前，跌坐在椅子裡。崔維斯剛才那句話有千斤重，把我壓進地裡，掉進一個深不見底的洞，不確定這輩子有沒有辦法再爬出來。

第二部

小小的新開始

11 獨立套房

崔維斯給我一個月的時間搬走。我沒告訴米亞我們得搬家，一方面我不想讓她煩躁不安，另一方面該怎麼辦，我毫無頭緒。我在網路上登廣告，試著找室友、打工換宿或只租一房就好，但都沒成。我看到的每一間公寓，房租都高過我的工資。我的月收入大約八百元，我不可能存到能預付第一個月和最後一個月的房租，也不可能存到押金。即便只租一房，我的工資也付不起水電瓦斯費加房租。公寓至少都要七百元起跳，我想租一房以上是不可能的。沒存款，沒信用紀錄，連申請貸款都不行。我永遠還不起。此外，為了做學校作業，還得申請用電和網路。我得有路由器，我得有好多好多東西。

我向幾個朋友求助。他們鼓勵我在部落格簡單解釋自己的情況，並且放上PayPal的「贊助鈕」：

崔維斯要我六月底之前搬出去，但我沒錢付租屋的押金。我設了PayPal帳號。如果大家能贊助我，就算只是五塊錢，也是天降甘霖。謝謝你。

我討厭開口要錢。我痛恨承認自己又搞砸一段關係。大多數人不知道我和米亞曾經住進遊民收容所，但是我感到歷史再度重演。我放上訊息後，臉書上的朋友紛紛替我加油打氣，送上祝福，有的人給我十元，甚至一百元。每見到一筆捐款，不論金額多小，我都熱淚盈眶。我列出一張希望收到的沃爾瑪（Walmart）禮物清單，在臉書上分享。很快地，一箱箱物資抵達崔維斯家，有鍋碗瓢盆、給米亞穿的衣服、刀叉等。我陷入人生的新低谷，但不會被擊倒。我不能回到無家可歸的狀態。自從父親告訴家裡的人，我為了得到關注亂編故事，求助對我來說成了世上最困難的事。開口會招來種種批評。我得為自己的行為負責，尤其是現在我有米亞了，我早有預感這段關係行不通，卻拖女兒下水。我害怕人們會怎麼想，不過每一位出手相助的朋友，都在試圖把我拉出深淵。這一關一定過得了。

先前我搬進遊民收容所時，曾經打電話給老朋友梅麗莎，她聽我講我重建生活的計畫。幾乎所有的計畫都和領取某種政府補助有關，如食物券、可以買牛奶的婦嬰幼兒營養補充計畫支票、汽油券、低收入戶住房及能源補助、托兒服務等。

「不用謝。」梅麗莎口氣尖銳。

「謝什麼？」我從收容所破舊的藍窗簾，瞥見後院有一隻鹿走過。米亞在隔壁房間打盹。

「那些福利全部來自我繳的稅。」她再講一遍：「所以我說不用謝了。」

我當時沒說謝謝，後來也沒說。我不確定要如何回應那句話。

「嘿，」我假裝有事。「米亞在哭，我得掛電話了。」

我打開米亞的房門，門嘎吱作響。我在床邊坐下，看著米亞起伏的小胸脯。梅麗莎最初聽起來很高興能幫忙，但我曉得那並非真心話。我以前就聽過她用難聽的話批評領社會福利的人。梅麗莎不喜歡她繼女的生母，抱怨對方濫用福利制度。

我希望我有勇氣替自己講話，替其他數百萬和我一樣辛苦掙扎的人們發聲：我們是替人做家務、只領最低薪資的單親家長。然而，我沒說話，我躲了起來，悄悄在臉書上封鎖梅麗莎。要是有人或媒體批評領社會福利的人，我都假裝沒聽到。我想告訴那些人：「社會福利已死。」那不是社會福利，社會福利跟他們想的不一樣。我不可能走進政府辦公室，告訴他們我薪資很低，我需要補助才住得起房子。我如果肚子餓，每個月能拿到兩百塊買食物，也可以去食物銀行，但手裡不會有足以生存的現金。

朋友的每一筆小額捐款累積起來，總數幾乎達到五百元，崔維斯另外又貼了我五百，最後我租得起弗農山（Mount Vernon）隔成三間的老屋套房。我們母女的新家先前是客廳和日光室。月租五百五十就有附浴缸的浴室、擺著大冰箱的迷你廚房，落地窗還能坐收整座城市的景觀。

我為了租這個地方，和房東杰伊通過幾次信，他說我可以開車過來看房。看房那天，我下工後順道拜訪，之後才去接米亞。我事先就知道屋內空間不大，畢竟那是公寓套房，但是到了現場，我發現那房間比我過去一年和崔維斯看電影的房間還小。有那麼一瞬間，我不想租了。我想起我和米亞在湯森港住的那間公寓，我們有各自的房間、飯廳、洗衣機、乾衣機，外頭還有露天遊樂場。這個髒兮兮的小房間什麼都沒有，下方就是高速公路，我卻得東湊西湊才繳得起房租。

我站著的位置地板老舊，大概是房子落成時就有的木頭，木板與木板之間縫隙很大。走過落地窗，是俯瞰城市的日光室。窗戶下有一張長椅，椅墊可以掀開，下方可以當儲物箱，但已經堆了大量的窗簾和窗簾桿。屋內有一張深綠色地毯，我試著在心中想像米亞的床和玩具要放在哪裡，不曉得我的梳妝台放不放得下。另一區是附電爐的L型櫥櫃、冰箱和一個水槽，可充當廚房。從一面牆走到另一面牆，差不多三十步。

我打電話告訴房東杰伊：「房子很棒，我人在現場，我想很適合我們母女。」

「妳女兒三歲嗎？」杰伊問。我祈禱他不是想重新考慮要不要租給我們。

「快三歲。」我說：「但我經常出門工作，我女兒週末也會待在她爸爸那。」我走到廚房的窗戶旁，看著底下的車輛疾駛而過。「我們待在屋裡的時間大概不會太長。」我下意識閉住呼吸。我剛剛講的話只有一半是真的。

「好，沒問題。」杰伊說：「妳這個週末要不要順道過來拿鑰匙？到時給我房租和押金就可以了。」

「押金可以分次給嗎？」我對於自己居然問了這麼大膽的問題，嚇了一大跳，或許是站在那個空間，讓我覺得就算沒租到也沒損失。「我一個月可以付五十或一百元。我剛剛……嗯，這次搬家有點突然，我手頭沒有積蓄。」

電話那頭一陣沉默。我咬著下唇。「好，可以，接下來五個月，多給一百就好。」

我吐出剛才憋住的氣，開心極了：「太謝謝你了，真的太感激了。」

我到公寓找杰伊，給他第一個月的房租支票，拿到鑰匙，他和太太正要開始漆我的新客廳和廚房的天花板。杰伊外貌樸實，棕色頭髮，年紀跟我差不多。他太太自我介紹她叫曼蒂，幾乎是縮小版的我。兩個人看起來是好人。心地善良，值得信任，大概也是工作勤奮、做人誠實。至少我是這麼希望。

我看著他們接起一根長桿子，準備漆油漆：「看起來是大工程。」

「沒錯。」曼蒂翻了個白眼。「幸好祖父母答應今天幫忙帶孩子。」

杰伊有點哀怨：「這可真是我們想在陽光普照的星期六做的事。」夫妻倆對看一眼，杰伊嘆了一口氣。

我微笑揮手說再見，感謝他們能通融押金的事。我想像自己在星期六，和先生一起前往租出去的舊家，合力粉刷牆壁和天花板，而我的父母願意幫忙帶孩子。我開車回崔維斯的房子，心想：**那正是我想在星期六做的事**。我已經開始打包，我得想一想我和米亞還缺什麼重要的東西，例如寢具、碗盤、杯子，還有我要睡哪。新公寓還要兩天才能住人，不過房東夫婦說，我可以晚上先過去打掃。把新家的櫥櫃和地板刷乾淨，是我個人的鼠尾草焚香淨化儀式。

我朋友莎拉看見我求助的文章，私訊問我需要什麼。我厚著臉皮列出幾樣仍令我焦慮弄不到的東西。莎拉回信說要提供她女兒的單人床。崔維斯和我一起到她家搬床。他從頭到尾面無表情，不帶一絲情緒。每次崔維斯走進屋內，要是剛好看見我在哭，就會躲進馬廄。我還在努力接受自己的命運。我們兩人除非必要，絕不交談，不過我想通了，凡是能加速我們母女搬出去的事，崔維斯都會樂意幫忙。先前趁週末米亞待在傑米那，我去過莎拉家幾次，在她家桌旁吃吃零食、喝喝酒。如今我站在她家門廊上，忍不住垂頭喪氣。

莎拉看著崔維斯說：「床在這裡。」我們跟著她進走廊，走進她女兒的房間。「我們幫她買了新的雙人床。她長大了，這張太小了。」

莎拉大概以為床是要給米亞睡的，其實是我自己需要，但我沒說破。

我離開前，莎拉抱住我。「噢！」她說：「我有東西要給妳。」她走進洗衣房，回來時拿著一個盒子，放在玄關的長椅上。盒內放著全新的亮藍色碗盤，顏色就像知更鳥的蛋。春天時，我和米亞在農場各角落都能發現那種蛋。我驚訝地摀住嘴，瞪著四個大餐盤、沙拉盤、咖啡杯和碗。全新的，為了慶祝我和米亞的新開始。我緊緊擁抱莎拉，謝謝她，深吸一口氣，把那盒碗盤拿到卡車上。

新生活有了好起頭，但我有好多工作要做——不只是搬家的工作。要付得起房租，我得接好多工作。

接連兩週，我趁米亞在崔維斯家睡著後，把要搬的東西盡量塞進車內。我刷洗新家的流理台、水槽、浴缸，就連牆壁都好好擦過一遍，才掛上母親留給我的藝術作品。我最喜歡的兩張畫出自插畫家芭芭拉．拉維利（Barbara Lavallee）的童書《媽媽你愛我嗎？》（*Mama, Do You Love Me?*），我小時候就有了。經典的阿拉斯加插圖，讓我想起人生中比較快樂的時光，當時全家人夏天會釣魚，將車庫的冷凍櫃塞滿鮭魚和大比目魚。我和米亞的新家很袖珍，剛好超過三百平方英尺（約八．五坪），卻有十面大窗戶，睡覺的地方有八面，鋪木頭地板的區域有兩面，所以牆面只能掛精挑細選過的作品。我試著不要像在遊民收容所時，用挑剔的眼光看待新家的每件事。我們母女再度擁有一個小小的新開始，但我害怕米亞不這麼覺得。

我搬完東西回到崔維斯的房子時，大都已經接近午夜，那個時間他早就上床睡覺了。我鑽進沙發上的小毯子休息。米亞過生日的一個星期前，我搬了最後一趟的家具，新家的所有物品都擺好了。我挑了米亞待在傑米家的週末搬進新家，崔維斯帶著朋友幫忙搬了大件的東西，甚至拆開他父母送給米亞的高架床，再幫忙組裝起來。他們趁我去農場之家打掃時，搞定那些事。那天早上，我送米亞到日托中心，計畫回來接她，送她去她爸爸那，然後就不需要再送她回到她過去一年半當成家的地方。我希望自己一個人完成搬家的大小事，不必請崔維斯幫忙，但那個星期，我工作時竟然笨到想搬動床鋪，結果不小心拉傷了背。我一天得吞兩、三次八百毫克的布洛芬止痛藥，才有辦法撐著工作；我替米亞感到心痛，身體上的病痛剛巧可以讓我轉移注意力。

星期六晚上，萬事俱備。星期日下午，米亞的玩具都放在正確的桶子，我們的衣服整整齊齊摺好、收好。我去接米亞，帶她到我們的小套房。我和全天下的家長一樣，希望孩子會喜歡新住處。我希望米亞覺得那裡有家的感覺，有歸屬感，但米亞瞧了瞧屋內，看了一眼浴室，就要求回家，回崔維斯家。

「親愛的，我們就住在這裡。」我摸著她的頭髮。

「崔維斯會回家嗎？」米亞問。我把米亞抱在腿上，坐在莎拉送的單人床上。

「不會，」我回答：「崔維斯會住在他的房子，他睡那裡，我們睡這裡。這裡是我們的房子。」

「不要，媽媽。」米亞說：「我要崔維斯。崔維斯爹地在哪裡？」米亞開始大哭。她倒在我懷裡痛哭，她小小的心臟碎了，壓得她喘不過氣。我向她道歉的瞬間，也和她一起哭了。我答應過自己會小心一點，我愛怎麼傷自己的心就怎麼傷，但不能讓米亞傷心。

12 斷捨離

願意趴在地上刷馬桶最大的好處，就是永遠找得到工作。我為了填補一流清潔公司的空檔，開始私接需要打掃的客戶。我在臉書上打廣告，接下「唐娜之家」的工作，兩週一次，在不必送米亞到傑米家的星期五下午打掃四小時。唐娜之家位於斯卡吉特谷（Skagit Valley）丘陵深處往喀斯開山脈（Cascade Mountains）的方向，靠近我的家族六代居住的偏遠地區。

唐娜參與地方上的「仁人家園」(Habitat for Humanity，譯註：提供貧窮人士覓得住處的慈善房屋組織）義工活動。她提到最近有幾個家庭獲得補助，買下人生第一間房子。計畫的主要內容是「勞動增值」(sweat equity)，意思是家庭成員及親友可以付出勞力，如敲釘子、刷油漆、做庭園工作等，當作頭期款。但光是找時間完成相關要求，聽起來就不容易，我又是帶著一個受扶養者的成人，每個月的淨收入得達一千六百元才能申請。

「我不曉得我辦不辦得到。」我說。唐娜鼓勵我不要想太多，先聯絡看看再說，但我仔細想一想之後，不確定我想在斯卡吉特谷一帶買房子。我的工資負擔不起阿納科特斯和迷幻海峽這兩區，其他地方對我來說又沒有家的感覺，而仁人家園的申請者也不能自由選擇要住在斯卡吉特郡的哪一區。

「妳全家族的人都在這，」唐娜勸我：「沒有哪裡會比這裡更像『家』了。」

「這個嘛……」我打掃著她的大客廳，撢去相框上的灰塵。「我想去看看蒙大拿的米蘇拉市。我發現自己懷了米亞時，原本打算搬到那裡念大學。」

我們聊天時，唐娜原本在整理剪報，翻找飯桌上一疊疊的報紙、照片、貼紙。她停下手邊的事看著我。「妳想知道如何讓上帝發笑嗎？」她問。

「什麼？」我被弄糊塗了，這跟我想搬去米蘇拉有什麼關係？

「告訴上帝妳的計畫。」唐娜說：「如果想讓上帝發笑，告訴祂妳的計畫就可以了。」

唐娜講完後笑得前俯後仰。

「喔。」我沿著延伸到走廊的裝潢線板，繼續撢灰塵。

我打掃唐娜的房子，唐娜付我時薪二十元，還告訴我低於二十元的工作就不要接。一流清潔公司派我到客戶家中打掃，收客戶時薪二十五元，但我只拿到九元工資，扣掉稅和林林總總的支出後，實拿六元。靠自己找客戶和安排打掃行程很耗時，尤其是聯絡半天卻沒帶來新客戶。即便自行開發與安排客戶所花的時間都沒計費，依舊有利可圖，能增加我的整體工資。前提是我沒有不小心弄壞客戶家的東西。

搬出崔維斯的房子後，我和米亞每天的通勤時間多了四十分鐘。我在一流清潔的客戶都住在斯坦伍德和卡梅諾島，只有兩家例外，但米亞的日托中心就在崔維斯家的轉角而已，開車一定會經過。每次路過，我幾乎是不自主地放慢車速，伸長脖子瞧崔維斯穿著沾滿泥巴的靴子踏進屋內。我除了想念有伴侶帶來的安全感，還有一件事我也放心不下。我連續兩週每天經過崔維斯的房子好幾次之後，問崔維斯我能不能過去照顧一下菜園。菜園長了一堆野草，菜都枯萎了，白白浪費好食材。

崔維斯沉默許久後說：「好。」

「我可以順便帶米亞過來待一下。」我說。崔維斯似乎同意這項安排。他承諾過會盡量參與米亞的生活，但夏天是乾草季，他幾乎天天從早忙到晚。米亞喜歡趁崔維斯開割草機時，坐在他腿上。如果我帶米亞來整理菜園，至少她還有幾次機會可以坐在崔維斯的腿上兜風。

我和米亞的新生活每天早上七點展開。我爬下床，把體內的睡意趕走，在爐子上燒水泡咖啡，一杯早上喝，一杯放進罐子留到路上喝。米亞通常吃麥片或穀片，偶爾我會拿加水調的鬆餅粉煎鬆餅。米亞看著我把熱騰騰的迷你鬆餅疊進盤中，再淋一點奶油和糖漿。我自己則是拿放在工作褲口袋的克里夫花生醬能量棒（Clif Bar）充飢，還有烤過的花生醬加果醬三明治。我包三明治的時候，重複使用紙巾和鋁箔紙，直到爛到不能用才丟棄。

我要繳房租、水電費、車險、瓦斯費、手機費、網路費、自助洗衣費、盥洗用品費，每個月的支出大約一千元。我或米亞需要新鞋，甚至只是需要牙膏時，我都得把預算列在牆上，研究每張帳單何時到期，銀行帳戶何時會自動扣款。如果有任何意料外的支出，如電費比平常貴，我只有二十元的緩衝。萬一領不到政府的托兒補助，我根本就無法工作。由於我的收入提高了，我每個月的自付額是五十元。工資變高，我能領到的食物券變少，目前一個月大蓋能領兩百，但我每個月的伙食費來源，依然只有食物券。收入變多，帳單也變多，政府補助卻變少。大多數月份，我和米亞只有五十元左右可以參加活動或購買生活用品。我耗費大量的時間與體力做勞動活，卻連必要的日常用品都買不起，這個現實比窮還令人痛苦。

我們的新公寓位於市區，這點很幸運。那裡有一間食物合作社，米亞有一張她專屬的「香蕉卡」(banana card)，每次我們去買菜，她都能免費拿一顆蘋果、柳丁或香蕉。我還可以用我們的食物券，替米亞買合作社的特價熟食三明治、優格、鷹嘴豆泥、巧克力牛奶，還有她自己挑的水果。我們會在面對人行道的大窗戶桌邊坐下，我點一杯一元的滴漏式咖啡。母女相視微笑，享受在外面吃東西的機會。

食物合作社那條街走下去，有一間叫小荳荳（Sprouts）的二手寄賣商店，最近剛開幕。老闆莎蒂是個年輕的金髮女孩，永遠帶著女兒顧店，不是用嬰兒背巾掛在胸前，就是放在遊戲圍欄裡。

莎蒂忙著整理我帶來的幾袋衣服。我問她：「妳能多收一張旅行嬰兒床嗎？」莎蒂停下手邊的事想了想。

「狀況好嗎？」她一邊檢查我拿去賣的東西，一邊搖一搖寶寶，哄她繼續睡。

我得誠實告知嬰兒床側邊的網子有破洞，「但沒用過幾次。」接著又決定順便問一下：「我還有一輛慢跑推車。」

「用品只能換店內的點數，」莎蒂說，皺皺鼻子表示抱歉：「不能換現金。」

「好。」我喃喃自語。

莎蒂打開收銀機，遞給我賣衣服的二十元，笑容滿面地告訴我：「這些都是好衣服。」

「我知道。」我的聲音小到幾乎聽不見。「這些衣服我原本想……」我看著先前仔仔細細收好的嬰兒連身衣，當初想著如果我和崔維斯有了孩子，就能派上用場。我深吸一口氣，打斷自己的話：「我也不知道衣服留著要幹什麼。」

莎蒂懂我在說什麼，或者她只是假裝懂。我們兩個人會認識，是因為她發現我在臉書上的地方媽媽群組尋找工作機會。莎蒂請我打掃家裡，她自從開店後就忙不過來。她要顧店，又要照顧兩、三歲的孩子和剛出生的嬰兒，家裡很久沒整理了。我問她店裡是否在徵人，她起先說沒有；接著我又問，她是否願意讓我打掃店內廁所，來交換衣服點數。莎蒂露出微笑，先是看著我，又望向米亞。米亞緊緊抓著自己的新包腳睡衣，上面是湯瑪士小火車的圖案，我在店裡的男童區找到這件衣服。莎蒂點頭答應。我用打掃交換點數。以後有需要，米亞就能走進店裡挑洋裝或是任何她看上的衣服。每次來這裡，我都會挪出一個下午，先到食物合作社吃午餐，接著到小荳荳讓米亞挑選她喜歡的東西。米亞的衣櫥裡全是二手衣，還有沃爾瑪清倉大拍賣時買的彈性褲，但每次她來小荳荳挑洋裝，頭會抬得高高的，像在逛高級百貨公司一樣。

先前我和米亞搬進過渡住房時，母親交給我幾箱老家的舊擺飾。如今沒地方放，感覺更像是母親為了省倉儲費用，把不要的東西塞給我。我和米亞現在住的套房很小，很像先前的遊民收容所，只擠得下一袋東西，較大的幾樣擺飾沒地方放，大部分我已經拿去捐贈中心或二手寄賣商店。我缺乏居住空間，只能留真正有用的東西。我想起以前翻過的雜誌，裡頭的文章介紹面帶笑容的夫婦選擇過簡單的生活，或是選擇搬到小房子，炫耀自己有多麼替環境著想。然而，只要他們想，都能輕鬆搬回去住一般的房子，有兩間臥室、一間工作室、兩套半的衛浴。我每個月為公寓套房奉上租金時，要是知道自己其實有能力負擔三倍大的房子，心情也會不一樣。

我從崔維斯家搬到套房後的頭幾週，潘姆讓我把東西存放在辦事處閣樓，等我想好要怎麼處理再說。我到一流清潔補充清潔用品，領工資，正式更改住址。

「新家怎麼樣？」潘姆和往常一樣興高采烈地問我。我試著給出正面答案，至少努力模仿潘姆的開朗。

「還可以。」我回答：「我只是不曉得我的東西要怎麼辦。崔維斯不希望我把東西放在他那裡，我又租不起倉儲空間。」我閉上嘴巴，不想向老闆抱怨自己的壓力。潘姆是真心想知道我過得如何，認真聽我說話。她漸漸扮演起我人生中極度需要的母親角色。

哪些東西要留、哪些東西要捐出去或賣賣看，很難下決定。我存放的東西無用卻又無價。寶寶日記、照片、舊信、學校紀念冊，那些東西沒價值，卻會占用寶貴的空間。此外，我逐漸減少我的衣服，處理掉阿拉斯加時期留下的冬裝和釣魚裝備，捨棄不再穿的洋裝和襯衫。家用品哪些要留、哪些要丟，最難決定。我不但得決定哪些東西有地方放，還得判斷哪些丟了，我沒錢再買新的。爸爸的辣肉醬鍋已經不太派得上用場，但在我心中有重要的情感價值。爸媽結婚時收到的烤鍋也一樣。物品，就只是物品而已。我沒地方放那麼多東西，所以我和米亞各自只有兩條毛巾、浴巾、床單組。我把放掃把和拖把的儲物櫃當衣櫃，所有的衣服都擺在裡面，包括兩條牛仔褲、一條卡其褲、一件體面的扣領襯衫、一件用自己的錢買的「時髦」洋裝，剩下的全是一流清潔公司的T恤和工作褲。米亞的東西我不忍心丟太多，只好發揮創意，收拾好她的動物娃娃、書本、玩具，變成裝點家裡的擺飾。有太多東西要整理了。做出要留什麼、丟什麼的決定後，大量的失去令我心碎。我把一些東西放在公寓地下室，但沒放太多。我擔心下面那麼潮濕，發霉又有老鼠，東西會壞，但又無法狠下心全部丟掉。那些東西記錄著我和米亞的歷史。

當下，我不可能把閃過心裡的任何一句話告訴潘姆，但她凝視我，似乎直覺瞭解我的想法。或許，她也曾以單親媽媽的身分，住在隔間的小套房，面臨過同樣的窘境。潘姆的臉突然閃耀聖誕婆婆的光芒，要我跟她走。

我們走進位於辦公室和她住處之間的小型辦事處大門。潘姆指著上方的小型隱藏空間：「上面其實滿大的，沒人在用。」她聳聳肩。通往上方閣樓空間的梯子搖搖晃晃，我得想辦法用吊的方式，把我的東西弄上去。我們站著的地方，地板上推著各式各樣的舊東西，就像車庫大拍賣結束後的凌亂現場，只剩沒人要的物品。「妳需要什麼儘管拿。」潘姆看見我望著那些雜七雜八的東西，指著各種水壺和塑膠櫃說：「每一堆都可以拿。我們的教堂即將舉辦大型的庭院拍賣，需要有人捐贈物資，但如果妳看到想要的，就拿去用沒關係。」

我低頭看見一個舊腳凳。「我可以把這個當咖啡桌。」我說。潘姆微笑點頭。「或許再拿這個廣口瓶，當成廚房用具。」

潘姆說：「如果妳還需要別的東西，甚至需要我幫忙洗工作抹布，儘管開口。」我想擁抱她。我希望她能抱抱我。我好需要來自母親的擁抱，幾乎哽咽得哭出來，請求一個擁抱。潘姆又說：「還有，我絕對需要有人幫忙整理庭園，如果妳有空的話。」

「我下個週末絕對有空！」我立刻答應：「如果妳需要早一點整理好，我可以查一下行事曆。」

「沒關係，」潘姆說：「不用急。」她打開閣樓下方放清潔用具的隔間門。「或許妳把這裡也整理整理。」她打開燈，長長的走廊上塞滿備用的吸塵器、電動打蠟機、一排排的拖把和瓶子。

我腦中已經在計算可以多賺的工資。

潘姆對我微笑，眼睛閃著更多光芒。我看著她圓滾滾的身材和慈愛的模樣，好奇其他清潔人員是否也覺得潘姆像親人。

我開始利用有空的週末整理堆放在潘姆閣樓的物品，揀選要留下的報告、書籍和紀念品，收進兩個儲物箱。其餘的都丟棄或是拿去二手商店，一一處理掉曾經小心翼翼保存的東西。一天下午，我知道沒人會在辦事處，便整理了暫放在那裡的東西，送出最後幾件嬰兒服——我特別收起來的新生兒衣服；我原本希望有一天，我的下一個孩子能夠穿。不過，這些嬰兒服至少可以拿去寄賣店交換其他衣服，讓我眼前這個孩子穿得體面一點；感覺上，米亞幾乎隨時需要新褲子、新鞋子。也許，這是在教我一件事——感謝自己擁有的東西、生活和空間。如果我不是被迫走上這趟學習之旅就好了，但這的確是我人生中很重要的一段路。

13 溫蒂之家

我第三次打掃新客戶溫蒂的家時，溫蒂的健康狀況突然明顯惡化。她在聊天時告訴我：「癌症沒留給我多少時間。」溫蒂肩膀下垂，和平日很不一樣。我不知該說什麼才好，所以和睿智的她一樣，嚴肅地點點頭。溫蒂病了，但襯衫仍舊漿過，房子整潔到我經常疑惑她為什麼要付錢請我打掃。

有時我清理完廚房後，溫蒂會幫我做午餐，堅持要我和她一起坐在飯廳的桌子旁。我們聊著彼此的孩子，享用放在白色蕾絲桌巾上的鮪魚三明治，搭配胡蘿蔔條。溫蒂端出即溶咖啡，我們用茶杯啜飲，附上奶精和糖包，再用銀湯匙攪拌。感覺就像我小時候和外婆假裝在開下午茶派對一般。我告訴溫蒂這件事，她微笑，擺了擺手。「最好趁還有機會，趕快用一用這些昂貴的茶杯。」溫蒂的手抖個不停，放下茶杯時，印著粉紅花朵圖案的茶盤匡啷作響。

溫蒂的房子擺滿玻璃櫃，展示各種小飾品、兒孫的照片、她自己的結婚照。溫蒂有一次發現我在看。我凝視那些照片，想著溫蒂和她丈夫看起來好年輕，一轉眼兩人就白頭偕老，彼此相愛好長一段時間，夫婦的身心一起成長。溫蒂微笑，指著架上結婚照旁的一束玻璃紅玫瑰，告訴我：「我先生讓我永遠不缺紅玫瑰。」一陣奇異的感受刺穿我的心，我又羨慕，又想哭。

溫蒂的房子是典型的「奶奶家」。她的家讓我好想家人，好想念自己的外婆。廚房流理台上擺滿食譜與紙堆，上頭寫著要買的菜和蔬果冰沙的食譜。溫蒂喝咖啡都要配代糖，二十四小時加熱的咖啡壺旁，擺著一籃糖包。

相較於其他客戶，溫蒂的房子很好打掃，我只需要擦一擦流理台、櫥櫃、地板；撣灰塵、吸地、清理樓下的半套衛浴。溫蒂堅持樓上的浴室她自己來就好。

廚房靠近吧台一端的油氈地板磨久了，缺一角。有一次，我們共進午餐，我問溫蒂那個痕跡哪來的。溫蒂說，從前她先生會坐在那個地方抽菸，想起那件事讓她抖了一下。「我一直很討厭他那樣。」溫蒂啜一口咖啡。我點頭，想起崔維斯穿著沾滿泥巴的髒靴子走進廚房，踩出一地的泥濘。溫蒂說：「重點是，不要讓這種事影響夫妻感情。」她順了順罩在直條紋襯衫外的白色毛衣。

「我就被那種事影響了。」我說。溫蒂抬頭看我，午後的光線下，她的白髮幾乎在發光，像是光環一般。「我最近和男友分手，我們同居一年多。我女兒才三歲……他們兩個感情很好。現在我們母女住在小小的公寓套房，租金高到我幾乎付不起。」我端起茶杯，喝完最後一口咖啡，好藏住發紅的臉頰。說出這些事，除了令我心痛，也讓我真實感受到一切都是真的，所有一切真的發生了，不只是一場噩夢而已。

溫蒂安靜了好一會後說：「我這裡很需要人手。」她從桌邊站起來，收拾自己的碟子，我跳起來收我的。「留在那就好了，跟我來。」

我跟著溫蒂上樓，經過一張機械椅。溫蒂在「特別不舒服的日子」會靠那張椅子上下樓。溫蒂的家似乎沒有太多客人上門，不曉得她是不是因為我而特地穿上好衣服、弄頭髮。我不曾上樓，除了一、兩次吸樓梯地板上去過。溫蒂的臥室在上樓後的右手邊，她和一隻肥嘟嘟、會打鼾的白狗一起睡。那隻狗懂得搖拉門旁的鈴，要人放牠出來。溫蒂打開客臥的門，光線灑落我們站著的走廊。

牆邊堆著數十個鞋盒、塑膠盒、垃圾桶，床上堆著更多疊在一起的容器。溫蒂嘆了一口氣。

「因為癌症的緣故。」溫蒂說：「我一直試著整理，分門別類。」我點點頭，看著她努力過後的成果。「要留給我兒子的東西，大都放在車庫裡——工具什麼的。但我的姪子、姪女和他們的孩子，會很想要這些。」

我讚美溫蒂。她指著一堆又一堆的物品，告訴我哪些要留給誰。我當清潔人員期間，看過各種減少家中物品的大掃除——為了舉行庭院大拍賣，或是屋主準備大房換小房，車庫清出一塊地方。然而，溫蒂的出清不是那種出清，她是在為身後事做準備——她整理好東西，自己死了之後，親戚就能接收。

我不確定溫蒂是否知道自己還剩多少時間，就算知道，也不曾告訴我。我搬家帶來額外的支出，外加花了三百元修車。我和米亞能撐過那個七月，全靠溫蒂多給我的工作，要不然就慘了。我幫溫蒂拔草、整理一堆堆的物品、仔仔細細清掃她房子的幾個地方，她的家人就不必做那些事。溫蒂不慌不忙，請我做完每件事。雖然聽起來有些奇怪，但我很敬佩溫蒂，我希望自己臨死前也能如此平靜，鎮定地收拾好每樣東西，而不是忙著贖罪，或是把握最後機會完成願望清單。

七月四日美國國慶的那個週末，我幾乎都待在溫蒂的院子，拔除花壇裡和常綠灌木下方的雜草。我有一陣子沒做那類工作，忘記自己有多喜歡在戶外工作。我大部分的時間都待在通風不良的屋子裡清掃，暖氣或冷氣也不會開。屋主不在家，屋內空無一人。

回到我們家，則要和一直長出來的黑黴奮鬥。我和米亞睡覺的地方，牆上是一扇一扇的大窗子，傍晚的陽光將屋內變成三溫暖。要是近期下過雨，則會變得像溫室。米亞原本不管到哪裡都能睡死，就連放煙火也吵不醒，但她在新家幾乎睡不著。有一晚，崔維斯過來看米亞，他抱怨完屋內有多熱之後，突然開卡車離開，半小時後載著一台冷氣回來，幫我裝在窗上，將送風開到最大。我和米亞把臉貼在涼風上，感覺好奢侈、好浪費。或許等回到家或上床前再開冷氣，讓室溫下降一點，電費才不會暴漲太多。潮濕的空氣令我擔心，每件事似乎都讓窗台上的黑黴加速成長，我們母女睡覺時簡直被黴菌包圍。

我在戶外工作時可以深呼吸，聽著街區的聲音，而不是iPod的音樂。那個國慶日週末，溫蒂有很多鄰居放起煙火，在爐架上烤肉。有時我會聞到牛排或漢堡的氣味，開始流口水。我想像肉片夾著清脆的生菜、切成厚片的番茄和起司，再擠上大量的番茄醬和美乃滋，配上一瓶啤酒，狼吞虎嚥地吃下去。我趴在長青樹下，想像鄰居的孩子在院子裡拿著仙女棒跑來跑去。米亞那個週末在傑米那，我希望她和她爹地也在烤肉，身旁圍繞著同齡的孩子。我祈禱米亞那天晚上能看見煙火。

溫蒂抖著手開支票給我，堅持午休也要算進打掃時數。「妳的時間很寶貴。」她說。溫蒂在支票的姓名和地址旁，畫上了粉色玫瑰。

兩個月後，溫蒂打電話取消打掃，告訴我：「我再也請不起人了。」我聽得出她虛弱的聲音中帶著遺憾。

我不知道溫蒂何時過世，但我猜就在我停止打掃之後沒多久。我經常想著我們一起吃三明治、喝咖啡時的對話，想起她根本沒動面前的胡蘿蔔條。她也給自己弄了一盤食物，但大概只是當成擺飾；就算沒食欲，也不能讓我獨自用餐。和溫蒂相處的午後回憶，除了提醒我時間寶貴，也提醒我，雖然我到別人家清馬桶，撿拾卡在杜松樹上的糖果紙屑，我仍是個有價值的人。

沒有工作或米亞的週末是過於喧囂的安靜。我領的裴爾助學金只補助正規學期的學費，由於房租的緣故，那年夏天我沒辦法上暑期課程，也因此沒有需要完成的功課。我沒有可以散步的庭院，也沒錢和朋友去喝杯酒，就連開車去一趟北方的西雅圖或貝靈厄姆（Bellingham），對我來說都太花錢，所以我待在家。我曾經試圖在公園草地上鋪毯子讀書，但是當我目睹吃著外帶盒午餐的家庭與情侶，各家媽媽坐在樹蔭下照顧嬰兒、爸爸帶孩子玩的景象，實在難忍嫉妒。

我的飲食一成不變，買菜、準備食物、吃東西因此變得像家務，不再令人享受。負擔得起的時候，我會在週日煮一大堆馬鈴薯泥，做成薯餅用奶油煎，再放上一顆蛋當成早餐或下工後的零食。我除了吃蛋白能量棒和花生醬加果醬的三明治，還吃大碗的「頂級」泡麵（Top Ramen）。我學會用米醋、泰國的是拉差辣醬（Sriracha）、醬油、少許糖和芝麻油調製自己的調味料。買各式醬料的初始成本很貴，約要二十塊，但我受不了泡麵的調味包。拌入調味料的大碗頂級泡麵是我的豪華晚餐，加上炒過的高麗菜、花椰菜、洋蔥或任何特價食物，放上全熟蛋和出清的切片冷肉。新鮮農產品成了奢侈美食。我只在月初買一磅一元以下的蔬菜。

不論原因究竟為何，不曉得是不是因為米亞生病沒去日托中心，最近比較常在家裡吃飯，我得餵她早餐、點心、午餐，也或許是米亞進入快速生長期，吃得較多，每個月第二次去買菜時，我的錢只夠買最少的食物，我們幾乎吃不飽，永遠覺得餓。這種時候，我會改買便宜的麵包和原味餅乾。我知道果醬裡滿是糖分、人工成分、高果糖玉米糖漿，沒有太多其他成分，但我還是得用果醬來餵飽我正在成長的女兒，還有廉價的電視餐或調理包。我有幾個星期喝不起咖啡，只好改喝紅茶，我為此哭了出來。我知道有食物銀行和慈善廚房，但我不曾去過。我們母女的選擇有限，但我們並未挨餓，所以我永遠提不起勇氣去那些地方。感覺上，永遠有很多人更需要那些救濟食物。

幸好米亞從未發現家裡的異狀，因為我一向吃得比較少。然而一天下午，我去她爸爸那接她，她整整講了二十分鐘她參加生日派對的事。她很興奮不是因為朋友或遊戲，而是因為食物。「媽，他們有好多莓子！」米亞講個不停：「有草莓和覆盆子，還有好多好多其他莓果，他們讓我愛吃多少就吃多少！」那天晚上米亞上床睡覺後，我上網搜尋有沒有湯森港的朋友放上那場派對的照片，最後找到幾張。沒有一張照片裡有米亞，但我清楚看到莓果，整張桌子擺滿裝了各種莓果的碗盤。我懂米亞為什麼會那麼興奮。一小包莓果就要五塊錢，她很難吃到，通常幾分鐘內就會一掃而空。

那幾個月，又有其他客戶提供額外的工作機會，而我放在Craigslist的清潔廣告也一直有人詢問：

我是專業清潔人員，
一週工作二十五小時，
但收入還是不夠付帳單。

其他和我搶生意的清潔廣告，大都是夫妻檔，他們有卡車可以載垃圾到垃圾場。還有一些是清潔公司，跟珍妮的很像，有註冊、有保險，旗下有多名員工，可以接大案子。我完全不認為有人會看到我的廣告，帶來額外的收入，但每次我放上不同版本的廣告，都會接到五、六通電話。

一個叫雪倫的女人請我在新房客入住前，打掃她出租的房子。雪倫個子小小的、眼睛閃閃發亮。公寓雖然髒兮兮，還不至於太離譜。她帶我看她出租的房子，承認以前從來沒找人打掃過。她要我清理烤箱和冰箱，窗簾不用管。我試著評估會花多少時間，但我抱著米亞，她一直在我身上動來動去，我很難好好看清楚。

米亞害我分心，她一直要去拿流理台上的東西。我猜：「可能會花四、五個小時？」

我們站在走廊上，雪倫告訴我：「噢，我想說反正一共給妳一百塊。」她遞給我一疊鈔票。我愣住了，呆呆望著她，不曉得該怎麼做。我從來沒收過那麼高的清潔費用，但是雪倫要我收下她手裡的錢。「我喜歡妳的廣告。」她說：「我還記得有人靠妳養的那種日子有多苦。」雪倫看著米亞，眼神的接觸讓米亞害羞，她把頭埋進我的肩膀。

「謝謝妳。」我試著壓下占人便宜的感覺。「妳不會失望的。」

我綁好米亞的汽車安全帶，坐在方向盤後，瞪著儀表板，心想：**我成功了。我他媽真的成功了**！我轉頭看米亞，心中一陣激動。我們經歷了好多事，但我還是挺住，讓我們撐過來。我問米亞：「想吃快樂兒童餐嗎？」剛才那疊鈔票鼓鼓地放在我口袋裡，我心裡感到自豪。米亞的臉亮了起來，高舉雙手，在後座大喊：「萬歲！」我大笑，眨了眨眼，把眼淚逼回去，一起開心大叫。

14 植物之家

我的鬧鐘響了第三次，我和米亞得在三十分鐘內，趕到今天要幫她動耳管手術的專科診所。診所要我早上先幫米亞洗好澡，換上舒適的衣服，但我試著打電話取消預約。米亞的鼻子和肺裡全是綠色的鼻涕和痰。昨晚甚至吐了，今天早上又吐了一次，弄得地板都是。米亞病得這麼嚴重，診所不可能幫她動手術，不過我還是照表操課，準備好出門，準時載米亞到診所。

米亞隱隱約約知道接下來會發生什麼事。我告訴過她，醫生需要再檢查一次她的耳朵，但這次我不能在診間陪她。為了她的耳朵，我們已經看過好幾次醫生，也看過一次專科醫師，判斷她適不適合動手術。我不擔心動刀的部分，比較害怕麻醉出問題。

專科醫師告訴我：「我兒子的耳管是我自己放的。妳女兒，我同樣也會好好照顧。」

我們早上八點抵達診所，診所要我們進一個房間等候，裡頭已經放好手術袍、罩住米亞頭髮的手術帽、腳套，以及可裝米亞便服的袋子。每當有護士進來問問題，我的心就下沉一點。診所幫米亞量體重、體溫、血氧量，聽一聽胸腔，甚至用拍立得幫她拍了一張照片，但是她很緊張，不說話，從頭到尾都不看人。

我告訴第一位進來的護士：「她病得很重。」護士充耳不聞。我告訴下一個護士：「她感冒很嚴重，會咳嗽，我想是感染。專科醫師會檢查她是否需要移除腺樣體。他不會直接動手術，他只需要確認。」

一個年紀較大的棕髮護士要聽米亞的胸腔，但她的手很冰，米亞縮起身體。護士問家裡有沒有加濕器。

我搖頭表示沒有。我想起家中窗戶裡層凝結的水汽，接縫處是一點一點的黑色黴菌。我們搬進去前，我都刷掉了，只是一下雨又再度發霉。我試著解釋：「我沒辦法……」

護士說：「不管怎樣，妳今天得去買一台。」她在米亞的表格上記錄。

「我……」我低下頭。「我沒錢。」

護士站直身體，抿起嘴，雙手交叉在胸前，低頭看米亞而不是我。「她的祖父母呢？她沒有祖父母嗎？如果這是我孫女，我會願意幫她買。」

「我的家人無法幫忙。」我試著快速解釋，對眼前的陌生人，我似乎透露太多資訊了。

「我父親和繼母沒辦法幫忙。我母親住在歐洲，她說她愛莫能助，不過我父親是真的沒錢。」

護士嘖了一聲。米亞依然盯著自己的手，雙手交疊，夾在兩腿間。她一定很冷，或是想尿尿。每一次我問，米亞都搖頭說沒有。護士說：「我不懂怎麼會有外婆能住得離小孫女那麼遠。」她說完直視我的眼睛。她的眼神讓我感到我有義務回答，但米亞在我耳邊小聲說話。

「我要去廁所。」米亞說。她的口氣散發著一股發炎鼻涕的味道，不像平常的氣味。

護士指著走廊盡頭，轉身離去。我帶米亞去廁所，把她放在馬桶上。米亞身體整個往前彎，把自己折成兩半，胸口貼著腳，嘴巴吐出一大坨痰。站在我們病房外的護士，問櫃台我們去哪了，我揮手要她過來看看發生什麼事。我想告訴她：**證據在這裡，我的小孩病到沒辦法動手術。**

「這裡我來處理。」護士說：「回去妳們的病房。」

我們只在病房坐了五分鐘，我就受不了了，伸手拿袋子裡的衣服，讓米亞穿回去。

有人敲門，專科醫師走進來。他沒說哈囉——應該說他從不打招呼，一屁股坐在椅子上，一副被打敗的樣子。我們大眼瞪小眼好幾秒鐘。醫生打量著我們母女。「她大概是太緊張才不舒服。」他說：「如果妳緊張，她也會跟著緊張。」

「我沒時間緊張。」我喃喃自語。

醫生往後靠，雙手抱胸，站起來，居高臨下地看著我們：「如果妳不想動手術，可以不要動，絕對可以節省我的時間。」

「不是這樣的。」我皺眉，心想如果我有丈夫陪著一起來，醫生還會不會用這種態度跟我講話。如果米亞用的不是低收入戶保險，事情會不會不一樣。「我沒說不想動手術。米亞病了。她病了。我認為她病到不適合今天動手術。我甚至不曉得我幹嘛要過來。我太累了，沒辦法思考這種事。」

「手術能夠幫助她。」醫生說：「我會試著幫忙。」

我點頭，心情沮喪，努力不哭出來。但我想要崩潰，趴在手臂上大哭，想放棄，想投降。帶著生病的孩子實在太辛苦了，同時，我還得像戰士一樣戰鬥，做一份完全沒有福利的工作，想辦法付房租。一旦我請假，等我終於能上工，工作可能就沒了。我沒想過事情會這樣。在薪資接近最低工資的工作領域，就是缺乏員工福利；我覺得應該對養孩子的人開恩。我看著米亞告訴她：「媽媽相信妳可以的。」我摟著她的肩膀，我知道我該放手讓她跟醫生走。

另一名護士進來帶米亞去手術間。接著又有一名護士進來拿衛教單給我，上頭寫著接下來兩週該如何照顧米亞。

「妳是丹和凱倫的女兒，對不對？」她問。我點頭。「我就覺得我認識妳。天啊，米亞跟妳長得一模一樣！跟妳小時候沒兩樣。」我一臉疑惑，那位護士只得完整自我介紹。原來我十六歲出過一場車禍，她是當時幫我處理訴訟的律師的太太。「我從妳父母開始上伯大尼聖約教堂，就認識他們了！那時妳還在包尿布呢。」

「還在包尿布」幾個字，讓我想起母親常告訴我的一件往事。某個週日早上，他們匆忙衝進教堂，布道已經開始了。爸爸把我交給媽媽，她的手滑過我光著的屁股。那時我還不到兩歲，爸媽才二十一歲。稍早出門時太匆忙，兩人都忘了幫我包尿布，也沒帶尿布出門。不曉得這位護士當時是否目睹這個景象，她當年是否也曾伸出援手。

米亞動手術時，老護士的閒聊讓時間過得飛快。我在網路上讀過很多文章，得知小小孩從麻醉中醒來後會發生什麼事，但我的心情還沒準備好。幸好有人陪著我，轉移我的注意力，保持呼吸。我害怕米亞嚴重出問題，無法從麻醉中醒來，我將失去孩子。我得堅強，我得壓下那些念頭，就算不是為了自己，也是為了米亞。我們兩人的壓力已經夠大了。

米亞九點回到病房，用擔架床推回來。嘴裡塞著紗布，憤怒脹紅的臉上滿是眼淚，眼睛瞪得老大，驚恐地四處亂看，彷彿她看不到一樣。護士把米亞躺著的擔架床推到固定的病床旁，讓她爬過去。我躺在米亞身旁，手放在她背上，輕聲在她耳邊說話，我不知道她聽不聽得清我的聲音，不曉得她耳朵會不會痛，剛才醫生和護士在裡頭做了什麼。動手術時，我沒在米亞身邊握著她的手，她一定很害怕。「沒事了。親愛的，沒事了。」

米亞縮起小小的身體側躺著，感覺很僵硬，接著開始扭動、大叫，扯下手臂上固定針頭的膠布。我和護士盡量阻止她。米亞爬起來，吐掉嘴裡的紗布，跪坐著伸手要我抱，舉手時扯到手臂上的管子。我看向護士，護士點頭同意，讓我環抱女兒，稍微提起來放在腿上，左右搖晃，再次保證一切都會沒事。

米亞對我說：「我想喝果汁。」她聲音低沉，說完後倒進我懷裡，大概是出聲說話很痛。我聽見她小聲哭了起來。護士遞給她嬰兒水杯，米亞坐起來喝掉一半，接著又躲回我懷裡。

一小時內，我抱著換回便服的米亞，站在停車場，她依舊黏在我身上。我還沒準備好要把她放進兒童座椅，開車回到幾個街區外的家。診所要我們快點出院，借給我們一個形狀像米老鼠的加濕器。護士把加濕器擺在我車子的引擎蓋上，告訴我：「沒錯，我們這裡步調很快。」我在停車場抱著女兒，凝視著建築物，又在原地多站了十五分鐘，感到前所未有的孤單。我們母女撐過了那個早上，米亞撐過了手術，然而在那個當下，我感到烏雲罩頂。我不覺得自己充滿力量，或是慶幸我們成功了；我陷入更新一層的寂寞深淵，我得學會在那之中呼吸。那是新的人生，我得在那種人生中醒來與睡去。

※

接下來的星期一，我到「植物之家」（Plant House）做每個月一次的打掃。屋主事先搬開地上的所有物件，捲起地毯，一疊疊的雜誌擱在椅子上，書堆、健身器材、鞋子則放在床上。女屋主下達軍事化的指令，是我所有客戶中最明確的：深入清潔所有的地板，清理廚房和浴室，檢查窗台和窗框上有沒有黑黴。

植物之家的屋主是空巢族，兒子的房間自從房間主人搬出去後，似乎沒變過，床後的窗台上仍擺滿了獎杯。屋主夫婦搬進一張桌子、一台大電子琴，妻子在那裡教琴。我好奇前門那台直立式鋼琴會不會比較好用。丈夫是某種傳教者，或是在教堂工作。他們的牆上掛的不是照片，而是裱了框的手寫祈禱詞。

妻子把大型植物盆栽的底部加了輪子，輕鬆就能推開，打掃底下的地方。客廳的每扇窗子都有六盆蜘蛛草，有的擺在窗台上，有的掛著。蟹爪蘭盆栽擺在蜘蛛草附近，窗簾桿上也掛著蔓綠絨藤蔓。我偷偷分了兩株小蜘蛛草，帶回家種在盆子裡。我也想被綠意盎然的生命圍繞，但就是沒錢去店裡買母株。

浴室裡沒有任何植物，但發霉了。我站在浴缸邊，清理牆壁與天花板接縫的黴菌。女主人事先捲起浴簾，掛到桿子上方，還拿開地墊和浴巾，放進洗手台。我來的時候，白色的浴室是一片空蕩、裸露。我關掉她用來過濾空氣的加濕器，所以我的一舉一動都會產生回音。我喜歡在浴室裡唱歌，聲音在牆壁間迴盪。

我小時候在學校的舞蹈合唱團、秋季戲劇、春季音樂劇表演過，不曾獨唱，但喜歡上台，和朋友走在路上會合唱起來。空蕩蕩的房子再次給了我唱歌的舞台，不必擔心有人聽到。我大聲唱出愛黛兒（Adele）、「泰根與莎拉」（Tegan and Sara）和「恐慌肆虐」（Widespread Panic）的歌。

米亞動完手術後的週一，我站在植物之家的浴缸裡大聲唱歌，聲音隆隆作響，結果唱一唱就哭了起來，再也止不住淚水。

浴室準備收工，我擦乾淋浴間的牆壁，眼眶裡滿是淚水，我趕緊用手摀住臉接住。我用手掌壓住眼睛，泣不成聲，蹲下來把頭埋進膝蓋，想起我和米亞是怎麼從恢復室被趕走的。米亞一喝下果汁、想尿尿後，我們就被迫離開，我甚至不能和她一起坐在等候室。我還沒準備好放下懷裡的她；我沒辦法開車，沒辦法看路。我倚在車子上，早晨的陽光帶來的熱氣尚未散去。米亞掛在我身上，我摸索她左右兩腳的粉紅色夾腳拖，抓了抓她的小腿，又抓了抓她的大腿，雙手抱住她，把臉埋進她的脖子。我是去陪米亞的，但我也需要有人握著我的手、陪著我。有時做媽的人也需要有人看護自己。

米亞很少看到我哭。哭代表承認失敗。我感覺我的身心放棄了。我盡了一切努力避開那種感受，我害怕會一哭就停不下來。我害怕喘氣，害怕我的腦子讓我以為自己會死。在植物之家的浴缸裡哭成那樣，感覺幾乎一模一樣，就好像我的身體需要發洩，我無法控制住自己。我身邊發生太多我無力掌控的事，但至少我能控制自己的反應。如果每次發生不好的事我就開始哭，大概會二十四小時哭個沒完。

當我幾乎感到自己要放棄時，周遭似乎有什麼改變了。植物之家的牆壁靠攏過來，我感到安全。那棟房子對著我說話。在我得知第八類租屋補助要排整整五年後，植物之家看著我翻找電話簿，尋找能用善款協助我付房租的教堂。那棟房子認識我，我認識那棟房子。我知道屋主經常得鼻竇炎，她在家中囤積了很多藥物，她靠著臥室裡古老的一九八〇年代有氧運動錄影帶健身。植物之家目睹我絕望地打電話給社工人員，詢問我有沒有資格申請救急現金。我打掃廚房時，頑強地對抗傑米。我打掃整間客廳時，等著工作人員接通電話，申請下一期的食物券。有那麼幾分鐘，我跪在浴缸裡，像待在搖籃一樣，植物之家堅毅的牆壁保護著我，無聲地安慰著我。

15 廚師之家

我們母女住在遊民收容所時，米亞上床睡覺許久之後，我繼續熬夜。夜晚在我眼前展開，我幻想著「幸福快樂」的生活。有一個大庭院，有一片剛修剪好的綠色草坪，大樹的樹枝上架著鞦韆。我們的房子不用很大，但要大到米亞可以在屋內跑來跑去，或許還有一隻狗，此外也要能夠躲在家具下面玩蓋堡壘。米亞不但有自己的臥室，也有自己的浴室。或許再弄一間舒適的客房，或是讓我寫作的辦公室。有真正的沙發和成套的兩人座椅，也有車庫。我心想，要是我們母女能擁有這些東西，我們就會很快樂。

我的清潔客戶大都擁有這些東西——那些在漆黑的夜裡，我夜不成眠好想要的東西。然而，他們享受人生的程度似乎沒我高。我的客戶大都工時很長，他們辛辛苦苦賺錢買下房子，卻沒有多少時間能待在裡頭，通勤的距離甚至比我還長。我開始留意他們亂堆在廚房流理台上的物品，例如幾乎跟我的車子一樣貴的地毯收據、金額可以買下我半個衣櫥的乾洗帳單。我過的日子則是把自己的時薪除一除，看看每十五分鐘賺多少，計算我把多少體力活賺來的錢拿去加油。大部分的日子裡，我至少得付出一個小時的工錢，才能賺足上工的加油錢。我的清潔客戶選擇高工時，卻是為了負擔豪華汽車與遊艇，外加罩著布套保護的沙發。

我的客戶為了讓家裡一塵不染、看起來有模有樣，努力工作賺錢，請一流清潔公司打掃，一流清潔則只給我剛剛好超過最低薪資的錢。客戶付錢是希望我能像打掃仙子一樣，施展神奇的魔法，但我不是神仙，不過像遊魂一樣，硬拖著疲累的身體打掃。我很少照到太陽，臉色蒼白，又因為睡眠不足而有黑眼圈。我通常沒洗頭，頭髮綁成馬尾，或是包頭巾、戴帽子。我穿著工裝褲，膝蓋的地方都破洞了，老闆覺得太不雅觀，要我換掉，但我的工作無法讓我有太多預算買衣服，連上工的衣服都買不起。我生病也上工，就算女兒病到應該待在家裡，也同樣送她到日托中心。我的工作不提供病假，也沒有給薪假期，工資看不見調漲的可能性。即便什麼都沒有，我仍然希望多一些工時。我不能工作所損失的收入很難彌補，而且要是請太多假，有可能被開除。我的車子非得牢靠不可，只要隨便破根管子，水龜節溫器掛掉，甚至只是爆胎，我們母女就可能被打回原形，從此完蛋。我們搖搖欲墜，如履薄冰，一不小心就會掉進無家可歸的生活。我們小心翼翼地走鋼索，努力撐下去、活下去。我刷刷洗洗，努力讓別人的日子看上去閃閃發亮，自己卻過著幽靈般的隱形生活。

「廚師之家」有兩個側翼：客臥與辦公室在一側，另一側是主臥，走廊通往改建過的車庫。屋主夫婦養的兩隻白色西敏寺㹴犬，每次都在車庫留下幾泡尿。我過去打掃時，兩隻狗會跟著隆德先生或太太去上班。有一次，我沒注意到其中一隻狗先前在飯廳桌子旁大便，不小心踏了過去。我忍不住哀嚎，那可是米白色的地毯，很淺的米白色，幾乎是該死的白色。我不可能刷掉狗大便的痕跡。

隔週的星期四，我會到廚師之家打掃三小時。六個月後，我還是只碰過屋主一次。廚師之家是潘姆最早的客戶。以前潘姆每週到那裡打掃兩小時就能搞定，我佩服到五體投地，因為那棟房子有夠大。每次我都做到汗流浹背，忙到沒辦法傳簡訊或接任何人的電話，害怕無法準時掃完。我絕對沒時間停下來刷掉棕色的狗屎汙痕。

那天我還有第二間屋子要掃：抽菸女士之家。那間房子也要清潔三小時，開車過去要二十分鐘。一整天都有工作的日子，原本是我放空的時光。三、四個小時或六小時之中，我忙個不停，由左到右清理流理台、刷洗手台、擦地、撣灰塵、清理狗兒在玻璃拉門留下的汙漬、吸大廳地板、刷馬桶、擦鏡子，連看一眼鏡子投影的時間都沒有。一整天肌肉緊繃，全身愈來愈痠痛，有時沿著四肢一陣刺痛，但我不去理會。連續幾週重複相同的動作後（每兩週，從開始到結束，以相同的方式，在相同的時間），我不用想就能做出下一個動作。動作變成一種規律，自然而然就能做出來。我練出緊繃的肌肉。當我人生的每一個面向，困難的抉擇一個接一個來，一個比一個難，清理房子的動作與固定流程，成為某種我很需要的放空時間。我猜我大概是神遊得太厲害，才會踩進狗屎。

我羨慕廚師之家這棟房子，有景觀、有庭院，還有結實纍纍的蘋果樹，果實掉在草地上腐爛，再由園丁清理。我想要廚師之家的後門廊，那裡有特別挑過的發亮原木家具和紅褐色的軟墊。我想像著週末屋主一定能享有懶洋洋的午後，在屋側伸展出去的條紋棚子底下，烤著蝦子，啜飲高腳杯裝著的冰鎮粉紅酒。那感覺就像一場美夢，而這些人，這些屋子走廊掛著巴黎街景畫作的人們，他們每一天都能活在這場美夢中。

他們的廚房流理台上堆滿食物，整齊擺好一罐罐精緻的餅乾，害我口水直流。聖誕節時，他們把房子布置得美輪美奐，我一一細看他們的聖誕樹裝飾品，賀曼禮品（Hallmark）每年會推出「冰雪朋友」（Frosty Friends）系列，我們家住在阿拉斯加時，母親每年都會蒐集。母親離婚後，把那些裝飾品全交給我，但我到處搬來搬去，有一半都不見了。我看見廚師之家掛著一個一九八五年的裝飾品。一九八五年是我們家第一年在阿拉斯加過聖誕。

我小心翼翼捧住那個飾品，想起母親在聖誕樹下打開包裝，露出坐在紅色小艇上的愛斯基摩小孩和一隻狗，交給我掛在樹上。現在離聖誕節還有半年。我不確定我和米亞住的套房，是否放得下能掛裝飾品的大型聖誕樹，或是我們有沒有錢買。米亞通常在傑米那裡過聖誕，因為感恩節跟我過。我好希望米亞擁有這樣的人生：每年的聖誕樹都能掛上一模一樣的裝飾品。這樣的傳統好小好小，我小時候根本沒注意，如今卻是我唯一能替自己的孩子許的願。

廚師之家的清潔時間有三分之一耗在處理地板。收工時，我有時會彎腰駝背地回到車上，用手撐著下背肌肉。肌肉痠痛是家常便飯，但彎腰打掃好幾個小時特別傷。我的脊椎側彎得有如一個問號，好幾次因此上急診室。我得小心不要動到脊椎，要不然會痛到必須整天都在吞八百毫克的布洛芬。我最近一次在清潔時犯下的錯誤是，微微彎腰抬起沙發，往牆壁靠近一些。那個沙發簡直跟我的車一般重，而我的背肌原本只準備抬輕的東西，結果像緊繃的橡皮筋一樣，啪一聲爆開。有好幾天，我咬緊牙關，在痙攣中度過，痛到睡不著。我的身體不太能吃止痛藥，腦袋會霧茫茫的，很不舒服，好像喝了個半醉似的。

當我看到廚師之家的台子上開始出現一罐罐的氫可酮止痛藥，真想偷拿個幾罐。我打掃的其他屋子，也常見到處方藥隨意扔在浴室洗手台上和藥櫃裡，但廚師之家幾乎每個房間都放著巨大藥瓶，我每兩週來一次，藥瓶就已經從滿的變成空的。

我和羅妮從來不提沒人在家的房子透露的祕密。我的客戶大都使用助眠藥物，來治療憂鬱、焦慮或疼痛。或許是因為我的客戶輕鬆就能從醫生那兒拿到處方，或是他們的健康保險方案給藥比較大方；或許醫療照護的標準作法就是開藥。雖然我能替米亞保醫療險，我賺的錢多到我本人不能接受低收入戶的政府醫療補助，因此我就算有慢性背痛，反覆鼻竇感染跟咳嗽，也沒辦法看醫生。幸好米亞永遠符合補助資格，我不必擔心她，申請手續也很簡單，因為需要的文件和申請食物券是一樣的。要不是因為有醫療補助，我不可能負擔米亞的定期檢查與打預防針，更別提她剛動過的手術。但是我一直擔心醫生和護士看見我使用的保險後，會因為是低收入戶的補助，給米亞差別待遇。如果我定期看醫生，做物理治療，甚至是去看婦科醫生，身體就能大大好轉，但我永遠負擔不起。我得小心避免受傷，也不能生病，試著自己治療疼痛。維他命、治療感冒和流感的成藥，甚至是泰諾或布洛芬止痛藥，全是大筆大筆的開銷，我不能花太多錢在上面，只能省著吃。我每天的生活都要和疾病或疼痛共存，永遠疲憊不堪。

然而，為什麼我的清潔客戶也有同樣的問題？有錢吃健康的食物、上健身房、看醫生，理論上就能讓人保持身體健康，還是壓力讓人不健康？我的客戶得想辦法打理兩層樓的房子，留住不幸福的婚姻，維持自己過得很好的表象。或許，這些壓力擊垮了他們的身體，就如同貧窮打敗了我的身體。

※

我開車到抽菸女士之家的路上，降下所有車窗。外頭的氣溫八成有華氏八十幾度（攝氏二十八、九度），也就是說等我和米亞回到家時，臥室的溫度將逼近九十幾度（約三十二度）。我的皮膚皺褶積著汗，抽菸女士的房子窗戶大都面北，屋內比較涼爽，但窗子全部緊閉，很悶的空氣加上菸臭味，再和香氛蠟燭的氣味混在一起，令我噁心反胃。我走進屋內，把文件夾擱在台子上。抽菸女士把無線電話擺在記事本旁，行事曆上只寫著做臉和spa按摩的預約。我看見她留了一張紙條：**妳大概會喜歡在家裡點上香香的蠟燭**！我拿起銀色的小罐子，打開來看見亮橘色的蠟燭，聞起來像是全熟的桃子。那是我最喜歡的味道。我微笑，再次深深吸入蠟燭的芳香氣味，收進皮包，接著撥電話打卡。

抽菸女士對我來說是個謎。我們只短暫照過一次面。那一次，我比她以為的時間早了兩小時走進她的廚房。她立刻閃人，我來不及跟她說上任何話，但我瞥見她的頭髮和妝容都很完美，我好奇的事得到解答。她的浴室永遠有化妝品或抗皺霜的新袋子，或是不知用途的小罐子。收據列出每罐新東西的價格都在五十元以上，但我從未見到空罐或內容物使用完畢的證據。她隔週都會按摩、做臉和手足保養。我經常好奇，抽菸女士是不是拒絕不了推銷，才買下那些東西，不是真的有興趣用。從她的外表來看，顯然不是這樣。隨便一個星期四下午，抽菸女士看起來都無懈可擊。

抽菸女士的屋子旁，就是高爾夫球場，她似乎花很多時間投入這項嗜好。樓下洗衣機與烘衣機上方的櫃子，放著裱框的記分卡，還有一張抽菸女士與老虎伍茲的合照。她穿著成套的白襯衫和燙過的白短褲，頭髮盤起，戴遮陽帽遮住臉。房子的一樓像是陷在時光之中。我拿著吸塵器、抹布、清潔用具托盤走進去，有如走進一九八〇年代末或九〇年代初，厚重的白色地板擺著過時的家具。客房裡有加拿大雁的裝飾品，我發誓我小時候家裡有一模一樣的擺飾。辦公室內有塑合板桌子，還有一台年代久遠的跑步機，正對著舊型的二合一錄影帶電視，和我老家那台很像。

樓上則重新裝修了好幾個地方，包含硬木地板、新式流理台，還有看來只放瓶裝水和生菜的不鏽鋼冰箱。

二樓的家具時髦又現代，但從上面堆的灰塵來看，沒人在用。抽菸女士的衣櫥裡，有一件我很羨慕的黃褐色喀什米爾毛衣，每次我吸地到那件衣服前方，都會停下來解開前排扣子試穿，戴上帽子，拉長袖子罩住手，撫過臉，感受柔軟的羊毛。

除了主臥小浴室和廚房對面的客浴，很難判斷究竟有沒有人在使用這棟房子。每次我掀開坐墊要刷馬桶，都忍不住一臉苦相，幾乎每次邊緣都沾滿嘔吐物。

打掃過幾次後，我開始想像抽菸女士在家的情景。她先生開了一間建設公司，距離鎮上開車至少要一小時。當時是二〇一〇年，房地產尚未復甦。夫妻倆大概在焦慮財務，不知接下來會不會輪到他們倒閉。他們的房子感覺永遠準備好要舉辦晚宴，假蠟燭的燈開著，餐墊擺放整齊，但從桌椅上的灰塵來看，晚上很少有貴客上門享用大餐。抽菸女士在家時，大都坐在正對吧台的高腳椅上。吧台內嵌著爐子，背面有風扇進氣口，最靠近抽菸女士坐著的地方，通常散落著菸灰。一旁是迷你電視、抽菸女士的記事本、無線電話，地上有些散落的麵包屑。

飯桌旁的架子上，有好幾台插電的香氛蠟燭加熱器，混在一起的雜亂香味令我頭痛。有一次，抽菸女士把打火機忘在記事本上，但除了水槽下清過的菸灰缸，沒有香菸的蹤影。有一天，我從車庫出去時，留意到一台冰櫃。我打開蓋子，裡頭有好多包維珍妮細菸（Virginia Slims）。我瞪著那些菸，露出滿意的微笑，謎底解開了。

我想像抽菸女士托著下巴捻熄香菸，小心對著爐子的風扇呼出一口煙，起身，甩一甩頭髮，在車庫清空菸灰缸，仔細沖洗擦乾淨。不曉得她會不會在皮包內放香菸，還是她只在家中廚房那個唯一的地點抽。我不介意人們抽菸，我自己偶爾也抽。抽菸女士是否抽菸真的無所謂，我感興趣的是她把抽菸當成祕密，費很大的勁表現出完美、乾淨的一面。

16 唐娜之家

夏天時，領取社會福利的民眾是否應該接受藥檢，又掀起了熱議。金融危機爆發之後，數百萬民眾向政府求助。日子過得不太順心的中產階級納稅人，開始有更多人感到憤怒，覺得不公平，憑什麼別人可以領取補助。不符合補助資格的人見到有人使用食物券，氣氛更是劍拔弩張。要求藥檢的討論，讓領取補助的人遭受更多批評，說我們這種人濫用福利制度，偷懶不肯工作，卻可以向政府領錢，甚至可能是癮君子。網路上開始瘋傳各種圖片，拚命嘲諷領食物券的人，把我們比為野生動物。其中一張圖片是一隻熊坐在野餐桌上，上頭寫著：

今日發生的事可真諷刺：歸農業部管理的食物券計畫像天女散花一樣，發出史上最大量的食物券。同一時間，也歸農業部管的國家公園管理局，卻呼籲民眾**不要餵食動物**，因為野生動物可能養成向人類乞討食物的習慣，不肯自己覓食。

網路上另一張瘋傳的圖片是一隻工作靴，一旁寫著：「如果我必須接受藥檢，才能工作，那你也應該接受藥檢，才能領取社會福利。」另一張圖寫著：「如果你買得起毒品、酒精、香菸，你不需要領食物券。」我的一個臉友在雜貨店工作，她也開始嘲笑領食物券的顧客買了哪些東西：「洋蔥圈餅乾？用食物券買？還買汽水？」她鼓勵朋友一同嘲笑填不飽肚子的窮人。

那年除了我之外，大約有四千七百萬美國家庭申請政府補助。美國衛生公共服務部發行的ＥＢＴ卡是方便版的食物券或現金補助，很多人在結帳時使用。販售帶回家自己烤的生披薩商店，現在也接受ＥＢＴ卡，但我很少用食物券買披薩。弗農山人口達三萬三千人，是斯卡吉特郡最大的城市，大量的移工在作物生長季節跑來這裡，許多家庭最後決定在此定居。然而，隨著移工人口增加，這一帶的保守主義開始現形。

我的客戶唐娜似乎有大量怨言。她提供的二十元時薪，以及每次多給的十元小費，如今是我相當倚賴的生活費，只是光是開車往返她家，就會耗掉一小時的時間。約有一半的機率，我抵達時她在家。有一次，她正要去店裡買做冰沙的材料；她最近剛買了一台專門

作，好像我拿了把槍，要她把所有的錢交出來。

「沒問題。」她冷冷回答；那是客服人員碰上奧客的聲音。「我去幫妳叫經理。」

經理走過來，激動的收銀員跟在後頭，脹紅一張臉，拚命用手勢解釋，甚至用手指著我解釋她版本的說法。經理立刻道歉，要收銀員別講話，幫我把有機全脂牛奶當WIC項目結帳，裝進袋子，祝我有美好的一天。

我推著推車離開，雙手還在發抖，老先生的頭撇向我買的東西，說：「不客氣！」我的心中升起一把無明火，想對著他大吼：**不客氣什麼**？我該感謝他一直不耐煩地嗤之以鼻，不斷對他太太抱怨？他氣的不是我動作慢，而是嫌我顯然是個窮人，在大白天買東西，看來沒在工作。他不曉得我為了WIC叫我過去量我和米亞的體重，我得請一整個下午的假，白白損失四十元工資。我們離開時拿到的食物券金額，幾乎和我損失的工資一樣多，然後清潔客戶還會不滿，因為我得重新安排打掃時間。每次我重新約時間，客戶就可能要求更換清潔人員，因為我的工作就是那麼容易取代。那個老先生只看到食物券是用政府的錢補助的，用他繳的稅付的，一切都是他的功勞。他自己也可能購買我堅持要買的高級牛奶，但我明顯是個窮人，所以不配喝那種東西。

唐娜等客戶平常把我當好友一樣吐露心事，還送著色本和蠟筆給米亞，但如果他們在雜貨店看到我，會不會也做出同樣的事？他們如何看待使用食物券的清潔女工？是勤奮工作的人，還是失敗者？我開始對這種事很敏感，盡量不透露自己的私事。話說到一半時，想著眼前這個人如果知道我在用食物券，他們看我的方式是否會改變？他們是否會假設我是比較低下的人？

我開始好奇，有足夠的錢請人打掃家裡，不曉得是什麼感覺。我從來不曾請人，我真心懷疑這輩子是否有可能發生。如果有一天我有能力請人，我會給他們很多小費，大概還會招待他們食物，或是贈送香氛蠟燭。我會把他們當客人看待，而不是鬼魂。我會平等地對待他們，就像溫蒂、亨利、唐娜、抽菸女士對待我的方式。

17 再三年

就我所知，我只有一個清潔客戶使用隱藏式攝影機——農場之家的屋主。女主人隨口提了一聲，我嚇了一跳，盡最大的努力點頭表示知道了，彷彿被人用針孔攝影機監視是再正常不過的事。農場之家兩層樓的海軍藍地毯上，黏滿白色的貓毛和狗毛。樓梯也鋪了地毯，毛髮堆積在每一階的角落和縫隙裡。我還沒開始過去打掃之前，羅妮說屋主已經把公司的清潔員換過一輪，就是找不到合她心意的人——公司想留住這個客戶，我是公司最後的希望。

我難以判斷我和其他清潔人員有哪裡不同，因為我很少和其他人一起打掃，無從比較清潔能力或工作紀律。我害怕被抓到沒在工作。我永遠忘不了有一次我又和傑米吵架，他告訴我：「妳整天閒得要命，卻什麼事都不做，只需要顧小孩，浴室的縫隙髒死了。」我永遠忘不了聽到那句話的感受。我自覺能做的我都做了，卻永遠不夠多。

我下意識感受到自己身上帶著領政府補助的社會汙名。在超市被老夫婦看不起之後，這種感受更深了。好像我穿著脫不掉的負重背心，或是有人用針孔攝影機隨時監視我。我平日講到話的人，很少人會假設我需要食物券才活得下去。他們提到用食物券的人，總是說「那些人」。然而他們口中的「那些人」，永遠不是我這樣的人。他們是移民、有色人種，或是通常稱作「垃圾」的白人。

人們提到食物券時，腦中不會想到我這樣的人：一個普普通通的白人，那個高中時很少開口講話的乖乖牌同學。我像是他們的鄰居，是和他們一樣的人。或許我只是個平常人的事實，令他們感到高度不安。他們在我身上看見自己的生活有多脆弱，只要丟了工作或離婚，就有可能淪落到和我一樣。

我感覺社會上有一些人喜歡找機會批評、斥責窮人，覺得我們不配過好日子。要是看到有人用EBT卡買高級肉品，那些人就會緊抓不放，當成證明自己理論的證據：用食物券的每一個人都過著奢侈的生活。的確有人密切注意著我的一舉一動，有時我感覺就連在自己家裡都不能放鬆。如果是不用工作或不必照顧米亞，我也得想辦法找事做。我不敢坐著，坐著代表我做的不夠多——證實我的確就是人們眼中靠領救濟金好吃懶做的人。把時間拿來閱讀感覺過度奢侈，彷彿這種休閒活動是另一個階級的專利。我得隨時隨地都在幹活，我得證明我是個有用的人，才可以領政府補助。

每隔一段時間，我為了逃脫這種日子，就會去約會。我會打電話給前男友或見網友，我表妹珍也會幫我找約會對象。在那尷尬的幾個小時內，我會回到那個還沒當媽、還不是清潔婦的我。那種感覺像是在演一齣戲，或許我的約會對象沒發現，但我心知肚明。我知道這一切都不是真的。我會聊書、聊電影，我的聲音連自己都感到好陌生。有時，只需要假裝自己過著那個平行世界的生活，就能暫時逃脫真實人生。然而，約會很快就變得沒那麼好玩，沒那麼像一場遊戲，我只感到更寂寞、更孤獨。沒回的簡訊、打電話過去進入語音信箱，都代表對方拒絕我，證明我沒人愛。我討厭那麼急切，而且很顯然那些男人感受得到我的急切，像一股刺鼻的氣味揮之不去。此外，出去社交讓我痛苦地想起多數人過著正常的生活。他們負擔得起演唱會、外食、旅遊，不需要擔心到夜不成眠。雖然米亞成天用黏答答的手碰我、拉我、抓我的手，我仍渴望有別人喜歡、有人碰觸、有人愛，我想不出自己有哪個時候不渴望那些東西。我想當個堅強的人，不需要別人愛我，但我做不到。

我走在無望的峭壁邊緣。每天早上都得迎接需要咬牙撐過的壓力，我得去工作，我得回到家，車子還不能壞。我的背永遠在痛，得靠咖啡壓下飢餓感，好像我永遠爬不出這個洞。念書是我唯一真正的希望：有學歷能讓我換取到自由。一定可以的，不然投資這麼多寶貴的時間都浪費了。我像是監獄裡的囚犯，數著還有多久才能修滿學分，拿到學位。再撐三年。裴爾助學金提供學費，但不補助課堂指定的教科書，然而有時可以在亞馬遜（Amazon）買到二手的舊版本。三年間，我在漆黑的夜晚和週末讀書、寫報告、考試，卑躬屈節的清潔人員生活只是暫時的。有的夜晚，我哭著入睡，唯一的安慰是知道這不是我人生故事的結局。

就這樣，我不再想辦法擁有社交生活，改用工作填補沒事做的週末。我接了新的客戶，利用米亞到湯森港待在傑米那兒的星期六，到車程四十五分鐘的地方，做四小時的打掃。「週末之家」（Weekend House）的屋主永遠在家，但我們不曾有機會深入認識彼此。他們是一對年輕夫婦，帶著才幾週大的嬰兒。孩子的祖母先前也住在那裡幫忙，她的臨別贈禮是一個月兩次的房屋清潔。

夫婦倆不希望打掃人員在的時候，自己不在家。我沒關係，但有他們在，我很難清理，因為他們漫不經心地使用廚房流理台，我才剛擦乾淨，他們又烤麵包，或是我才剛擦好地，他們又踩過去。他們的朋友帶自己的孩子過來玩，夫妻倆忙著和朋友聊天，端食物給大家，好像我不在場一樣。

我第二次去打掃時，大老遠開車過去，卻發現大門深鎖。我敲了好幾次門之後，偷瞄車庫窗戶，彎起雙手貼在異常乾淨的玻璃上，看見裡頭是空的。雖然是星期六早上，我還是打了羅妮的手機。

「羅妮，屋主不在家。」我說。我幾乎是用吼的表達憤怒與沮喪，我很少會這樣顯露情緒。「他們有沒有說有留鑰匙？」

「沒有。」羅妮回答：「屋主的媽媽只告訴我，他們永遠都在家。我來打電話給他們，看看是怎麼回事。或許他們只是出去辦點事，已經在回家的路上。」

我不能報銷油錢，所以我試著不去算這一趟花了多少汽油，但隨便想也知道，大概是十元，高過我稅前的一小時時薪，還有我洗抹布的成本。羅妮回報那對夫婦忘記我會過去，我死命咬住嘴唇，努力不要哭出來。

「那他們要我明天再過來或什麼的嗎？」我問：「如果時間安排得早一點，我可以再過來一趟。」

「沒有。」羅妮回答。我聽見她嘆氣。「他們直接取消了。」

我整整一分鐘說不出話。羅妮問我還在不在線上。「我還在。」我說。她問我還好嗎，我說不好。「能不能幫我問潘姆，至少讓我拿回一點油錢？我花了一小時的時間自費開車來到這裡。我沒有很多時間和金錢可以浪費，妳懂嗎？」我擦掉不小心滑落臉頰的眼淚，試著別讓聲音發抖。羅妮說會幫我想辦法，但我知道潘姆會說現在景氣很差，公司生意不好，額外的支出要經過審慎考量。問了也是白問。

兩週後，我再度回到那對年輕夫婦的房子。我把打掃用具搬進玄關，先生過來告訴我：「上次真的很抱歉。」我點點頭，拿出一條抹布塞進後口袋。「我們只是不習慣有人過來打掃房子。」

「沒關係的。」我抓起一個噴霧罐。

「這給妳。」他伸手摸後口袋，掏出兩張西雅圖水手（Seattle Mariners）的棒球票。「這是明天晚上的票。」他試著把票推給我。「拿著吧。」票上有選手在投球或滑上三壘的圖案。那是貴的票，好位子的票。我小時候看過球賽，一九九五年那場關鍵延長賽我在場，那時隊上有小葛瑞菲（Ken Griffey, Jr.）、愛德嘉・馬丁尼茲（Edgar Martinez）、藍迪・強森（Randy Johnson）等強棒，但後來我再也沒去看過球賽。

我和男主人站在門口，他母親付錢請清潔公司拋光入口的石磚。潘姆教我如何使用拋光機，然後把機器擺進我的後車廂，一擺就是三星期，占去我速霸陸旅行車一半的儲物空間。男主人顯然也不會希望我這一天拋光石磚，因為今天有工人進進出出，幫他們補浴室的瓷磚縫隙。我明白他根本不會曉得這一切有多令人心煩。

我再次低頭看棒球票。我付不起開車去看球的油錢和停車費。我抬頭看見男主人疲倦、但露出笑容的臉龐，肩上披著藍色的嬰兒包毯，他可能剛剛幫幾個月大的兒子餵完奶、拍完嗝。我在他眼中看見熟悉的疲憊。他照顧新生兒的體驗可能和我完全不同，他有大房子、好車、好多張嬰兒搖椅與彈跳椅，還有帶食物來幫忙的親戚，但為人父母者背負的責任都是一樣的，甚至跟我差不多。

我說：「沒關係的。」我試著相信真的沒關係，不再生他的氣。「票你們自己留著，或是送給能去的人。我去不了。」我想告訴他，我付不起油錢，不能去，但我怕這麼一講，他會塞給我一點錢。

「去不了沒關係，妳可以轉賣。」他再次把票推給我。「在 Craigslist 一定會秒殺，這是前排的位子。」

我瑟縮了一下。「真的嗎？」西雅圖水手的前排座位？那是我從米亞那個年紀就有的夢想，這下子有機會圓夢了。我再次看著男主人。不曉得他是不是那種會在半夜起來換尿布的父親，在廚房熱奶瓶時哄著懷裡的孩子，接著在沙發上睡著，小小的嬰孩躺在他胸前。我想他是那樣的爸爸。

「好吧。」我低頭看著棒球票。他再次把票拿給我。我收下了。他一手放在我肩上捏了捏，代替某種擁抱。

他說對了，票一下子就秒殺。隔天下午我在網路上登廣告，買家在自助洗衣店和我碰頭，開心地以六十元成交。

「我買票是為了慶祝我兒子的生日。」買家說：「他要四歲了，這是他第一場棒球賽！」

我微笑祝他看球愉快。

18 悲傷之家

星期六、日，我和米亞雖然沒要去任何地方，依舊在平常的時間醒來。我幫米亞煎鬆餅，撒上我前一個夏天摘採、冷凍起來的藍莓。我坐在米亞對面，把咖啡放在靠近臉的地方，看著她狼吞虎嚥。米亞對著我微笑，嘴裡塞滿食物，臉頰鼓起來，嘴巴被藍莓染色。我也對米亞微笑，試著藏起眼中的淚水，在心中記住那一刻，有需要時可以回想。我們過著腳步匆忙的生活，經常在混亂中度過，工作，晚餐，上床睡覺。我知道米亞不再適合留童書主角雷夢娜（Ramona Quimby）的娃娃頭，很快也不再愛玩「彩虹小馬」（My Little Ponies）。她吃東西的時候，會在碗邊把六隻小馬排成半圓，馬頭朝著碗。每當我想念米亞，不論是在工作，還是她在傑米那裡的時候，我會在腦中重播這些瞬間，回顧自己寫下的點點滴滴。

我開始趁米亞洗澡或她有事做的時候，做寫作練習：花十分鐘打出當下心中所想的事。有時我會在週末早上寫，內容是好天氣、休閒計畫，或是等不及要和女兒分享的祕密地點。在其他時候，在我們度過了疲憊的一天後，我會趁米亞睡著時寫，她老是在對我發脾氣，鬧彆扭。我會努力回想甜蜜的母女時光，憶起媽媽和孩子之間最原初的獨特連結，寫下那些消逝的瞬間。那漸漸成為米亞的寶寶紀念冊，而不是日記。最重要的是，我知道多年後，我將回顧這段光陰。這段日子有太多抉擇、太多任務，一個人承擔不了。我將需要用愛回想這些時光，因為米亞很快就會長大。儘管我們住在目前租的地方，我做著糟糕的工作，我們負擔不起太多東西，這段母女時光仍將一去不復返。我靠著書寫這段光陰，珍惜我們的這段生活，給這趟母女一起踏上的旅程留下美好的印象。不管怎麼樣，或許有一天我可以把這些筆記印成書，交給米亞讀。

我們母女最喜歡的海灘位於華盛頓公園（Washington Park），在阿納科特斯的西側。我們坐在岩石上等退潮，觀察小水窪裡的生物。

米亞會說：「媽，妳看螃蟹！」我會蹲下，從紅色塑膠桶拿出黃色鏟子，試著鏟起螃蟹，拿近一點看。「媽，別讓螃蟹夾到妳。牠會夾妳！」遠方有渡輪駛過，我們有時會看到鼠海豚、海獅或老鷹。我的車子後座載著米亞的小腳踏車，我拿出來，讓她騎在兩英里長的環形步道上，騎著騎著，忘了這路有多長，最後由我扛著米亞和她的腳踏車，走完最後半哩路。回家的路上，我們會造訪一間我小時候就有的冰淇淋店，我稱之為「晚餐冰淇淋」。米亞永遠只挑巧克力口味，整張臉吃得黏答答。

其他的週末，我會在網路上搜尋不為人知的瀑布，或是有深水潭可以游泳的溪流。我會裝好一個有皮把手的籃子，帶著毯子、換洗衣物、毛巾、米亞的點心，迅速準備好出門，唯一的花費是來回的油錢。

那些是我們最快樂的時光，或許簡單能帶來快樂。我讓米亞在市區騎腳踏車，我在後面小跑步，到店裡領一顆蘋果。偶爾下雨時，我們會待在家玩拼圖或蓋城堡。有時我們會拉開雙人沙發，讓米亞要看多少DVD就看多少，就像在開一整個週末的睡衣派對。

我當時不曉得，但那些週末，那些我和米亞待在一起的點點滴滴，是我日後回想時最懷念的事。有的出遊完全是敗筆，米亞亂哭亂鬧，她尖叫，我也尖叫，母女倆精疲力竭，身心俱疲。然而，那些和三歲女兒共處的時光是無價之寶。米亞會爬上床搖醒我，小小的手臂摟住我的脖子，臉旁垂掛著柔軟的鬈髮，在我耳邊小聲問我們那天能不能當貓熊。在那個瞬間，我一週的辛苦不見了，我們母女乘著一個泡泡在空中飄蕩，世上只剩下我，還有這個最棒的孩子。

那些是我唯一能安心的時刻，不必想著是否有空就該多兼一份差，或是做得夠不夠多。我們母女在公園裡坐在毯子上分享起司片時，不必擔心別人眼裡的我們是不是濫用福利制度的「救濟金家庭」。我和米亞共度一天時，我永遠不在乎那些閒言閒語。那樣的午後時光，在我們母女的小小世界裡，我們是彼此的月亮與太陽。

仲夏時，我已經替一流清潔公司工作六個月，每週足足要做二十五小時。此外，我自己還私下找了幾個客戶，每個月替他們打掃一、兩次房子或院子。除了抽菸女士會送我東西，其他客戶也開始在廚房流理台上留東西給我。亨利一直給我東西。他知道我離開他家後，會去接米亞，載她去爸爸家。有一次，亨利送我一盒甜甜圈，另一次送我一大瓶高級品牌的蘋果汁。

亨利的健康似乎有點惡化。浴室洗手台上出現的藥片暴增，從他馬桶的狀況來看，藥物讓他的胃很不舒服。最近幾次我過去打掃時，他太太也在家，但大部分時間都在講電話，和保險公司或自己的母親起爭執。她的母親似乎最近剛換老人院。我喜歡亨利夫婦相處的模式。亨利顯露出鐵漢的柔情，是我一直希望自己的另一半能具備的特質。亨利會幫妻子泡茶，兩人討論晚餐要買什麼菜。有一次，亨利說自己做了她喜歡的「那件事」，她激動地抱住他，接著衝出門。亨利的太太永遠會跟我說再見，講話時會叫我的名字，該有的禮貌都有，態度十分真誠，我有時差點要擁抱她。

我清理色情雜誌屋時，會記著亨利家的美好時刻。色情雜誌屋帶著一股怒意，一種不滿的氣氛，我不喜歡待在那裡。流理台上貼的紙條只有簡單的指令：「請換床單。」至少女主人說了「請」。

大約在父親節的時候，我在電話上和傑米大吵一架，當時我剛好正在打掃色情雜誌屋。在那之後，不管我怎麼努力擺脫那個聯想，每次我在那棟房子裡，就會想起傑米。那次，我和傑米吵著米亞要跟誰姓。我希望改成我的姓。米亞最終會上學，還有每次我帶米亞去看醫生，院方就會詢問我是不是她媽媽。如果米亞幾乎都和我住，沒道理要姓傑米的姓。

傑米堅決反對。他主張我很少陪伴孩子，米亞一天之中大都待在「那間噁心的日托中心」。我後悔有一次因為要工作到比較晚，請傑米的媽媽過去接米亞。從那次之後，傑米就聽信他媽媽的話，一直說那間托兒所有多糟糕，而我居然送孩子去那種地方。然而，不管我怎麼做都是父子騎驢。要是我待在家，減少在外面工作的時間，傑米就會怪我不工作，拿他給的扶養費當米蟲。我如果去學校上課，也是在浪費時間。現在就連我出去工作也是壞事一件。

傑米那天在電話上說：「妳從來沒祝我父親節快樂。」我當時快清理完廚房，正在擦噴濺在磚紅色爐台上的油漬。

「什麼？」我感到莫名其妙。傑米自己也從來沒祝我母親節快樂，更不曾說過我是個好母親。他說過最接近讚美的話，是我頭腦聰明，把他耍得團團轉。就連我們還在交往的那個夏天，他也不曾讚美我的外表。我懷孕之後，他好幾次叫我醜八怪，米亞出生後更是變本加厲。

「妳從來沒說過我是好爸爸。」傑米說。

「傑米，我沒說，因為你不是。」我說：「你怨天尤人，什麼事都怪到別人頭上，從來不肯負起責任。每一件事永遠是別人的問題。你要怎麼當米亞的榜樣？你要拿什麼教她？」我站在客廳桌子上，伸手撢大吊燈的灰塵。

傑米說：「我會教艾米麗雅（Emilia）很多東西！」我好奇是不是湯森港的每個人依舊叫米亞那個名字。傑米不肯叫女兒米亞，因為那個小名是**我**取的。我試著解釋，那是米亞自己堅持的，如果我用全名叫她，她會生氣。有一陣子，傑米試著說服米亞取一個聽起來像「米拉」（Mee-lah）的小名，但米亞記不住。每次傑米那樣叫她，我都在想，米亞待在爸爸那裡的時候，會不會下意識覺得自己是另一個人。

「傑米，你連游泳都不會。」我說。我想不到自己居然敢這樣和傑米講話，當全職的職業婦女，什麼都得自己來，給了我力量。我再也不讓傑米貶低我。「還有以後米亞帶數學功課回家怎麼辦？或是得寫報告的時候呢？你到時候要怎麼幫她？」

我講這些話不是為了刺激傑米。我是真的在擔心這些事。傑米永遠在講，他在準備高中同等學力測驗（GED），或是答應這個夏天就會去學游泳，但他說過的話從來不曾做到。他永遠有藉口，或是開始講古，說都是他媽媽的錯，他小時候得幫忙帶弟弟。現在，一切則是我的錯，我不該逼他當爸爸，害他過著他從來不想過的生活。

「我知道我是好爸爸。」傑米說。我可以想像他說這句話的樣子，他大概氣鼓鼓的，用手指著自己，搞不好還看著鏡子。「我知道我是好爸爸，因為米亞需要我。」我聽見傑米猛吸一口氣。啊，他在外面，一邊抽菸，一邊踱步。

輪到我攻擊了。我拿著除塵撣，走在客廳與臥室之間。每次去接米亞，我都得看著傑米嘟嘴在那邊裝哭，讓米亞離去前再抱他一次。「你操縱米亞，讓她需要你。」

那句指控讓傑米氣瘋了。我太清楚他大吼大叫的樣子。「鎮上每一個人都在講妳這個人有多爛、有多失敗。」傑米說：「妳只會在網路上抱怨，在臉書和那個愚蠢的網站上寫日記。妳沒有真正的朋友，永遠不會有人愛妳和妳下垂的胸部。」

我切斷電話。傑米每次氣急敗壞，都會口不擇言。他通常會攻擊我太肥、太醜、太沒肉、太高，「下垂的胸部」倒是新的。「永遠不會有人愛妳」則是他最喜歡講的一句話。我知道他講這句話時嘴巴會翹起，好像在笑一樣，就算我們在講電話，我腦中也會浮現他那個表情。我和他一起住拖車時，他叫過我「愚蠢的瘋女人」或「發瘋的賤貨」，但他現在只有真心想傷到我的時候，才會這樣講。

那一天，因為我憤怒地刷個不停，用破紀錄的速度清完色情雜誌屋的淋浴間。我跪在地上擦好地板等它乾，把小地毯放回馬桶和洗手台前方，站在走廊上喘氣。門右手邊的牆上掛著這家人的沙龍照，大家看著同一個方向，眼中閃著同樣的光芒。

我走到臥室門口。從某方面來講，這個地方接近我理想中的生活——一棟有大庭院、中規中矩的房子。不必位於高級地段，也不必有海景，但有院子，還有幾棵參天大樹。我瞪著床頭櫃鬧鐘旁的那瓶潤滑劑，忍不住好奇這家的夫婦多常上床。

或許，這只是我以為我想要的生活。隔壁的「悲傷之家」才是真正的夢幻人生。那天我和傑米吵完架後，接著打掃悲傷之家，我已經好幾個月沒過去。悲傷之家的屋主先前生病住院，常常不在家。我看得出來他娶到這輩子最愛的人，但妻子太早過世。他在人生最需要照顧的階段，一個人孤單活在世上。色情雜誌屋和悲傷之家恰巧反映了情況相反卻又相同的人生道理：不論你過著什麼樣的生活，最後終究都是一個人。色情雜誌屋的男屋主趁著太太值夜班或是在其他房間看羅曼史小說時，一個人打手槍。鰥夫也是一個人。

對我來說，單身不再讓我那麼痛苦。我和米亞組成團隊。我愛上了不必照顧和我們母女在一起的另一個成人的心情，不必擔心他們覺得好不好玩，不必因為聽見他們覺得無聊想走人的嘆氣聲，而感到壓力大。我永遠不再需要問另一個人他晚上想吃什麼。我和米亞可以吃冰淇淋當晚餐，不必擔心家裡那個人覺得被拋下，或是批評我怎麼讓孩子那樣吃。

我和米亞住的獨立套房有缺點，但那是我們專屬的空間。任何時候我想怎麼擺家具就怎麼擺。家裡可以亂成一團，也可以極度整潔，隨我開心。米亞可以蹦蹦跳跳，從沙發跳到地上，不會有人大吼大叫要她安靜。我剛開始當清潔人員時，還以為自己會整天忙著羨慕別人，但我要的不只是可以稱為「家」的地方，而是真正感覺那是家。獨立套房是我們母女的小窩，有一天我們會從這裡飛出去。

我掃完色情雜誌屋後，試著一趟就把所有掃除用具搬到悲傷之家。外頭陰雨綿綿，這種天氣最容易長黴，看了讓人起雞皮疙瘩。

我用小指拉開玻璃門，手上拿著清潔托盤。那扇門通往廚房，我一進去就聞到悲傷之家熟悉的木屑與鬍後水氣味。我轉身正準備放下托盤時，嚇到大聲尖叫。

屋主的臉上都是爛瘡，我馬上後悔剛才尖叫；反倒是想哭。先前我來打掃時，屋主從來不在家，我沒見過他。這下可好，我因為看到他的臉而尖叫，他顯然身體很不好，吃了很多苦頭。

「我很……很抱歉。」我結結巴巴。打掃托盤、裝著乾淨抹布的雜物包、塞滿髒抹布的垃圾袋，差點全掉到地上。

「不，不會，是我很抱歉，嚇到妳了。」他說：「今天早上我有點起不來，我馬上走，不妨礙妳打掃。」

我從拉門旁跳開，好讓他離開。我們兩個人都沒有自我介紹，也沒握手。我看著他走向車庫側門，從窗戶望著他米色的奧茲摩比（Oldsmobile）駛出車道，消失在視線裡。不曉得他覺得自己應該消失的這幾個小時，要去哪裡。

廚房看起來跟之前一樣，除了水槽和流理台上多了幾個盤子。一旁的吧台堆滿藥片、服藥指示、出院單。那個星期，羅妮打電話要我來悲傷之家，她提到色情雜誌屋的女主人一直在照顧悲傷之家的屋主——或許因為她是護士，也或者悲傷之家的屋主沒別人可找。

他的被子一角掀了起來，保持早上起床的模樣。另一邊依舊整整齊齊鋪著，幾乎跟上次我來打掃時一模一樣，裝飾用的枕頭還在原位，床單上有一點一點的血跡。我把棉被整個拉下來，小心捏著床單角落，往中間集中，接著換掉枕頭套，把所有要洗的東西塞進其中一個枕頭套。我把床單拿去放進洗衣機，途中經過浴室，地上有好幾滴血，馬桶旁和淋浴間裝了新扶手，浴缸裡放了一張椅子。

這家的妻子過世前蒐集石頭、鳥屋和鳥巢，一一擺在客廳窗戶旁。夫妻倆花了很多時間遊歷中南美洲。妻子是老師。我想像她在旅途中會買小娃娃和藝術品，帶到教室當裝飾品，或是拿給學生看。不曉得她是否教孩子西班牙文。

悲傷之家感覺上從前的用途是度假屋，或是讓空巢期的屋主不再觸景傷情，少了孩子後，房間裡空蕩蕩的，缺乏生氣。悲傷之家的屋主有兩個兒子，其中一個已經過世，另一個住在這一帶，但似乎不曾來探望父親。我一直好奇男主人是不是在同一時間失去所有家人，或許他的妻兒是在意外中喪生，還活著的另一個兒子太難過，沒辦法回到這間屋子。我依據屋內的物品自己編著故事，包含照片、紙上隨手寫下的筆記，而裱框的漫畫卡片上，裸體的一男一女握著手，上頭寫著：「小木屋規定：節約用水，一起洗澡。」悲傷之家似乎凍結在過去某個瞬間——做到一半的家務，仍擺在更衣室、等著掛上牆壁的藝術作品。屋主的妻子列出的待辦事項清單，還釘在廚房的軟木公布欄上，紙張已經發黃：**買新水管、修大門門閂**。我想像她在屋外的花圃拔草，到廚房拿一瓶飲料，匆忙寫下待辦事項，接著回去整理花草。清單下方釘著她請人整理院子的收據簽單，但上頭沒寫日期。

今天我要工作六小時，才熬了一半時間，我就大大嘆了一口氣，把一罐清潔噴霧掛在褲子口袋上。我用醋水噴了噴抹布，塞進另一個口袋，等一下用來除塵，接著抓起另一條抹布，準備用來擦拭需要噴過的處所。不過悲傷之家從來不會太髒。

浴室裡擺放著五花八門的藥物。我每次過來，數量似乎愈來愈多。我挪開那些藥，擦拭底下的檯面，接著轉身走向浴缸，那個角落擺著藤架。第一次打掃時，我完全是出於好奇，打開了骨灰盒。那次之後，我就忍不住偶爾過去看看盒子還在不在。我好奇男主人是否撒掉了一部分骨灰，但留著浴室這些。不曉得他把家人的骨灰擺在這裡，梳頭時就在他身後，心裡會不會感到安慰。

廚房吧台上，醫院的文件微微蓋住了一疊照片。我在照片裡尋找線索，還以為會看到不一樣的東西，但永遠都是一樣的照片——眾人站在堆滿漢堡肉和魚的烤肉架旁，悲傷之家的男主人自豪地站著，孩子們穿著紅、白、藍的衣服，高舉仙女棒。每個人都露出制式的拍照笑容，但男主人眼中是真正的喜悅，有如釣到人生第一條魚的孩子。他一切都做對了，所有的擺飾和照片都顯示，這是一個成功達成美國夢的人，但如今他也是一人獨行。

悲傷之家的屋主不曾在台子上留紙條或卡片給我。我不期待也不認為他理應額外留小費或節日獎金給我。這樣想有些奇怪，不過他給了我另一種禮物。悲傷之家讓我審視我和米亞共享的小空間。我看著我們居住的房間，把那裡當成家，充滿了愛，因為我們努力讓那裡有愛。即便我們沒有好車，也沒有在峭壁上俯瞰海灘的豪宅，我和米亞擁有彼此。我很幸運有她作伴，而不是獨自活在充滿她的回憶的房子裡。我依舊害怕寂寞，希望有人陪伴，但我不孤單，我有米亞。

19 羅麗之家

夏日開始遠颺，太陽緩緩西沉。傍晚時分，我和米亞的獨立套房籠罩著粉、橘、紫的光線，熱氣散去，被單不再被汗浸濕。米亞再度晚上九點前就寢，留我一個人坐在小小的廚房桌旁。在那樣的夜晚，我聽著公路上的車輛呼嘯而過，鄰居男孩坐在底下的路旁抽菸聊天，大量的煙飄進我的窗戶。我呆呆坐著，疲憊到讀不下書，攤開每天的行事曆，努力記住每週、雙週、每個月要輪流打掃住家的二十個客戶。多數房子預計要花三小時清理，我通常一天掃兩間，有時三間。

我是身上有好幾個刺青的三十二歲單親媽媽，我覺得自己和米亞在這個保守的小地方一直格格不入。米亞身上常是一連穿了好幾天的猴子裝或芭蕾舞裙，頂著一頭蓬蓬的鬈髮。走在雜貨店時，我們和周圍光鮮亮麗、不必工作的媽媽形成強烈對比。我在穀片走道和她們擦肩而過，瞄到她們手上鑲了好大顆的寶石、閃閃發亮的結婚戒指。她們目不斜視，盡責地隨時盯緊寶寶，衣服上沒有汙漬，頭髮在早上用髮夾整理成漂亮的馬尾。

不過，有一位女士看向我，臉上露出溫暖的笑容。我認得她，她是我母親的老友，但我不記得她的名字。她問我好不好、我們住在哪裡。我告訴她之後，她問米亞是不是送去麥迪遜（Madison）小學後面的日托中心。我們全家搬去阿拉斯加前，我在麥迪遜小學二年級念過短短幾個月。我搖頭。

我回答：「米亞能念哪裡，我的選擇有點限制。」我等著在我進一步解釋前，女士的臉上會浮現疑惑的神情。「幼兒園收學費時，我得用我領的州政府育兒補助繳，但私立學校不接受這種付款方式。」我先前打過電話，詢問地方上的蒙特梭利幼兒園和其他私立學校，能不能用打掃服務抵學費，但沒有一間幼兒園接受。米亞如果能上真正的幼兒園，待在豐富的環境，而不是日托中心，對她的發展來講會大有好處。我試著彌補這項缺憾，每天晚上至少念三十分鐘的書給她聽。

「朱蒂奶奶的日托中心屬於YMCA體系，我相信他們一定會收州政府補助。」那位女士說。

「朱蒂奶奶？」我問。米亞第三次試圖躲在我的裙子下，我把她抱起來。那位女士伸手要摸米亞的臉，動作輕柔，但米亞把頭藏到我的肩膀後面，不肯起來。

「朱蒂奶奶是那間日托中心的負責人，她真的很像孩子們的祖母。」女士告訴我：「我的孩子現在偶爾還會過去看她。日托中心在小學後方的附屬建築物，不過朱蒂很慈祥，幾乎像去奶奶家玩一樣。」

一星期後，朱蒂奶奶的確以慈愛的雙臂迎接我們。我們初次見面，朱蒂奶奶把我拉進她的辦公室，好好坐下來認識彼此。或許那天特別不順，或是我剛好感到無助又無力，我坐在朱蒂奶奶的辦公室，講述我和米亞每天是怎麼過日子，講到哭了出來。朱蒂遞衛生紙給我，告訴我：「妳是一個很好的媽媽，我看得出來。誰是好母親，我一看就知道。」我抽抽嗒嗒看著她，突然發現以前從來沒人那樣誇獎過我。朱蒂奶奶只講了短短幾句話，就讓我感覺她像是我的家人。

把米亞放在良好的環境，我比較能離開她，安心去工作。我能接多少工作就接多少，公司的打掃行程有空檔，便另外自行找客戶。我自己接的客戶，價格是一流清潔公司的兩倍。那年夏天，有一個月的時間帳單都付清了。我和米亞是所向無敵的超級組合，母女唱著美國歌手蘇揚・史蒂文斯（Sufjan Stevens）的〈永不放棄自己〉(The Perpetual Self)，米亞稱之為「喔喔歌」(Uh-Oh Song)，歌詞的開頭是：**每件事都不順！喔喔！**（*Everything is lost! Uh-oh!*）我們把這首歌當作我們的快樂早晨歌，上班上學前一定會聽，幫自己加油打氣。

我們逐漸有了固定的行程。秋季來臨時，我勇敢選了大量線上課程，簡直不用睡了。我要工作又要念書，晚上喝一大杯咖啡完成功課，趁著週末讀書。我知道開學後我一定會累壞，但在我心中念書是最重要的工作，可以帶我們母女脫離窘境。

潘姆和羅妮估算需要花多少時間清潔一間房子時，用的是自己的打掃速度，但她們兩個人是中年婦女，不在最佳狀態，一比之下我成了忍者。我全職工作幾個月後，瘦到得用皮帶勒住褲子，怎樣都留不住體重。我比安排的時間早打掃完房子的話，她們就會叫我慢一點，因為如果我動作快，客戶收到的帳單金額突然比原本的報價少，他們就會期待以後都是那麼便宜。我得遵守預定的時間，不然對以後接手的人不公平。

我打掃某幾間房子時，因此有時間停下來翻閱床頭櫃或廚房流理台上擺的書。我還發現人們偷偷藏起的東西，包括大量的酒、巧克力，還有從購物中心提回來後，好幾個月沒拆封的袋子。我好奇人們是如何應付日常的壓力，我探頭探腦是因為我無聊，還有就是這件事也成為我的某種心理應對機制。

我開始愛上不會因為空蕩蕩而產生回音的房子。我喜歡每週五早上和亨利待在一起。我永遠不會探頭探腦打量我不是隱形人的房子。在那些房子裡，我有名字，我叫「史戴芬妮」，不會在月曆上被標為「清潔服務」，甚至是「傭人」。此外，我在一流清潔公司之外自己找的客戶，我從來不會翻看他們的東西。我們彼此尊重，有時還成為朋友。翻找屋內的東西像在尋找線索，尋找祕密生活的證據。表面上，那些人什麼都有，過著幸福美滿的日子。他們生活富裕，擁有美國夢的兩層樓獨棟房子，浴室是大理石洗手台，家庭辦公室的凸窗正對著大海美景，但人生依舊缺乏某樣東西。我好奇陰暗角落和自助書籍裡，到底藏著什麼東西能提供希望。或許，他們不過是家裡有較長的走道，有較大的櫃子，可以藏住他們害怕的東西。

※

羅麗罹患亨丁頓舞蹈症，她的房子是專門為了她本人和看護量身設計。她幾乎一整天都坐在有軟墊的椅子上，正對著電視。她口齒不清，但看護似乎懂她想說的話。羅麗的四肢不聽使喚，腳偶爾會突然騰空踢直。看護餵她、清理她、協助她上廁所。我撢去電視和擺滿照片的架上灰塵時，羅麗用深色的眼珠警惕地看著我。

隔週的星期二，我會在羅麗家待六小時。房子很大，當初是她先生設計的。多數週末，先生都睡在樓上的開放式閣樓。看護輪班照顧羅麗，但每次我過去的時候，貝絲都在。她說要泡咖啡給我，但我很少接受，不過我們通常會在我打掃時聊天。

我忘了是第二次、還是第三次要過去打掃的那個早上，崔維斯買給米亞的生日禮物DVD播放器壞了。米亞坐在汽車安全座椅上開始大哭，腳一直亂踢。開長途時，我們都靠那台DVD打發時間；《芝麻街》的艾蒙（Elmo）唱的那首講耳朵和鼻子的歌，我至少聽了幾百遍。那天早上我抵達羅麗之家時神經緊張，拿著打掃用具衝進主衛浴；那間浴室比我整間公寓還大。

我怕被貝絲看見我的狼狽樣，躲在浴室裡整理情緒。那裡是一樓唯一有門的空間。浴缸被窗戶圍繞，我得爬進浴缸，才能清理窗台。我腦海裡的聲音一直對我大吼：**妳連買台新的DVD播放器都沒辦法**。我縮著身體，坐著喘氣，圈住自己的膝蓋，前後搖晃身體。一台DVD播放器不用一百元，我卻連這麼便宜的東西都買不起。那個念頭讓我想到一串我無法提供女兒的東西：適合住人的地方、一個家、她自己的房間、擺滿食物的櫃子。我抱著膝蓋，淚水不斷滑落臉龐，小聲念起幫自己加油打氣的話，好打斷停不下來的負面恐懼思緒。我安慰自己，不讓自己胡思亂想，陷入真正的恐慌：

我愛你。我在這裡守護你。我愛你。我在這裡守護你。

我第一次接觸到念心咒的概念，是在我無家可歸時一位治療師教我的，只不過那時我反覆念的句子是「沒有人會因為恐慌症發作而死」，我也可以想像女兒在玩盪鞦韆，讓自己的呼吸和鞦韆的擺盪同速。那些方法都沒用。我需要知道有人會來救我們，讓一切好轉。那年夏天，我咬緊牙關，發誓自己會當那個拯救者，而不是某個男人或是某個家人。能救我們母女的，就只有我自己。我得停止期盼會有愛我的人出現。我必須自己來，硬著頭皮撐過人生帶來的所有考驗。

自從那個早上DVD播放器壞掉後，每次我清理羅麗的浴缸，當時的陰影就再度籠罩，我搖晃著身體對自己低語，等著呼吸再度順暢起來。我有時會站在浴缸裡，帶著憐憫的心，像一個智慧長者的我，看著那個身影，安慰那個之前的我。此外，我學會在驚慌時，仰仗那個明智的自己。那個十年後的我已經走過地獄。我唯一需要做的事就是維持信心，相信她的存在。

星期二，我打電話給潘姆，問她能不能把羅麗之家的打掃時間拆成兩天，或是先讓我掃三小時就好。米亞得了鼻竇炎，病了好幾天，還沒好又得了結膜炎。我不能帶她去日托中心，工作也沒辦法再請假了。那天早上，我打電話給傑米，問他能不能帶米亞幾天。我打算先帶米亞去看急診，接著載她到渡輪碼頭我們約好的碰面地點，然後再掉頭回羅麗之家，做晚一點，完成工作。

我和米亞經常擠在我的單人床上，即使她沒生病，一起睡也不是個好主意。米亞睡覺時動來動去，不是踢到我，就是手亂揮，拳頭打到我的眼睛。過去幾天，她鼻塞、發燒、全身不舒服，晚上一直哭著醒來，需要有人哄。我好幾天沒睡好了。

我自從成為單親媽媽後，我稱我們進階到「全新程度的疲憊」階段。我像是迷霧裡一艘馬達壞掉的小船，大部分日子都在恍惚中度過。濃霧有時會散去一些，我再次看得見東西，能思考，可以說笑，某個午後感覺又像是自己了。自從我和米亞自力更生、無家可歸後，這樣的時刻並不多見，我每天都在努力不要回到收容所。不過，我做好進入另一種層次的心理準備——除了努力讓行事曆塞滿工作，我還得完成學校作業。我很少去質疑現狀，只知道我得完成任務，使命必達。

從藥局外的停車場開始，我一路上打電話給主管與傑米，告訴他們我到哪了。我告訴上司，我會在兩、三個小時內抵達羅麗的家——我單程只需要花一小時多，就能和傑米碰頭，把米亞交給他。傑米講電話的語氣極度不悅，但我管不了。傑米不喜歡讓米亞吃藥，不信任醫生，怪罪都是日托中心讓孩子整天生病。那天早上我沒空跟他吵，他更生氣了。我打斷他，說我會帶著米亞的藥和所有的醫囑過去，照醫院說的做。

傑米冷嘲熱諷：「那些抗生素只會讓她更嚴重。」每次米亞鼻竇炎或耳部感染需要吃藥，傑米都那麼說。我也不喜歡讓米亞吃抗生素，那是治標不治本——我們母女的生活形態與居住環境，才是她生病的主因，但這方面我似乎無能為力。

「傑米，照做就對了。」我掛掉電話，翻了個白眼，轉頭看坐在後方安全座椅的米亞。她穿著紅T恤，上頭圖案是一隻戴著牛仔帽的卡通馬，下半身是黑色彈性褲，膝蓋上破了一個洞。米亞腿上擺著新的洗澡玩具，是我用五塊錢在沃爾瑪買的小美人魚娃娃，尾巴放進熱水會從藍色變成紫色。米亞鼻竇塞住，頭昏昏地看著我，眼睛紅成一片，眼角結著眼屎。我拍拍她的膝蓋，揉揉她的腿，轉頭面向前方，深呼吸，發動車子。

我們往西開上海岸的二十號國道。我打從出生，就在這條路上往來弗農山與阿納科特斯。其中一段路程特別讓我想起某個晚上。那時我約莫是米亞的年紀，我離開曾祖父母家，在回家的路上看星星。那天是聖誕夜，我張大眼睛，尋找聖誕老人的馴鹿魯道夫鼻子發出的紅光。米亞是我們家族定居這一帶之後的第七代。我原本希望土生土長的根能讓我們母女穩穩立足，但沒這回事。那些根太久遠了，埋在太深的地方。我的家族史對我們母女來說遙不可及，我已經厭倦問家族裡的人想不想見到米亞。我渴望能有祖父母與阿姨叔伯，我希望他們就跟我的一些清潔客戶一樣，房子裡擺滿家人的照片，電話設的自動撥號第一個就是孩子的號碼，角落的籃子塞滿玩具，孫子來了就能玩。然而我什麼都沒有，只有行駛在公路上的片段回憶，那些記憶深藏在我的腦海裡，幾乎可以和物品一樣傳下去。

有時我陷在絕望中太久，就會想起這些事。雖然我感謝傑米那週能帶米亞，我知道我將得付出某種代價。傑米以後會拿這件事來說嘴，每當他覺得我接太多工作，就會把這次幫忙帶孩子，當成米亞應該跟他住的理由。

「媽咪，」米亞在後座叫我：「媽咪。」

「米亞，什麼事？」我開車時，一手抵在車窗上撐著額頭。

「我可不可以開窗？」米亞因為生病，有點破音。「我想讓小美人魚愛麗兒的頭髮飄起來，跟電影裡一樣。」我說好，我顧不了那個請求有多瞎，只想快點抵達工作地點。我需要做完工作。我需要睡覺。

我們開到分隔惠德比島與本土的水道上方。我往右瞄一眼，一台老舊的棕色福特野馬超過我們的車。我和那輛車的駕駛四目相接，他微笑指著米亞的車窗，在那個瞬間，我看見一抹紅色的頭髮，飛過米亞座位後方的後車窗。

「我的愛麗兒！」米亞尖叫，死命踢著前座。她剛才把愛麗兒拿得太出去，又沒抓好，娃娃飛出窗外。

我沉下臉，面朝前方。米亞大聲痛哭，好像我壓死了剛出生的小狗一樣。下一個彎道有交通號誌燈，我可以在那裡迴轉。我心想：**還有時間**。我可以掉頭，停在公路的東向那一側，跳出車外，撿起米亞的娃娃，然後在下一個交流道下，走橋下，再掉頭，回到原本的路上。當你時速六十英里，疲憊不堪，腦袋昏沉，後座的孩子哭鬧個不停，這個計畫聽起來很合理。

我對著米亞大喊：「媽媽去幫妳撿。」我希望米亞不要再發出那些恐怖的聲音了。我沒睡好，頭好痛，早上喝了兩大杯咖啡。我已經照顧生病的孩子好幾天，非常需要休息。我只希望米亞停止尖叫。

我迴轉後，開在內車道，一路加速，接著慢下來，往內側路肩靠。那是一個熱得不像話的九月天。我踏出車外，站在柏油路上，車流帶來陣陣暖風，吹動我身上的綠T恤。這件衣服我很喜歡，只是穿太多年都變薄了。我找著分隔東西向車道的草叢，馬尾一直打到臉上，不得不挪出一隻手按住頭髮。我一定看起來像個瘋婆子，在中央分隔島找娃娃，滿地都是亂丟的糖果袋和裝滿尿的汽水瓶。

找了半天，我終於看到一撮紅頭髮。我靠近一點看，是愛麗兒沒錯，但只剩一顆頭。「該死。」我低聲咒罵，轉頭瞄了一眼車子，覺得有夠煩。米亞要是看到娃娃壞掉，而不是不見，她會一路哭到湯森港，也許她爸爸可以幫忙修，想辦法用膠帶黏一黏。接著我又看到美人魚分岔的尾巴，但穿著貝殼比基尼的上半身不見了。「該死。」我又罵了一聲，蹲下去撿，接著聽見「砰」的一聲。

我的耳邊同時傳來金屬碰撞和玻璃爆裂的聲音。我認得這種聲音，我十幾歲時出過車禍，但我從沒聽過那麼猛烈的碰撞聲。

是車子，撞到另一輛車。我的車，米亞坐在後座。

那個聲音是我女兒頭旁邊的窗子破掉的聲音，像玻璃氣球一樣，啪一聲爆掉。

愛麗兒的頭從我手裡滑落，我尖叫狂奔。**這不是真的**，我邊跑邊想，**這不是真的**。我跑到車門邊，我的尖叫變成重複的**不，不，不不不**。

我打開駕駛座後方的車門，米亞的安全座椅面向我，座椅移位了，後車窗不見了。米亞瞪大眼睛看著我，嘴巴大開，像在無聲尖叫。我深呼吸，米亞伸手要我抱。我移開安全座椅，下方的車底板彎曲變形，剛好變形到米亞腳下方。米亞把腳抬著，腳上只有發光的涼鞋保護。

我解開米亞的安全帶，她立刻抱住我的脖子，腳抵著椅子，用力一踩，我們兩個人從車內掙脫。米亞的雙腿箍住我，而我緊緊抱住她哭泣，轉過身，背對變成廢鐵的車。

兩個方向的車輛經過我們時都放慢速度，駕駛探頭查看發生什麼事。我站在草皮分隔島上，離我們賴以為生的車子大約十英尺。我緊緊抱住三歲大的女兒，感覺周圍的一切像是不斷旋轉的龍捲風。

撞到我們的駕駛是一個留尖刺頭髮的瘦高少年。他把車子停在一百英尺外，走向我們。他的左眼上方有一道傷口，身上的短袖白襯衫在風中飄蕩，露出底下的條紋背心。

「妳沒事吧？」接著他看見米亞。「我的天啊，她剛剛在車上嗎？」

「她剛剛當然在車上，你這個該死的白癡！」我用陌生的聲音大吼大叫，我沒聽過自己發出那種聲音，不像是我在說話。「你他媽怎麼能撞我的車？」他沒回答。「你他媽怎麼能撞我的車？」我一遍又一遍說著，沒特別對誰說，我的頭埋在米亞的肩膀裡，聲音都悶住了。怎麼會發生這種事？我們怎麼會獨自站在公路中央？車子毀了，車貸還沒繳完，我需要車子才能工作，這下要怎麼辦？那是我們的**車**，我們要有車才有辦法出門，就跟手腳一樣。

男孩退開。我和米亞額頭貼在一起，我再次問她有沒有受傷。

「媽媽，我沒事。」米亞的聲音冷靜鎮定，不像平常的她。「我們沒事的。」

「我們沒事？」我大口吸氣，「我們沒事？」

「我們沒事。」她又說了一遍：「我們沒事。」我緊緊抱住女兒，我的身體從驚慌轉換到憂傷。

一隻冰冷的手碰觸我的肩膀。我猛然轉身，準備好要痛罵那個男孩，但發現一個嬌小的金髮女人在叫我。她說話怯生生的，我聽不清楚她在說什麼，也弄不懂她的話，但她滿臉關切的樣子。

「妳還好嗎？」她問。我沒回答。我瞪著她一秒鐘，她是半透明的，看起來好像天使。那是什麼問題？我還好嗎？我不知道？我差點失去孩子，我抱在懷裡的這個孩子。這個孩子今天早上捧著我的臉頰，低聲告訴我：「我愛妳。」這個孩子和我一起睡，喜歡吃鬆餅。這個孩子剛才有可能死掉。

我大聲回答：「我女兒。」我只說得出這幾個字，再次把臉埋進米亞的頭髮裡。

又有一輛車停下來，在女人開的黑色薩博班（Suburban）後方探頭探腦，駕駛在講電話。我什麼都做不了，只能緊抱著米亞不放，哭到停不下來。我的車，我的車在路邊報廢了，沒這輛車我就完了。我買不起別的車。這輛車不能壞，我要有車才能保住工作，才能活下去。

警方抵達後，先疏散交通，評估現場情形。他們問我發生什麼事，耐心聽我喘著氣，語無倫次。幾名警察檢視我的輪胎煞車痕，我的車至少被往左撞偏一英尺，右後方的輪胎突出去，輪胎後方的金屬部分扭曲變形。車內每樣東西都在撞擊中移位，播放器中的卡式錄音帶跑出來，隨時會掉下去，不過我的視線一直離不開後座米亞先前坐著的地方。她的安全座椅離碎掉的車窗好近，車底板翹起的地方離她的腳趾也好近。安全座椅在撞擊中轉向，剛好和窗戶拉開距離，讓她奇蹟似地毫髮無傷。

一名警察拿出小捲尺。

我問：「你要做什麼？」我心中湧起一陣全新的驚慌。

「女士，我們得判斷肇事責任。」他說：「請讓開。」

肇事責任。是我的錯，當然是我的錯。我居然在該死的公路上臨停，就為了找一個天殺的爛娃娃，把自己的孩子留在車上，讓她暴露在危險之中。

兩名急救人員從救護車上跳下來，一名衝向撞車的駕駛，一名衝向我們。接著又來了另一輛救護車，然後是消防車。交通打結，我努力不去管探頭探腦的民眾，彷彿在圍觀金魚缸裡的我們。

我把米亞放在救護車後方的長椅上。從我剛才把她抱出安全座椅，這還是她第一次鬆開環繞我脖子的手。救護人員問了米亞幾個問題，要求掀衣服觀察胸部，還給她一隻泰迪熊。熊身上穿著睡衣睡帽，眼睛閉上，雙手交握，像是在禱告。

「記得觀察她今晚的情形。」救護人員叮嚀。他有著棕色的頭髮和眼睛、黃褐色的皮膚，不知為何讓我想起我的弟弟。「如果發現她身上有任何瘀青，或是為了任何理由感到疼痛，立刻送到醫院。」救護人員再次看著米亞。「如果妳想讓她照X光，也可以現在就送急診室。」我看著米亞，試圖理解救護人員在說什麼，想到要是米亞有撞傷、骨折、流血，立刻被救護車送進醫院，整個情況更糟，我要怎麼處理。我搖搖頭。整個流程太複雜，我不曉得低收入戶的醫療補助是否包括坐救護車。萬一不行，大概要數千元，我負擔不起。此外，我不能放著我的車不管——我的車幾乎是我們母女的家人；後座還放著清潔用品，我所有的收入都要靠那些用具。萬一不見了，我得自掏腰包購買，我沒錢。我不曉得接下來會發生什麼事，我不能就這樣離開。

米亞抱著她的熊，瞪著救護車裡的設備。我的腦海再度閃過幻象，米亞戴著氧氣罩呼吸，眼神慌亂地瞪著我，頭髮上有血塊，脖子用支架撐住。米亞舉起雙手，要我再次抱她。我帶米亞回我們車上，拿出皮包裡的相機，拍下幾張照片，等警察決定我們母女的命運。

禿頭的警察走過來，他是最矮的那一個，皮帶上垂著鮪魚肚。他重問我先前回答過的問題：為什麼我要停車、怎麼停的、停在多遠的地方、停車後是否立刻打開緊急停車用的雙黃燈。

「女士，我們將繼續調查，並通知妳的保險公司。」他說：「我們不知道撞到妳的男性是否有保險。」

我立刻感到膝蓋發軟，簡直站不住。我有沒有保無保險駕車人險？一定有吧。我的車還有車貸，應該是保全險，不是只有責任險吧？我有要求保吧？我想不起來了。

警察拿出另一疊紙，撕下一張罰單，連同我的駕照、行照、保險卡一起交給我。

「警察先生，」我看見罰單上寫著七十元，沒伸手接，想知道自己為什麼被罰錢。我瞪著他的藍色小眼珠。「這樣我要怎麼活？」

他看著我，又看著米亞，米亞也轉頭看他。「女士，我不知道。」他聽起來不太高興，再次把罰單遞過來，告訴我：「妳可以向法院申訴。」但我知道要申訴的話，就得和這個人爭論。他是個警察，鐵石心腸，向差點失去孩子的哭泣母親開罰。我沒錢修車，更繳不起罰單。

我瞪著違規停車的罰單，抬頭看見拖吊車駛過來。

「女士！有人會來接你們嗎？」警察問。聽他的語氣，他應該問了不只一次。

「我不知道。」我說。我想得到能打電話求助的人都在上班，人在很遠的地方。警察建議我搭拖吊車的便車，但我再次問要不要錢，他又說他不知道。我再度哭喊起來：「為什麼沒有人知道每一件事要花多少錢？」警察聳了聳肩走開。消防隊員拿出我汽車後座的清潔用品，取出安全座椅，還有前座上米亞到爸爸家過週末用的凱蒂貓旅行包。

我和米亞站在路邊，看著我們的車被放上拖吊車，後輪是歪的，像腿斷掉一樣被拖走。

我站在分隔島草坪上，腳邊放著打掃用具托盤、一袋抹布、兩根斷掉的拖把桿。米亞的手依舊環繞我的脖子。我終於弄懂現在的情形，我們即將被留在原地。

20 「真不知道妳是怎麼辦到的」

「妳為什麼要做那種事？」傑米在電話上大吼，聲音愈來愈高、愈來愈急。「妳為什麼要把車停在公路上？妳怎麼能蠢成這樣？」我已經用那幾句話反反覆覆罵過自己，甚至想像用傑米的聲音罵。

「好，我晚一點再打。」我切斷電話。

米亞開始哭。她想跟爸爸講話，想要爸爸來接她。我心中一沉，那種感覺再熟悉不過，我害怕傑米會利用這件事搶奪監護權。每次我做了他不喜歡的事，他就會威脅我，我怕這次他真的會贏。傑米想要我付他孩子的養育費，想讓我痛苦。

現場交通還因為剛才的車禍回堵著，外公的淡藍色奧茲摩比緩緩靠近。幾名警察揮手讓他開過來。外公比現場最矮的警察還矮（遞給我罰單的那位），但下車時很有氣勢，對著仍留在現場的幾位事故應變人員點點頭。然而，外公走向站在路邊的我和米亞時，整張臉脹紅，我以為他在氣我。「那些東西也要帶走嗎？」外公指著我們尷尬堆在路肩的隨身物品。我點頭。

我扣好米亞的安全座椅，坐進大車子，外公說他需要加油。我們駛進一間加油站，停在加油幫浦旁。外公看著我一秒，接著看米亞，淚水開始湧出來。

「我錢不夠。」外公再度紅著臉。

「我來付。」我伸手開門。

「我去買點咖啡好了。」外公說：「妳大概需要一點咖啡？我最近改喝綠茶。妳要喝綠茶嗎？」

我想開玩笑說我需要來幾杯威士忌，但我發覺自己是真心想喝酒。「好啊，外公。」我說，我強迫自己露出不自然的微笑。「咖啡，謝謝。」

外公這輩子的婚姻生活，幾乎都在照顧思覺失調症惡化的外婆。外婆一年半前過世後，外公多出很多時間，卻在絕望的寂寞中度過。他們是青梅竹馬，從幼稚園就認識。長大後，外婆比外公高很多，加上梳蓬蓬頭，是一對高矮對比差距很大的夫婦，外公才五呎多一點。我和米亞一樣年紀的時候，外公總是在朋友面前炫耀我，告訴大家他錄下我唱〈大力水手〉（Popeye the Sailor Man），想放給大家聽。

外婆死後，外公搬出原本的房子。那是我這輩子所知他住過的唯一一棟房子，就蓋在他和外婆的拖車旁。知道那棟房子不在了，感覺很怪。有一陣子，外公向鎮上一個女人租了一個房間。我去參觀過，看到小時候喜歡和玩過的小擺飾。看到外公住在那感覺很奇怪，他連一間雅房都負擔不太起。外公還在當不動產仲介，但經濟不景氣拖垮了生意，到現在景氣都尚未回升。他開始睡辦公室的儲藏室。我沒辦法幫外公，覺得很歉疚，尤其是有一次我和崔維斯吵架後，外公收留過我們。我真希望能多多少少幫上忙。

每次我見到外公，他都試著送給我一樣傳家寶，或是封面用歪歪扭扭的字寫著母親名字的著色本。我為了討外公開心都會收下，接著載去捐掉，因為我沒地方放那種東西。外公堅持要我收下，還告訴我那些物品的故事：「妳的天祖母賣掉結婚戒指，買了那台縫紉機。」我真的沒辦法留著那些傳家寶，那些東西應該找地方好好展示。我的人生沒有珍惜它們的空間。

※

我加油時，崔維斯回我電話。他不想知道任何細節，只想知道到哪裡接我們。我幾乎忘了自己在他電話裡留了言。我以為他想知道發生了什麼事，也許我想讓他知道。他的聲音聽起來很不耐煩，我聽見背景有柴油引擎的聲音。

「你在做什麼？」我問。米亞隔著車窗望著我。我對她皺皺鼻子，試著微笑，把手指壓在玻璃窗上。米亞也在玻璃的另一側伸出手指。

「我正要將我父母的卡車接上拖車。」崔維斯氣喘吁吁。他可能以為他得幫忙移走我們被撞壞的車子。

「崔維斯，不用忙了。」我說：「我們沒事，一切都處理好了。」我在崔維斯聽出我說謊前掛斷電話。我現在太脆弱，不能見他。我很清楚，即使自己全身嚇到發抖，但要是崔維斯來救我們，幫我們處理好一切，我又會想和他復合。這段時間以來，我試著自力更生。儘管我打電話通知崔維斯，但我不想飛奔回他的懷抱。

回家時下起了傾盆大雨。我請外公在沃爾瑪停一下，和米亞在車裡等著，我得進去買點東西。我低頭衝進店內，避免與人有視線接觸。我擔心如果有人看向我，會認出我是剛才那個差點在二十號國道害死女兒的人。我感到一股想在沃爾瑪尖叫的欲望，瀕臨失控的我，簡直嚇到自己。我一再聽到腦海裡重播車窗爆炸的聲音，好大聲，我得閉上眼睛，咬緊牙關，才能不尖叫出聲。

「那個該死的美人魚娃娃在哪裡？」一個小女孩和她媽媽看著我，我才發現我大聲說出來了。娃娃賣完了，原本的貨架空了，但下方擺著升級版的娃娃：更大、有更多頭髮，還有個按鈕，按下去會講話，一個十九．九九元。我咬牙買下那個娃娃，之後再想辦法付掉這項額外支出。我沒有理由不幫女兒找回那天下午遺失的該死娃娃。

車子在我們住的套房前停下。雨還在下，我和外公把我的打掃用具和袋子拿進屋內。袋子撒出一塊碎玻璃，掉到公寓地板上。米亞的腳跟踩到，但不是很痛，所以她一開始沒發現。那是她在這場車禍中唯一受的傷。還好只是一點外傷，而我有辦法處理。

外公站在我們的公寓，在門邊小小的開放空間裡，看了看四周。外公沒來這裡看過我們，其他家人也沒來過。不曉得外公是否發現他傳給我的東西，我全扔了。

「妳沒有微波爐。」外公說。他看著角落的廚房。

我看著流理台，上頭沒東西，只有砧板和餐盤瀝水架，小到放不下其他東西。「我沒地方放微波爐。」我說。

「妳可以放在冰箱上。」外公指著我放植物的地方。「我辦公室有一台沒在用的微波爐，我拿過來給妳用。」

「求你了，外公。」我彎腰抱起米亞。「我真的沒地方放。」

外公再次紅了眼眶。手機在我口袋裡響個不停，手機顯示的號碼很長，是母親打來的國際電話。

「你打給我媽？」我藏不住怒氣。

「我當然打了。」外公說：「她應該知道她女兒和孫女出了車禍。」

我咬著牙。我知道外婆去世後，母親每個週日下午一定會打給外公。我知道她會問外公有沒有見到我們母女，我們過得如何、我們的近況等等。在那個當下，我比任何時候都覺得，母親沒任何權利知道我們出車禍的事。那個夏天我需要她，米亞一直生病，還需要動耳管手術。自從她搬到歐洲後，我好多次需要她。我需要她，但我不能告訴她。我們幾乎再也無法好好交談，每次收訊都很差，威廉又坐在她旁邊，聽進我們的每一句話。我隱約聽見威廉的呼吸聲。每次媽媽講了笑話，他就會跟著笑。我無法忍受，再也受不了，乾脆不再和母親通電話。我決定生活裡沒有她，我會比較不痛苦。不要再希望或期望從母親那得到些什麼，日子會比較好過。我氣她拋下了美國的生活，遠離家人，我永遠不懂她是怎麼辦到的。我不想去理解。

外公離開後，我讓米亞洗泡泡浴，玩她的新娃娃。母親又打來了。我坐在浴缸旁的馬桶上，看著手機不斷亮起。我沒接，一直看米亞玩新的小美人魚。米亞坐在浴缸裡，身上是泡泡，滑溜溜的，頭髮黏在臉頰上。我想爬進浴缸，把米亞抱在懷裡，把耳朵貼在她胸前，聽她的心跳聲。

不曉得母親是否也曾對我懷有這種心情。我不懂為什麼母親抱我、和我說晚安之後，不曾靠過來，讓我因為有她在身邊而感到心安，覺得她好愛好愛我。我想知道答案，但也沒有那麼想要問。有時，我會想像自己真的問出口，在電話上質問她，但我明白不會有答案。她覺得自己人在，就已經做得夠多。或許她認為自己已經仁至義盡。

那天晚上，米亞很晚才睡，她鼻子塞住又很癢，眼睛也不舒服，但也是因為我不想讓她上床睡覺。聽著她開心的嘰嘰喳喳聲，我才不會開始啜泣。女兒看著我的時候，我知道我得堅強。我們一起躺在單人床上，頭靠在同一個枕頭，臉對著臉。她閉上眼睛，睡著時身體會突然抽動，呼出一口氣，再度傳來規律的呼吸聲。我看著米亞，聽著她的聲音。

米亞只睡了一小時，一陣咳嗽後又醒了。能吃的藥，我都給她吃了。她狂咳一陣，發出類似低吼的聲音，生氣自己突然醒來又好累。我試著安撫她，唱起她最近很愛的〈馬車輪子〉（Wagon Wheel），但不管做什麼都沒用。最後，我幾乎是從記憶最深處，背起童書《月亮，晚安》（*Goodnight Moon*）：

房間晚安，月亮晚安。

跳過月亮的牛，晚安。

燈光，紅氣球，晚安。

椅子晚安，熊熊晚安。

米亞聽到《月亮，晚安》後，立刻安靜下來，再度睡著。我撫摸她的眉間，盡量壓住哭泣聲，不敢相信她平安無事。

隔天早上，我看著米亞吃燕麥粥，感到不可思議，她奇蹟似的毫髮無傷，一切都太神奇了，不像是真的。我前一天已經打電話給羅妮，告訴她車禍的事，請一天假處理事情，雖然我不曉得究竟要如何處理。我身心都處於自動駕駛狀態。早餐後，我約過幾次會的陶德來接我們。那個週末，我原本要和陶德出去，我居然前一晚記得要打電話取消。我想不出任何藉口，只能實話實說。我不想承認自己碰上麻煩，不想說出就連家人也幫不了我。陶德堅持借我一輛他沒在開的車，我退縮了。我真的不知道我對陶德有什麼感覺，也不確定自己是不是真的喜歡他。我發現有的男人和我約會有點是出於英雄情結，他們想衝過來拯救落難的少女。我不喜歡扮演那個角色，但在目前的情況下我別無選擇。我和米亞絕對需要車。

我告訴米亞，陶德是「我的朋友」。陶德有多的車可以借我們一陣子，他要帶我們去看那輛車。

我解釋：「接著，我會載妳去妳爸爸那。」我清理早餐的盤子，深吸一口氣，閉氣。這種時候不該閉氣，我的心臟怦怦亂跳，快要蹦出來。我得走一遍跟昨天一樣的路線，同一條路，和米亞一起回到車上。不論我有多想待在床上，和米亞黏在一起，我仍得工作。我隔天得打掃客戶的房子，那棟比較大，占去我週四大部分的時間。此外，下週要開學了，我得找書，還得弄下載教材的密碼。另外，我似乎應該小小慶祝自己的生日。

陶德載我們開上五號州際公路，米亞安安靜靜地坐在後座。她的安全座椅似乎沒壞，但我知道既然出過車禍，一旦有錢買新的，就應該換掉。每次我看到那張座椅，就會想起自己差點失去女兒。

米亞突然說：「媽媽，露比死了。」英文的露比是深紅色的意思，米亞幫我們的速霸陸取了那個名字，因為車子是深紅色，而且我第一次把清潔用品放進後車廂時，我自豪地介紹這台車是「速霸露比」(Suba-Ruby)。

我轉頭看米亞，把手放在她腿上，感覺她好小、好脆弱，眼眶再度湧出淚水。露比是二手車，但我買下時車況很好，只跑過十萬英里。我和米亞有時花上大半天在車上。露比的車齡超過二十年，卻是多年來我有過最好的一輛車。我們的損失實在太大，大到難以想像，我無法去想這件事。

「媽媽，露比因為我死掉了。」米亞看著窗外，聲音小小的。「因為愛麗兒掉到窗外。」

「噢，親愛的。」我試著在前座轉身面對米亞。「不是的，那是意外，不是妳的錯。真要說的話，是媽媽的錯。」

「妳在哭。」米亞滿臉脹紅，小嘴嘟起，眼中帶淚。「妳只是想救我的愛麗兒。」

我無法繼續看米亞，但手依然擺在她腿上。我想要摀住臉，讓眼睛和嘴巴扭曲，無聲地哭一下，但最後只和陶德互看一眼，微微一笑。我得沒事，我沒得選。

陶德下高速公路後，開過幾條街，最後停在一輛兩門的本田雅歌（Accord）後方。我想起男孩子高中時開的那種車，就像我小弟玩的玩具跑車變成實物大小。陶德熟練地檢查車油、方向燈、煞車及頭燈，我覺得那種能幹的樣子很有魅力。陶德具備大量我喜歡的特質，從事建築業，在湯森港附近的一塊林地自己蓋小木屋——我不懂自己為什麼沒愛上他。

「我準備賣掉這輛車，所以妳需要用多久就用多久。」他說完後遞給我車鑰匙。

「謝謝你。」我擠出感謝的話，抱住陶德。我希望他明白，他把我從完全的絕望之中拯救出來，我原本可能會淪落街頭。話說回來，他怎麼會知道？我從來沒告訴過他我的日子有多窘迫。我希望能和他平起平坐，而不是……目前這種狀況。我現在這個樣子還出去約會，感覺像個笑話。

我把車子開出停車場，雙手在抖，全身焦慮，好像喝下十杯咖啡一樣。我心想：**我不該開車的，我還沒準備好**。我覺得我一定會害我們母女再度撞車，但我是唯一能帶我們前往目的地的人。

看到交通號誌燈，我知道馬上要上高速公路了。我真希望我能打電話請人幫幫忙，只是說說話也好，但我想不出有誰理解我遭遇的事，除非他們懂單親媽媽的心情。我們單親媽媽就只有一個人，卻得想辦法養活孩子。

每當我和朋友提到我的生活，就算只是稍微透露我每天要煩惱的事、我面對的壓力、我有多捉襟見肘，便一再聽到朋友說：「真不知道妳是怎麼辦到的。」朋友的先生要是不在家，或每天工作到很晚，她們也會搖著頭跟我說：「真不知道妳是怎麼辦到的。」我得忍著不去回應。我想告訴她們，就算老公不在家，她們和單親媽媽的狀況也差遠了，但我隨她們的意，相信我們的狀況是一樣的。跟她們講太多，只會透露太多我的生活。我永遠不要任何人同情。再說了，除非她們親身嘗過貧窮帶來的壓力，否則她們是不會懂的。你得硬撐著，因為那是你唯一的選項。我的朋友不會瞭解我的感受，出車禍的隔天早上，我必須開車走同一條路，出事車輛的碎玻璃還散在路上。我得照常過日子，因為那是我唯一的選擇。

雖然我確定清潔客戶都能體諒，等著我繳錢的電力公司可不會。我只想陪生病的孩子坐在沙發上，幫她的水杯補充果汁，一連重播三遍她的《好奇猴喬治》DVD。然而，我得回去工作，我得開車，我不確定哪一項比較接近不可能的任務。

我是「怎麼」辦到的根本不重要。我相信天底下的父母都會做一樣的事。身為單親家長，不僅代表你是唯一照顧孩子的人。什麼「想盡辦法」喘口氣，什麼分工合作幫孩子洗澡、送孩子上床睡覺，那些對我來說都是最微不足道的問題。大量的責任壓垮我。我要倒垃圾，到店裡挑菜買菜，煮飯，打掃，換馬桶衛生紙，鋪床，撣灰塵，檢查車裡的油，帶米亞去看醫生，載她去爸爸那，找到有助學金的芭蕾課時帶她去上課，接著要帶她回家。我看著米亞每一次的轉圈，每一次的蹦蹦跳跳，每一次溜下滑梯。我幫女兒推鞦韆，晚上哄她睡覺，在她跌倒時親親她。每當我坐下來，就開始擔心。我擔心個沒完，壓力讓我的胃不舒服。我擔心這個月的薪水不足以支付帳單，我擔心四個月後才會到來的聖誕節。我擔心米亞的咳嗽會轉成鼻竇炎，她就不能去日托中心了。我擔心傑米會變本加厲，我們會吵架，擔心他為了整我，那週反悔不幫忙去日托中心接米亞。我擔心我得重新安排工作時間，或是根本不能上工。

每一個貧窮的單親父母都過著這樣的日子。我們工作，我們愛人，我們日夜操勞。一切的壓力與疲憊讓我們被掏空，只能辛苦度日，我們不再是先前的自己。那就是發生車禍後我的感受，走路時彷彿雙腳踏不到地。我知道隨時都可能吹來一陣風，風一吹我就會倒。

21 小丑之家

我打電話給「小丑之家」（Clown House）。那家的太太喜歡美國畫家金凱德（Thomas Kinkade）的風景畫，一樓牆壁幾乎都掛滿了，但通往樓上的長樓梯，卻是一整排小丑的畫像：悲傷的小丑，近距離特寫的小丑面孔，我走到哪，小丑的眼睛就跟到哪。女屋主還蒐集了小丑的塑像，不過小丑畫像最恐怖，令我感到絕望。我同時帶著恐懼、噁心、好奇心看著那些小丑——到底為什麼會有人想把那種東西掛在牆上？萬一停電，手電筒的光照到那些臉孔怎麼辦？不會嚇死人嗎？

我一個月清理一次小丑之家的一樓，那裡有兩間臥室、一間浴室，是為成年離家的兩個兒子保留的。男孩們似乎沒用過那些房間，不過他們小時候的東西都整齊地擺好。我平日會幫九〇年代的Bell Biv DeVoe樂團錄音帶、學校紀念冊、米奇時鐘撣灰塵，拍鬆枕頭，讓泰迪熊坐直，不過車禍後的那次打掃，我直接先進浴室。

空虛感從四面八方襲來，把自己關進小廁所似乎是最自然的反應。廁所是躲起來的好地方，我想要像龍捲風演習一樣，蹲低，身體縮成一團，手捂著後腦勺，好像天上會有東西砸下來。小丑之家有三層樓，看出去的景觀是我和崔維斯住過的小鎮。車禍過後，這棟大房子放大了我人生的無力感，我對我和米亞的未來感到更不確定，也不曉得財務上該如何支撐下去。

我在馬桶前跪下，深吸一口氣，數到五再呼氣，把捲筒衛生紙的底部摺成三角形——先摺一角，再摺另一角，形成一個尖角。我的手探進清潔用具托盤，抓出黃色手套，車禍造成的玻璃碎屑散落地板四處。

我淚眼矇矓，幾分鐘前還像在擁抱我的馬桶座，現在看起來像垃圾壓縮機。我轉動浴室門把，衝了出去，大口吸氣，喉嚨嘶吼，大哭起來。前一天，傑米在渡輪碼頭上氣沖沖地看著我，衝過來把米亞搶走，好像他自己是什麼超級英雄，把女兒從害她身陷危機的邪惡巫婆身邊救走。米亞開始大哭，伸手呼喚我。傑米說：「親愛的，別這樣，妳需要跟我走。」他瞪了我一眼。

我坐在淋浴間前，額頭貼著膝蓋，指尖摸著紅褐色的地毯纖維，耳邊響起車窗爆炸聲，胸口好緊好緊，腦子裡想著：**我正在工作，我在工作的時候崩潰了**。

手套的手指部分有碎玻璃。我甩掉後，戴上手套，但淚水不斷令我視線模糊。我脫下手套，摀住臉，想躲起來。

我伸手拿電話，打到潘姆家。「我一直哭，停不下來。」我告訴她：「潘姆，我不知道該怎麼辦。我一直哭，停不下來。」我努力大口吸氣。

「史戴芬妮？妳還好嗎？妳在哪裡？」潘姆聽起來很關心我，就像母親一樣。我哭得更大聲了。

「我在，呃……」我摀住嘴，免得發出更多讓我尷尬的啜泣聲。我想不起屋主的名字。「有很多小丑畫像的大房子。」

「蓋瑞森家？」她問。

「對。」我說。聽起來是那個名字沒錯。「今天也要掃樓下。」我呼吸困難，「我的打掃用具裡有玻璃，噴到米亞身上的玻璃。米亞有可能會死。」

「嗯……」潘姆努力想著該如何回答我，「這種事很難說……人們說開車時，車子會偏向視線受吸引的東西……但妳把車子停在那裡的時候，也沒想到會發生那種事吧？」

我想起撞到我的駕駛。我原本假設他在打簡訊、點菸，或是因為某件事分心，才撞上我，但他會不會在看我怎麼站在分隔島上。該不會是我造成他車子偏移吧？

潘姆知道我經濟有困難。她知道我需要那些工作時數，我不能不工作，不能沒拿到錢。那天早上，潘姆聽我提到儘管害怕還是開車上路的事。我告訴她自己的手是怎麼抖的，是如何必須再度路過昨天的事故現場，努力不去看黑色的輪胎痕和散在路旁的碎玻璃，但還是看到了。我那天只需要打掃一間屋子，但就是做不到。

「我看妳今天就休息好了？」潘姆聽完我哭訴後建議：「還有明天也是。」

「我明天就可以工作了。」我抗議。明天只有農場之家要清理，但那間有點麻煩。「我會沒事的。」與其說我在跟潘姆保證，更像在試圖安撫自己。「或許我可以休今天，打電話給保險公司，擬定計畫，就會覺得一切比較在掌控之中。」我開始相信自己的保證。

「好。」潘姆大概在微笑。「我需要妳回到工作崗位上。**妳**需要回去工作，一直這樣崩潰下去也不是辦法。」潘姆停頓一下，我聽見背景傳來電視聲。「妳要相信自己的力量。」潘姆替我加油打氣，不過我很難相信自己還有力量。

我掛掉電話，嘆了一口氣，我沒察覺我有多需要別人拍拍我。前一天，父親在電話上吼我，因為我把車禍的事寫在臉書上。他說所有人都看得見我車子撞壞的照片，有心人會拿來利用。

我回答：「必須是我臉書上的朋友才看得見。」我不喜歡父親大驚小怪，也感到傷心難過。我們母女出了車禍，他卻只在乎這件事。「爸，我需要能夠告訴別人。」

「我不認為妳應該到處亂講。」他教訓我：「妳知不知道，保險公司可能因此認為車禍的責任在妳身上？妳究竟有沒有想過那點？」父親無法理解我當下有多需要大家的支持，就算只是照片下方的幾句留言，即便留言的人遠在千里之外。或許父親根本不曾瞭解我需要支持。

「爸，有啊，」我輕聲回答：「有，我有想到。」我聽見父親吸一口菸，呼出煙霧。我真希望他會邀我到家裡，請我吃塊披薩，什麼都好，不要只有訓話。「嗯，爸，我得走了。」我留意到掛電話前他沒說他愛我。話說回來，我也沒講。

我沒回家，我到回收場整理我的車子，後照鏡上還掛著珠串和雛菊彩繪玻璃。我收走我的咖啡杯，那是朋友做的，剛好可以裝下兩份濃縮咖啡。我撕下後車窗上寫著「阿拉斯加女孩最強大」的貼紙，拍下十幾張露比車尾被撞個稀巴爛的照片。後方一角陷進去，就在油孔蓋附近，蓋子如今往前凹，像丟棄的錫箔紙縐縐的。

我把手擺在車子掀背處的車窗縫，角落，雨刷碰不到的地方。我閉上眼睛，低下頭，我發誓我感受到露比的痛。

露比的油箱替我的女兒擋了災，如今露比會被解體出售壓平。「謝謝妳。」我在心中向露比致謝。

下午三、四點，我坐在家裡的沙發上，望向外頭灰濛濛的天空，看來會下起傾盆大雨。星期二天氣炎熱，豔陽高照，如今又回到華盛頓州平常的秋日，又濕又冷。我試著感恩在車禍發生那天，我和米亞不必淋成落湯雞。我不敢相信那只是兩天前的事。

我在公寓的開放式空間踱步，電話貼在耳邊，聽著刺耳的典型等候音樂。警方打電話通知我，撞我的駕駛有保基本險，所以我立刻打電話。幾分鐘後，對方的保險人員在電話上告訴我：「妳只要告訴我安全座椅的型號，我們就能寄支票給妳，還會補償妳損失的工資。此外，我們會幫妳租車，把妳的車移到另一間停車場。我們也會支付修理費或車子的成本，錢將在……入帳。」

「等等，」我說：「所以不是我的錯？你們會負起責任？」

「沒錯，」她說：「我們會為此次車禍負起全部責任。妳停到了路邊，有打開緊急雙黃燈，妳當時是停車狀態。這次的車禍妳沒有過失。」

客服人員聽起來真心誠意。**錯不在我，不是我的錯**，我甚至開始相信錯不在我。

我當母親的日子，大多數時候都如履薄冰，不太敢信任腳下踩的地板。這也是一種比喻。每當我打好地基，砌了牆，鋪上地板，甚至讓我們母女有可以遮風避雨的屋簷，我都覺得一定會再次坍塌。我的任務是要從車禍中振作起來，整理好自己，重建一切。因此，我下定決心相信直覺；我返回工作崗位後，告訴潘姆我一天只能打掃一家。我每天要送米亞去日托中心之後，開車到客戶的房子，好好清理一番。如果接著還得開到下一位客戶的房子，走一遍一模一樣的清潔流程，體力實在負荷不了。

兩星期後，我再度回到小丑之家，把打掃用具拖上樓梯，經過會動的眼睛，往主衛浴走去。那間浴室裡有兩座洗手台，還有大如正式大飯桌的淋浴間，角落的平台安裝著按摩浴缸。那個浴缸再度讓我暫停打掃，待在浴缸裡。我感到有如在搖籃中輕輕晃動，或是被抱住一般。我抱著膝蓋坐在浴缸裡，打電話給律師。我依然得理清頭緒，找出如何度過車禍帶來的財務損失。

我把車禍事件從頭到尾講一遍給律師聽，轉述保險公司表示會賠償的部分，但車子的補償金額根本不夠支付車子貸款，而我現在就需要用車。律師告訴我幾個關鍵詞，下次我跟理賠人員通電話時可以用上。幾小時後，我打電話給理賠人員，用顫抖的聲音念出練習過的台詞。

「我和女兒極度受到此次車禍的影響。」我試著不要像在念小抄。「我女兒睡不好，很容易被大的噪音驚醒。」我告訴理賠人員，我們的鄰居車子回火時，米亞被嚇到跳起來，有時還流著眼淚飛奔到我懷裡。我提到我壓力很大，先前可以輕鬆兼顧小孩與工作，現在不行了。「我們承受著情緒壓力，車禍後不斷顫抖，再加上我沒有財力換車，我們吃足了苦頭。」我深呼吸，「我們母女需要接受治療。我需要心理治療，可能還需要藥物，米亞也一樣。我無力負擔新車的支出，又要負擔治療費。」我停下來深吸一口氣，「如果你的公司不願意負擔我們的情緒創傷成本，我會請求法律協助，取得適當的賠償。」我一邊用手指著紙上的字，一邊念出來，但說到最後一行時，我的手指僵住，不聽使喚。我坐著發抖，等理賠人員回應。

理賠人員說：「我幫妳看一下，然後再回撥。」一小時內，她就打電話過來，願意負責償還原本還剩下的車貸，再給我一千多塊買新車，損失的工資也會賠償。我試著用正式的用語感謝那位理賠人員，但希望她能看見我掛電話後臉上的笑容。我很久很久都沒像那樣笑了。

我看分類廣告看了好多天，但一千兩百元的好車很難找。不久我找到了，那是一輛一九八三年的淡藍色小本田喜美。崔維斯陪我和米亞一起過去看車。一對開汽車美容店的老夫婦原本想把那輛車送給姪子，花了兩千元修車，翻新引擎，更換煞車皮，裝上新輪胎，但姪子不想要那輛車，所以嚴格來講是姪子賣車。那輛喜美的引擎運轉聲十分平穩，是輛手排車，最初的車主夫婦仍保留當年簽署的原始購車文件。我出價一千一，他們接受了。我和米亞把那輛喜美命名為「珍珠」(Pearl)。在我們母女的黑暗時刻，珍珠是我們人生中最閃亮的東西。

珍珠盡責地每天載我們母女通勤。有了它，我的壓力指數驟降。幸好我的工作行程依然滿檔，工作也是紓解壓力的分心方式。如果下午有空，我會私接打掃客戶。我現在改成在臉書的地方媽媽群組，放清潔服務廣告，不再放Craigslist，因為太多人要求我裸體打掃，或是穿上性感女傭服。我第一次碰上這種要求時，那個男的還說他在幫我，好像清潔工作還不夠把人踩在腳底似的。

扣掉開車上工的油錢後，我在一流清潔公司實拿的薪水，只剩時薪的一半再多一點。自從上次週末之家臨時取消打掃，我盡量只接通勤時間四十五分鐘內的客戶，離家太遠的就算了，不過羅妮堅持要我接一位新客戶。「保證值得，」她說：「那家人很好。」新客戶有一間大房子，裝潢材料是專門訂做的細緻木作和河岩。我只打掃過那裡幾次，心裡命名為「親愛之家」(Loving House)。我得開在蜿蜒的單線道路上，穿越高聳的常綠植物，才會抵達山丘頂的屋子所在處，從那兒可以眺望下方山谷的農田。我打掃時，那家的屋主夫婦都在家。屋內處處貼著兩人長大成人的女兒及孫子照片，冰箱上和架子上都是。廚房旁邊的客房看來永遠等著兒孫回家。

屋主先生在門口迎接我，殷勤地要幫我拿打掃用具。一隻毛茸茸的黃金獵犬搖著尾巴聞了聞我的腳。我脫鞋後，對女主人微笑，她也坐在椅子裡對我微笑，我很少看到她從椅子起身。羅妮告訴我親愛之家的歷史，據說女主人長期生病，丈夫全職照顧她。我猜是癌症或其他大病，有可能是末期。電視永遠開著，播放《奧茲醫生秀》（Dr. Oz）或家居改造節目，不過妻子一想說些什麼，先生就會衝去調低電視音量。我聽不太懂女主人在說什麼，她講話非常小聲又很模糊。先生會餵她吃午餐，接著抱她到走廊上的浴室。

屋主夫妻婚後經常旅遊，選擇比多數人晚生小孩。他們的客廳架上擺滿鼓、木雕、大象石雕、登山書籍。丈夫每次和妻子講起他們的人生，都會輕聲問太太是否記得某次快樂的回憶。如果太太記得，他就會笑逐顏開，散發著愛與溫柔。我有一點羨慕他們的人生。

我第一次打掃這對夫婦的房子時，按照預定時間前往。廚房和浴室已經很久沒有好好清理，我多花了時間刷刷洗洗。完工後，我穿上外套，經過坐在椅子上的太太，我停下腳步揮手說再見。她要我過去，握住我的手，塞給我一張十元鈔票。

我脫口而出：「十元比我的時薪還多。」我訝異自己怎麼說出來了。「幾乎是兩倍錢了。」

太太對我微笑。我小聲說謝謝，轉身朝門口走去。還沒到門口，我因為太激動，便轉身說：「天啊，今天晚上我要帶米亞去吃麥當勞快樂餐！」夫婦倆露出微笑，我們三個人歡樂地笑了一陣子。

我收拾東西，先生衝過來，堅持要我從車庫出去，因為雨愈下愈大。

我們兩個一同把我的打掃托盤、清潔抹布、那個週末要洗的一袋抹布，放進後車廂，接著他要我跟他回車庫。「我們已經很少有客人了。」他給了我零食，要我餵狗兒吃。他居然說我是客人，我試著不要臉紅。我提到後頭停著的摩托車。他微笑告訴我，夏天他女兒會過來住一星期，他便可以和幾個朋友到西岸進行年度的摩托車之旅。

我們靜靜站著，聆聽沒說出口的話。我想問他太太的事，想知道他們怎麼過生活，他是怎麼有辦法當了看護，還能這麼快樂寧靜，但最後我只說，我也想出門旅行。「就算只是一、兩天也好。」這很不像我，我竟然說出來了。我從來不曾向客戶提過，以那種低薪來講，打掃他們的房子實在太累人。

「真的啊？」老先生聽起來是真心想知道答案。「妳想去哪裡？」

我回答：「蒙大拿的米蘇拉市。」我彎身拍拍狗，想著米亞會很開心有一天能養一隻這樣的狗狗。「我是阿拉斯加人，阿拉斯加是第二美好的地方。」

「的確是。」老先生微笑。「很美的地方，出乎意料地遼闊。人們說那裡的天空比較大，是真的。」

我面帶微笑，讓那個景象、那個美夢流過我全身。「希望有一天我和女兒有機會造訪。」我說。

老先生對我點點頭，告訴我該去接小孩了。我倒車出車道，向他揮手。造訪那棟房子讓我感覺自己彷彿見證最純粹的愛。老夫婦有好多愛，多到從他們敞開的車庫門流出去。親愛之家和其他屋子太不一樣，我在回家的路上，就開始感嘆這次打掃的經驗。在大多數工作日，我都在令人痲木的孤單中度過。我經常只有自己一個人——獨自開車，獨自工作，獨自熬夜完成課堂作業，唯一的例外是晚上會和米亞共度兩小時，和她一起吃飯，幫她洗澡，講睡前故事。我告訴斯卡吉特谷社區大學（Skagit Valley Community College）的指導老師，我是單親媽媽，並且全職工作。他瞪大了眼，「妳在嘗試不可能的任務。」他是指我有其他那麼多事要做，還修那麼多課。我和他談完後，走進停車場坐上車，過了好久都沒發動引擎。

家庭作業其實不難，只是煩人。我得修數學與自然等核心課程，高等教育機構判定你需要上那些課、付學分費，才能取得學位。我二十幾歲時陸陸續續修過的課，可以抵免部分學分，但還是得上體育課和溝通課，而這兩堂課我都是獨自一人坐在電腦前上網修課，諷刺至極。

我週間如果沒完成作業，會趁米亞去傑米那裡的週末趕一趕。我還會想辦法提早完成作業。每一堂課和另一堂課混在一起。我修了人類學，還修了談氣候的課。開書考結束後，所有的資訊立刻從我腦中消失，花那麼多時間、金錢、力氣念書似乎沒意義。最初，終點好遠好遠，我甚至不曉得終點長什麼樣子。我只知道要抵達終點，我得完成不同類型的雲朵叫什麼名字的作業，還得扯謊說自己定期運動。

米亞不在家，而我被作業包圍的冗長週末，我會坐在廚房圓桌旁，沒事就凝視著窗外。每一扇窗上都附著一層薄薄的水氣，我待在家時，一天擦好幾次，感覺「室內」與「室外」並無分別，只差個幾度，隔著一片舊玻璃。

我們住的地區氣候潮濕，我和黑黴進入持久戰。黴菌害我和米亞生病。米亞有流不完的鼻水，我則咳得像是在礦場工作，有時還咳到吐。有一次，我在網路上查自己的症狀，試圖自我診斷，結果驚慌之中，趕緊開車到急診室。我的腺體腫脹，連頭都動不了，還以為自己得了腦膜炎。兩週後，我因為和醫生講了一、兩分鐘的話，收到兩百元的帳單。我在盛怒之下，打電話給醫院的批價處，準備一毛錢都不付，管不了這會對我的信用產生什麼影響。我填寫幾個表格，最終透過院方自家的低收入病患方案，說服他們調降帳單。我其實只需要打通電話問一下就成了。我一直無法理解，為什麼永遠不會有人告訴你有這樣的優惠方案。批價處只會告訴你可以打電話詢問付費方式，但是不會把你的帳單調降八成。

讓人不得不待在室內的天氣，也會讓你檢視稱為「家」的空間。我想起我獨居的客戶，想像他們走過空蕩蕩的房間，地毯吸過的整齊線條還在。我不想過得和他們一樣。我客戶過的人生、非常努力工作才買得起的房子，再也不是我的夢想。儘管我很久以前就放棄住那種房子的夢，老實講，我在打掃充滿粉紅色裝飾、花朵與娃娃的房間時，還是很希望讓自己的孩子住在那種地方。我忍不住會想，住在我打掃的那些房子的家庭，在某個層面，是不是也在電動、電腦、電視占據的房間裡，失去了彼此。

我和女兒住的套房雖然有種種缺點，那是我們的家。我不需要兩套半的衛浴和車庫，反正我已經充分理解要打掃那種房子有多麻煩。我們的環境不好，但我早上是在愛之中醒來。在那個小小的房間裡，我看著米亞長大，熱愛她跳舞和扮鬼臉的每一秒鐘。我們待的空間是家，因為我們在那裡愛著彼此。

22 和米亞一起生活的點點滴滴

氣溫驟降的時節來臨。晚上，我躺在床上盯著天花板，每次牆腳板的暖氣嘎吱作響，我就擔心得咬脣。我和米亞為了取暖，一起縮在我狹小的單人床上。為了抵擋寒氣，我在窗戶上掛毛毯和床單。冰霜頑固地覆蓋地面和我們的窗戶，我只好關上睡覺處的玻璃門，待在充當客廳與廚房的小房間裡。那個小房間，大小約莫等同我打掃的客房或辦公室。到了晚上，我拉開雙人沙發床，母女睡在上頭。米亞在沙發床上興奮地蹦蹦跳跳，再次說這是睡衣派對。沙發床的睡覺空間比較大，不過米亞依舊縮著身體，靠著我的背，一隻手環繞我的脖子，她的呼吸溫暖了我肩胛骨之間的皮膚。早上，我的鬧鐘響了，在黑暗中嗶嗶叫。我翻身，面朝上躺著，伸展身體。米亞抱住我的脖子，一隻手放在我的臉頰上。

聖誕節過後那天晚上，冬季的雨滴轉成二十五分硬幣大的雪片，覆蓋地面，積了好幾吋。遠遠超過米亞該上床睡覺的時間後，我們母女依舊醒著賞雪，知道反正明天不可能開車上班上學。米亞穿上雪衣，藉著街燈的光，躺在院子的雪地上，擺動手腳玩雪天使。我量了量珍珠的引擎蓋上的雪：有十四吋厚。我自從離開阿拉斯加，還沒見過這麼大的雪。

隔天早上，潘姆打電話給我，要我留在家裡。她不希望我因為來往客戶家被困在半路。西北地區才下幾吋的雪，幾乎一切停擺，就連我們公寓下方的高速公路都靜悄悄，只剩路肩上幾輛被車主拋下的車。

米亞一下子就整裝待發，沒抱怨前一晚濕掉的雪褲還沒乾，只問我能不能到外面玩。我以前的老師就住在附近，他在臉書上問我需不需要雪橇；他家有一個很棒的雪橇，繩子什麼的都很完整，他會放在門廊上，讓我自己過去拿。我告訴米亞這件事，她跳上跳下，問我：「現在嗎？我們現在就可以去拿嗎？」我猶豫了。我整個人只想倒在沙發裡，穿好羊毛襪，喝下一杯一杯的熱茶。在我的美夢裡，還有燒得很旺的壁爐，我可以好好看書，狗兒窩在腳邊。

我告訴米亞：「可是要走很多路。」我知道提醒也沒用，米亞太興奮了，就算告訴她得走上一整天的路，她依舊會說好。一個三歲小孩要在雪裡走整整一英里的上坡路，雪還積到她大腿的地方，簡直是漫漫長路。一路上，我都必須背著她。我們一路跋涉到老師家的門廊，新雪橇是我們的獎品；途中我轉頭一看，整座城市盡收眼底，全城覆蓋在厚厚雪堆中，一片寂靜。

我和米亞幾乎整個早上都在外頭。回程時，我拖著雪橇上的她，穿越整個街區。米亞趴在雪橇上，吃著一把一把的雪。我不斷在大街上看見除雪機經過的痕跡，心想著不曉得他們會不會也鏟到我們住的那一區。我們的房子位於附近地勢的最低處，外出的每一條路都是上坡。珍珠是一台迷你車，輪子大約和我有時用來拉米亞的兒童拖車一樣大。我沒有雪胎，連雪鏈都沒有，反正我完全負擔不起。

那天幾乎一整天都出太陽，雪融化後，晚上氣溫降到冰點以下，隔天也沒回暖。街道上結著厚厚一層冰。我看著樓上的鄰居試著把車開出巷子，但徒勞無功。哎，又損失一天工作日。或許這個月不要繳其中一張信用卡的帳單好了，或是靠可用額度預借現金，存到銀行帳戶，用那筆錢付。已經過了月中，所以大部分帳單都繳完了，但薪水還要過兩星期才會入帳，到時候所有帳單又到期了。天氣又這樣，這個月能拿到的錢大概會少一百元。

下雪那幾天，我和米亞大都待在客廳和廚房。臥室區非常冷，我們可以透過玻璃門看到窗戶上結的霜，米亞過去拿玩具前會先穿上外套。家裡的電視只收得到地方台，所以米亞一遍又一遍重播她最愛的ＤＶＤ。凱蒂貓童話配音的聲音尖銳高亢，讓我頭痛，最後我們關掉，拿出水彩顏料。

米亞畫畫，我負責點頭稱讚或念故事給她聽。我不常有時間陪米亞——通常只有她沒去她爸爸家的隔週週末，我才能陪她。米亞蹦蹦跳跳坐不住，我又沒錢帶她出去玩，只能發揮創意讓她有事做。如果下雨了，我們沒錢去兒童博物館消耗她的精力，連去麥當勞玩遊戲器材也沒辦法。天氣晴朗時，我們也無法去動物園或水上樂園。

有時候，光是走在人行道上，當前方路人是父母加小孩的組合，我會覺得自己只有一個人很丟臉。我仔細觀察那些家庭，他們穿著我一輩子也買不起的衣服，尿布袋小心收在昂貴的跑步用嬰兒車上。那些媽媽說著我永遠不能說的話：「親愛的，可以幫忙拿這個嗎？」或是：「女兒給你抱一下好嗎？」他們的孩子可以輪流給父母抱。有好多次，我告訴米亞她得自己走，因為我的手好痠，再也抱不動了。

下雪的第一天，我試著壓下心中的罪惡感與羞恥感，我想著如果米亞給別人帶，會不會有更美好的人生。我決定讓她來到人世間，是否是錯誤的選擇。我托腮看著米亞仔細畫出另一個笑臉。我們身上都穿運動衫和兩雙襪子，空氣聞起來像霜。

這幾個月，我特別心疼女兒，我看著她被送來送去，一下子去她爸爸家，一下子回家。星期天，我會開車來回三小時接米亞。對我們母女來說，送她去爸爸那兒的午後，已經變成必須咬牙撐過的重大壓力和恐懼來源。前一年，我下午去接米亞時，她大都會一路睡回家，因為週末太累了，她爸爸帶著她，在一堆朋友面前炫耀自己是多好的爸爸。有時米亞在路上沒睡，一路哭著要爸爸，哭得我既心痛又憤怒。在那樣的下午，我會特別後悔留在華盛頓州。貧窮就像泥淖，抓著我們的腳不放，把我們往下拖。

暴風雪來臨前的那個星期日，米亞在回家途中一路對著我尖叫，從渡輪碼頭到我們的公寓，整整尖叫了九十分鐘。我不知道究竟發生了什麼事，不曉得傑米到底說了什麼讓米亞那麼生氣。那天下午，米亞幾乎像個野人，跟上次她動完手術後一樣，一直發出動物般的低吼。

「我恨妳。」米亞一直重複這三個字，腳亂踢一通。「我想殺死妳！我希望妳死掉！」米亞的父親抓住每一個可以操縱女兒的機會，讓米亞覺得是我害她無法跟爸爸住。傑米告訴米亞，她不在家時，他好難過。傑米要是真的那麼想多見到孩子，他應該會努力，至少讓孩子有自己的房間。但米亞不瞭解這一點。傑米只是喜歡米亞想跟爸爸在一起的感覺。他喜歡見到女兒為了他哭。米亞才一歲大的時候，她回到我身邊會哭個不停，我得抱著她好幾個小時，她僵著身體，很憤怒，很痛苦，不停流下滾燙的眼淚，不斷尖叫，直到嗓子啞了，累到再也哭不出來。我什麼都做不了，只能把她抱在懷裡，我比任何人都希望她平安無事。

暴風雪來臨的下午，我們困在公寓這個「雪花球」裡，我心滿意足地喝茶喝咖啡，看著女兒自得其樂哼著歌，用畫筆去蘸新顏色。米亞還太小，說不出自己感到的失落、困惑、悲傷、渴望、憤怒。即便如此，她發洩怒氣的午後照樣亂七八糟。我的直覺反應永遠是抱住米亞，但她會亂踢亂叫，聲音比以前還大。我有時也會尖叫回去。公寓牆壁那麼薄，鄰居一定在關切這家人怎麼了。在那樣的時刻，我會六神無主，既沒資源，也沒父母可以打電話，更沒有親職教練或治療師可以請教，甚至沒辦法向媽媽團體求助。當我將孩子丟給一個又一個照顧者時，她得自己想辦法撐過去，那樣的龐大壓力讓她尖叫。在家帶小孩的媽媽，她們的孩子多半為了日常小事鬧脾氣，她們怎麼會懂我女兒的憤怒？

再說了，我也不是沒嘗試過和人交際。那年秋天，米亞的日托中心舉辦家長之夜，每個人帶一道菜過去。我在現場待了很久，努力社交。和米亞同齡的幼兒園孩子，家裡大都有雙親在。大家圍著朱蒂奶奶，被她開朗的個性感染。米亞和一群孩子跑來跑去，剩我一個人獨自站著。我聽見一旁的兩個女人抱怨老公。我忍不住轉頭看她們，她們也發現我在聽。

剛才聽朋友抱怨的那個人告訴我：「妳要自己一個人帶孩子，可真辛苦！」我點頭，強迫自己揚起嘴角，像在微笑。

另一個媽媽說：「所以史戴芬妮，妳是單親媽媽，對不對？我朋友剛剛經歷過恐怖的離婚，她很痛苦。有沒有可以協助她的機構？」

「噢，有啊。」我的眼神緊張地四處亂飄。一旁的桌子圍著三個女人，她們拿著小盤的胡蘿蔔棒，旁邊有蘸了田園沙拉醬的花椰菜。所有人看著我，我變成單親媽媽的代表。我含糊說了一些食物與育兒津貼的計畫。

其中一個矮矮的媽媽仰著頭嗤之以鼻。她臉圓圓的，剪了個鮑伯頭。「去年冬天，傑克被裁員，我們一家三口被迫住在我爸媽家，還記得嗎？」她碰了碰旁邊的女人。「房間超小，吉莉的小床被擠到牆邊？我們好像流浪漢一樣，無家可歸！」被她用手肘頂的朋友點頭，露出替她難過的表情。「謝天謝地，我們平常有存錢應急。」

另一個媽媽點頭，她們轉頭等我回應。我低頭盯著我替米亞拿著的食物，她早就忘掉這盤洋芋片和濕濕的熱狗。我沒帶任何食物過來，所以決定什麼都不吃。我實在不曉得要說什麼。她們會如何評論我和米亞住的房間？我給不了米亞一個家，也沒辦法讓她吃飽飯。我們靠別人救濟的東西過活，住在迷你空間裡。靠福利制度生活最令人沮喪的地方，在於我努力改善生活時，反而感覺在受罰。有一、兩次，我的收入超出救濟上限幾塊錢，平白損失好幾百元的救濟金。我因為是自雇者，每幾個月就得上報一次收入。多賺五十塊的話，日托中心的自付額也會跟著多五十，有時整個月就沒補助了。我沒有存錢的誘因或機會，福利制度讓我動彈不得，過一天是一天，沒有脫身的計畫。

一個媽媽問起誰是誰、誰離婚了，大家開心聊起八卦，我便趁機溜走。

或許，她們確實和我有點像。或許，她們的婚姻令她們感到寂寞，有我不知道的隱情。或許，我們全都想要某種已經不敢奢望的東西。

我想起米亞的怒氣，想起差點在車禍中失去她，想起我們因為沒錢開暖氣，在家得穿外套。我想起米亞不在家的週末，我都在清馬桶、刷地板。

那天冬天，我做了另一個決定：我要帶著新目標在網路上寫日記。先前我放上部落格的文字記錄都是關於我遭遇的困難。我不曉得還能在哪裡傾訴，不過每隔一陣子，我也會寫下美好的時刻、頓悟的時刻，讚嘆我和米亞擁有的生活。我決定以後只寫這些東西，改變我們的人生主題，命名為「和米亞一起生活的點點滴滴」(Still Life with Mia)。我想留下那些時刻，譬如現在，我坐在我們的桌旁一邊沉思，一邊看著她畫畫。我要把這樣的時刻鮮活地留在記憶裡。

網路日記變成我渴望擁有的救命繩索。我用文字與照片抒發情緒，切斷生活中的壓力與恐懼，專注在我最熱愛的事物上——我的女兒與寫作。我拍下米亞好奇探索世界的照片，在那些瞬間，我以前所未有的方式，感到自己的確陪著她。

這不是我想帶給我們母女的生活，但目前只能湊合著過，**不會永遠都這樣的**。我不斷在心中告訴自己這句話，否則罪惡感會吞噬我。我居然把這個房間稱為「家」，還告訴女兒就是這樣了，不管是住的地方或吃的東西，媽媽只能提供這麼多。我好希望女兒能住在獨棟的房子裡，有圍著柵欄的後院，有水泥露台或走道可以玩跳房子。每次我和米亞玩「想像我們的夢幻家園」，米亞都說她想要學校那種沙盒和鞦韆。我們想像以後的日子，想像我們會住在哪裡、做些什麼。這個遊戲對米亞來說顯得很重要，對我來說也是。

我們的旅程就要展開了。這是個開始。我坐在桌邊，感到時間靜止了一瞬間，就在米亞畫下一筆的那個片刻。那個瞬間，我們感到溫暖，我們有彼此，有一個家，我們懂得最強大、最深的那種愛。我們花很多時間匆匆忙忙把一件事做完，接著弄下一件事，急著抵達終點，之後從頭再來一遍，但我不會忘了要充分享受寧靜美好的瞬間。

那天下午，潘姆打電話過來。我坐在廚房桌子旁和她講話，眼睛望著外頭的雪。「妳有辦法出門嗎？」潘姆聽起來像在吐舌頭，帶著一絲希望問我。

「剛才我試著移車。」我起身走進關著門的臥室，望向窗外。「車子從停著的地方滑到街上，接著輪胎就原地打轉。」我搖了搖頭，動作像極了阿拉斯加人。「鄰居出來幫我把車子推回停車處，但沒成功。」我邊說邊刮掉窗戶上的霜。我只好把珍珠留在原地，保險桿還突出在路上。大概還要再一、兩天，這次的寒流才會過去。雖然多數的主要道路開放了，但我有好幾個客戶是住在森林或丘陵深處。萬一我卡在半路，就沒辦法準時接米亞，也沒有人可以打電話求救，請他們幫忙接孩子。

有那麼一瞬間，我想著潘姆會不會因為我沒辦法上工而開除我。我之前不曾請假那麼久，紀錄還算不錯，但有那麼幾秒鐘，就算被開除我也不在乎。我痛恨這份工作的程度，幾乎等同我痛恨自己必須仰賴這份工作。我痛恨需要這份工作，痛恨還得為了有這份工作而心存感激。我告訴潘姆：「我會補做。」

潘姆說：「史戴芬妮，我知道妳會的。」我們掛斷電話。

我再度刮掉窗子上的霜。米亞再次打開電視，我呼出的氣形成小片小片的雲。我將米亞的幾隻動物娃娃移開窗邊，它們身上一撮撮的人造毛被凍住了，黏在玻璃上。

黃昏籠罩外頭的地平線。我決定晚餐幫米亞煎鬆餅，放上一小球薄荷巧克力碎片冰淇淋。我吃一包泡麵配兩顆水煮蛋，加上剩下的冷凍花椰菜。趁米亞洗澡，我更新改了名字的網誌，放上我們母女穿越雪地去拿雪橇的照片。米亞的臉頰紅通通的，頭髮跑出帽子，長度剛好鬈在帽緣。她戴著粉紅色的露指手套，小心翼翼舔著指尖上的雪。四周靜悄悄，只有我們腳將雪踏平的聲響。

米亞把她的彩虹小馬排在浴缸邊緣，那是朋友送的二手禮物。米亞大喊：「媽媽，我洗好了。」我抱起她，她身上的肥皂泡沫還沒消掉，皮膚因熱水而脹紅。我把米亞擺在馬桶蓋上的浴巾，她愈來愈重了。她仍是我懷中小嬰兒的日子，已經好遠好遠。

那天晚上，我們連續第二週睡在拉開的沙發床上。米亞跳上跳下，因為又能再次和媽媽開睡衣派對而興奮，她又看了一遍卡通《海底總動員》（*Finding Nemo*）。

電影播到一半，米亞睡著了。我起身關掉暖氣。還要三小時我才會有睡意，真希望有瓶酒，或是能來杯低咖啡因的咖啡也好，暖暖身體。我爬回床上，依偎著米亞溫暖的身體，感受她的氣息和她在睡夢中的抽動，漸漸進入夢鄉。

第三部 做夢的自由

23 更努力

「艾－米－麗－雅？」護理師大聲呼喚名字。我叫醒米亞，挪開她躺在我肩上的頭。

「在這裡。」我回答，隨即站起來，伸手抱女兒。「叫她米亞就可以了。」

護理師不像是聽到我說的話，看到我抱著三歲女兒也沒表示什麼，只叫我們跟她走。我們讓米亞量一下體重，接著又坐在另一張椅子上繼續等。

「哪裡不舒服？」護理師問。她的注意力集中在手中的病歷，眼睛沒看我。

「我女兒上個星期晚上咳得很厲害。」我試著回想米亞不舒服有多久了，想著有多少次我應該讓她在家休息，卻送她到日托中心。「我想可能是鼻竇炎或過敏？她的眼睛有時紅得很厲害，她也會抱怨耳朵很痛。」

護理師是一個外形粗魯的高大女人。她繼續無視我，但同情起坐在我腿上的米亞。

「噢，小可愛，妳耳朵痛痛啊？」護理師說著娃娃語。

米亞點頭，她太累了，沒力氣害羞或爭辯。她讓護理師量體溫，手指套上一個塑膠的東西，可監測脈搏和血氧濃度。接著，我們坐在原地等。我把頭靠在牆上休息，閉上眼睛，試著不去想我工作又請假了。這次剛好碰上植物之家，屋主生氣我每次都要更改時間，羅妮轉述她差點威脅不再請一流清潔打掃。米亞又開始咳個不停，喉嚨沙啞。她還太小，不能喝咳嗽糖漿，而我也付不起。米亞一天晚上醒來兩次，哭到聲嘶力竭，雙手抱頭，連睡夢中也在咳。

開門的小兒科醫師不是我們平常看的那位，因為那天早上我是掛當天的號。眼前的女醫師個子不高，像個小男生，黑髮剪成和米亞一樣的鮑伯頭。「好的，」她瞇眼看著病歷說：「米亞。」我心想：**所以剛才護理師還是聽到我的話了**。米亞聽見有人叫她，抬起頭看醫生。

「妳讓她坐這吧。」醫生拍了拍診療桌旁鋪著紙的座位。我講話時，她看著米亞的臉，接著看進她的眼睛，問我：「妳們的生活條件如何？」我皺起眉頭，這個無比冒犯的問題刺傷了我。醫生明明可以說：「家裡情況如何？」或「有任何可能讓她生病的原因嗎？」「家裡有寵物嗎？」問什麼都好，她不該直接這樣詢問我們的生活條件，好像我們住在……我想起我們住在什麼樣的地方，便垂頭喪氣。

「我們住在公寓套房裡。」我小聲回答，彷彿說出了某種祕密。我有點害怕，要是我把實情都說出來，醫生會聯絡兒童保護服務機構。「窗台上一直出現黑黴，我猜是地下室的關係。有一個通風井通到我們的臥室，往下看就能看見泥土地板。」醫生原本在檢查米亞，聽到這裡，她站起來，雙手抱胸。她戴著一個好迷你的錶，錶帶是黑色的。「屋內有很多窗戶。」我低頭看地板。「我很難讓室內保持溫暖乾燥。」

「法律規定妳的房東必須想盡一切辦法讓屋內不發霉。」醫生檢視米亞的耳朵。「這隻耳朵感染了。」醫生含糊說著，搖了搖頭，幾乎在說那是我的錯。

「房東清了地毯。」我突然想起來。「還在我們搬進去前擦了油漆，我想他已經盡力了。」

「那妳們得搬家。」

「我沒辦法。」我的手放在米亞腿上。「我負擔不起其他地方。」

「哎，」醫生對著米亞點頭。「妳女兒需要妳更努力想辦法。」

我不知道該說些什麼，只能點頭。

我看著米亞擺在腿上的手，她像麻花一樣交纏的手指仍帶著嬰兒肥，指關節不明顯，反而微微凹陷。每次我打開公寓的門，我都感到自己是失職的家長，但我從來不曾像這一刻這麼羞愧。

我抱著米亞離開醫院，回到車上。我需要感受到米亞的頭靠在我肩上，她的頭髮搔癢我的鼻子。剛才那個小兒科醫師開了新一輪的抗生素，還把我們轉診，回到近一年前幫米亞動耳管手術的專科醫師。

幾天後，我們回去看專科醫師，診所要我們待在一個房間裡，裡頭有一張棕色的軟墊長台子。我們坐了幾分鐘後，專科醫師衝進來，再次沒打招呼就說：「妳把她放在那裡的台子上。」我抱著腿上的米亞站起來，讓她在診療台上坐好。「不對，讓她躺下。」醫生命令。他背對我們，翻找著裝檢查用具的盒子。「把她的頭放在燈光下。」

我告訴米亞：「米亞，沒事的，醫生只是要檢查妳的耳朵。」米亞聽到這句話，眼睛瞪得大大的。我很難讓米亞相信只是要檢查，醫生找個不停，還叫護理師進來幫忙。接著，他突然轉向我，長長嘆了一口氣，一屁股坐在診療台旁的旋轉椅上，瞬間把診療儀器插進米亞的耳朵。米亞沒吃止痛藥就無法好好睡一覺的狀況已經好久了，外出時還會輕輕把手護在耳邊；她痛到無聲地叫出來。醫生動作很快，先檢查米亞的耳朵，再剪下一團和米亞的耳道一樣大的棉花，放進去，點上幾滴藥。

「好了，」醫師說：「妳回家就跟我剛才一樣，在她耳朵裡滴抗生素。」

「她已經在吃抗生素了。」我抗議。

「妳希望妳女兒好起來還是不希望？」

我不知道該如何回答。「我先前給她點過耳朵的藥水，她會頭暈還跌倒。我得壓著她，才能把藥點進去。」

「妳是媽媽。」醫生說。他站在門邊，居高臨下看著把米亞抱在腿上的我，拋下一句：「妳得想盡辦法。」然後就開門走出去，一下子便關上門，速度快到讓我感受到一陣微風。他的話、先前小兒科醫師的話，烙印在我心上：米亞需要的東西，我沒能給她。

※

人們稱斯卡吉特郡的春天為「鬱金香季」。先登場的是滿山遍野的黃色水仙與紫鳶，中間穿插番紅花。接下來幾週，五顏六色的鬱金香妝點大地。地方上的人老愛說：斯卡吉特谷的鬱金香比荷蘭還多，成千上萬的遊客蜂擁而至，塞住大街小巷和公路交流道，餐廳和公園爆滿。雖然鬱金香花園裡是一道道美不勝收的紅、紫、白、橘，但我從來就不是喜歡賞花的人。

鬱金香季讓人脫離冗長的冬天，但也帶來雨水、濕氣、黴菌。四月，植物之家的除濕機終日高速運轉，臥室裡還冒出另一台空氣清淨機。植物之家的窗台上，黑色黴菌像小蜘蛛一樣延伸；我擦掉那些東西，知道回家也得做一樣的事。

米亞的夜咳一直沒好。有些夜晚，我們進公寓後，她的眼睛變得通紅，還有黏黏的眼屎。看來真的是房子的問題——我選的這個家，房子的通風口從有著百年歷史的發霉地下室抽出空氣，正在讓我們母女生病。

我自己也永遠在生病，只要有錢買治過敏的成藥，我的症狀不會讓我太不舒服。一年前，我的收入低到還能使用低收入戶的醫療補助，我測了過敏原。檢查的結果顯示我對狗、貓、特定草木、塵蟎、黴菌過敏。醫生說，那些屬於「室內過敏原」。當時我剛開始替珍妮工作，支氣管炎拖了好幾週，醫院給我吸入劑和鼻鹽水噴劑。崔維斯的拖車牆上有黑黴，底下還住著野貓。我搬出拖車後改善很多，但我因為打掃山谷一帶的房子，長時間接觸塵蟎、貓皮屑、狗毛、黴菌孢子，依然有過敏症狀。

「貓女士之家」（Cat Lady’s House）讓我眼睛刺痛，鼻水直流，一直咳嗽，洗澡換衣服後才會好轉。一大早，我會先清理主浴室。臥室裡鋪著粉紅色地毯，還擺著兩個貓砂盆和三個貓抓板。我移開貓砂盆吸地時，被關在床上塑膠貓籠裡的四隻貓見到仇人，分外眼紅。有我在的日子，牠們很不開心，一整天被困在籠子裡。要是我靠太近，就會鬼吼鬼叫。

碰上到貓女士之家打掃的日子，我會加重過敏成藥的劑量。要是剛好沒藥了，我感覺就像是吸到了辣椒粉，只得用力打開窗戶，希望能吸到一口氣，但我從未告訴羅妮或潘姆這件事。

那年春天，我用TurboTax線上系統報稅後，差點沒跌下椅子。我發現「低收入所得退稅」（Earned Income Tax Credit）和「兒童退稅」（Child Tax Credit）加起來，我可以領回近四千元。我在黑暗的公寓裡大聲喃喃自語：「比我賺三個月的錢還多。」感覺不可能有那麼多，我焦急等著國稅局接受我的申報，好像我在偷錢一樣。我在筆記本上列出那筆錢可以做哪些事，例如幫我的車子調整引擎、換油、弄傳動軸；付清信用卡帳單；終於可以買廚房海綿和洗碗精、牙刷、洗髮精和潤髮乳、泡泡浴、維他命、過敏藥，或是出門玩一趟。

我和許多人一樣，對於蒙大拿州米蘇拉市的認識，來自作家諾曼．麥克林（Norman Maclean）的《大河戀》（*A River Runs Through It*）。曾到米蘇拉找過飛蠅釣魚地點的民眾，可以證明那本小說或改編電影的魅力。不過我的話，我是因為史坦貝克在《查理與我》中書寫蒙大拿州的方式，才離開阿拉斯加，朝著「大天空之州」前進。我選中米蘇拉，不是因為麥克林，而是為了《大河之戀》（*The River Why*）的作者大衛．詹姆斯．鄧肯（David James Duncan）。他在某次西雅圖的朗誦會上，提到自己住過那裡，偶爾還在當地大學開課。我夢想在一個夏日醒來，往東開車九小時；這樣的圓夢動力僅僅來自一個預感。那個預感整天在我耳邊低語，這件事我已經想了超過五年。

米蘇拉薪水低、房價高。我和一些在當地待過的人聊天，他們曾在那裡定居，但後來住不起。米蘇拉是人口近七萬的小型大學城，工作不好找，薪水也不高。大學生有父母幫忙付房租，熱門地區的房租因而水漲船高，一房的公寓地下室要價至少快八百元。我考慮要不要搬家時，一直想著這個大難題。然而，我和住米蘇拉的人聊天時，他們熱愛那個城市。搬到那裡的人說：他們雖然放棄了具競爭力的薪水或高薪，可是住在米蘇拉很值得。

我想知道作家史坦貝克的作品為何流露對那個地方的愛。為什麼麥克林會說，當一個人離蒙大拿米蘇拉愈遠，世界上的爛人就一下子暴增。人們講起這個地方，就好像在講度假時吃過的絕妙冰淇淋，後來遍尋不著相同的口味，懷疑一切是在做夢。

退稅入帳的那天晚上，我和米亞去吃紅羅賓餐廳（Red Robin）。我讓米亞喝巧克力奶昔，還到店裡買一大車平常買不起的食物，有酪梨、番茄、做鬆餅用的冷凍莓果。我買了一瓶酒。接下來一週，我買了床架和雙人床墊，還買了電熱毯，這樣晚上就不必整個房間開暖氣。我找到清倉大特賣的隔熱窗簾和便宜桿子，還給米亞買了兒童尺寸的跳跳床，她再也不需要在沙發和床上蹦蹦跳跳。我給自己買了想了好幾年的東西——一枚兩百元的鈦金壁鑲鑽戒。我厭倦等待男人進入我的生命，買一個給我。那枚戒指是我好幾年來，第一次花那麼多錢買不必要的東西。那是一個困難的抉擇，但我需要對自己許下承諾。我要相信自己內在的力量，我辦得到，一切都辦得到，光靠我一個人就夠了。我把戒指戴在左手中指上，隨時提醒我自立自強。

有了錢之後，即便只是暫時的，仍讓我幾乎感到輕鬆自在。加油時，不必先算帳戶裡還剩多少錢，夠不夠扣。到店裡買東西，也不必一直心算——今天幾號、哪張帳單已經繳了、哪些帳單到期了、我有多少錢、我得付多少錢、哪張信用卡還能刷，然後才決定買不買得起紙巾。現在睡覺時，我不必多穿衣服保暖，不用千頭萬緒煩惱太多事。不過，米亞仍會在床上動來動去，不斷咳嗽打噴嚏，睡到一半醒來，抱怨喉嚨痛、耳朵痛。我暫時不必擔心收入，可以請假帶她去看醫生，但是我沒辦法讓鼻竇炎和耳朵感染不再找上她。

我半夜做功課需要休息時，會瀏覽分類廣告，羨慕地看著兩房公寓的租屋照片，一間都租不起。我的收入勉強能付這間套房的租金，大約是其他套房的一半。雖然我現在收入比較多，那只是暫時的，也是未雨綢繆的救命錢。此外，過去這些日子讓我知道，如果你搖搖晃晃，眼看即將脫離險境，你一定會失去平衡摔下去。我搖了搖頭，關掉租屋廣告，繼續完成作業，看來我甚至負擔不起做白日夢。

一連好幾天，小兒科醫師的聲音一直在我耳邊響起：「妳女兒需要妳更努力想辦法。」

我要怎麼想辦法？我已經很努力了，每天有一個又一個考驗等著我，有時我無法通過，只能動彈不得。

那個星期，我繳交一流清潔公司開立的手寫薪資單，重新申請育兒津貼。衛生公共服務部一名女辦事員打電話過來，要我繳交真正的薪資單。我一遍又一遍解釋那是我老闆的字跡沒錯，也是公司發的薪資單，但那個女人威脅要取消我的津貼，立刻終止補助。我開始哭，她要我隔天到地區的分部處理這件事。

一大早，衛生公共服務部的門還沒開，外頭已經排滿一堆人。我不曉得需要那麼早就來排隊，第一天大概在開門半小時後才到。等候室每張椅子都有人坐了。我抽號碼牌，靠在牆邊，看著媽媽和孩子間的互動，看著案件負責人與民眾你來我往。大家不曉得自己為什麼必須來這裡，為什麼他們的申請沒通過，為什麼他們必須帶更多文件再回來辦一遍。

出現了一個空位，但我讓座給一名老婦人。老婦人穿著長裙，牽著一個年紀很小的靦腆孩童。我瞄了一眼手錶，時間已經過去一小時。再看一次，又過了一小時。我開始緊張還沒叫到我的號碼，就得去日托中心接米亞。米亞會在我身旁蹦蹦跳跳，不像這些孩子安靜坐著，想上廁所也是小小聲問。人們心中的窮人刻板印象，在這裡大都看不到。我看著排隊人龍的臉上滿是沮喪，等不及要離開；他們要去店裡買食物，然後回去工作。他們和我一樣完全失去希望，瞪著地板等候，他們真的需要補助。我們都需要協助。我們為了活下去，才來到這裡尋求協助。

黑色叫號機出現我的號碼，我衝到窗口，害怕要是不趕快過去，就會叫下一號。我把紫色文件夾放在台子上，拿出我從客戶那收到的所有支票影本，還有公司的手寫薪資單。女辦事員一邊聽我申訴，隨手拿起一、兩張文件，檢視薪資單。

「妳得請老闆列印，印出正式的薪資單。」她望著我，我眨眨眼，難以置信。她的表情毫無變化。

我告訴她，我已經排隊排了一整個早上，開車到老闆的辦公室要四十分鐘，我不可能再浪費一天時間在這裡等。

「如果妳想保住育兒津貼，就得再來一趟。」她叫了下一號，已經快下午一點。

羅妮搖著頭幫我列印了一張薪資單，那是好幾個星期前的薪資證明了。我全部的自雇收入都來自客戶的手寫支票，我不懂怎麼會有這麼離譜的申請流程。不過，隔天我站在辦事處外等開門，接著又等了幾小時，給他們看我過去三個月的收入、目前工作安排的手寫行事曆，以及數名客戶幫我寫的正式信函，證明我的確在我所說的時間打掃他們的房子。

要是不能領食物券，我和米亞就得時常跑到食物銀行，或是發放免費餐點的教堂。要是沒有育兒補助，我就沒辦法工作。幸運到不必依靠或幾乎用不到福利制度的人們，不曉得那些資源有多難取得，也看不見我們有多需要那些資源，卻設下了重重阻礙。

那個週五，我到亨利家打掃，亨利發現我心情不好。我的退稅大概還剩四分之一，目前還有錢——直到下次車子又壞了，或是米亞生病、客戶取消打掃，甚或各種倒楣事同時發生。我睡前照例會想著米蘇拉市——不曉得走過克拉克福克河的橋墩，或是躺在原野上仰望大天空，是什麼感覺。這下子看來，是不可能過去了。

亨利問我怎麼了。我說：「我想我是沒錢去蒙大拿了。」亨利擺了擺手，好像我的話聞起來很臭一樣。他聽我提蒙大拿，已經聽了一年，但我一直停留在「噢，好想有一天能去那裡」。我的面色一定看起來很沉重，亨利看出我心情真的不好，起身從桌子走到書架旁，開始翻幾本旅遊書和地圖，交給我一本介紹冰川國家公園的書籍，還有一大疊蒙大拿的地圖。

亨利在桌上攤開地圖，指著必去的景點。他拒絕相信去蒙大拿是不可能的事。我感激他這麼說，也感謝他的鼓勵與支持，但我的笑容並不真心。我內心其實很害怕，不是怕這場旅程（儘管我的確怕車子拋錨），我怕的其實是我會愛上米蘇拉，但接著得回到斯卡吉特谷，回到高速公路上方發霉的公寓套房。那簡直是跟美好的生活、一個我無法擁有的生活說再見。

我想要那樣的生活，想要前進，一流清潔的工作不再具有意義。我的工資三分之一都拿去加油。我跟潘姆提這件事，她的確補貼我一小筆錢，但只有兩個工作地點間所需油錢的四分之一。此外，我也開始受不了當隱形人。我工作時只有自己一個人，上網路課程也是一個人，我的生活很孤單。我渴望人際互動，就算只是在被人雇用的情境中互動也好。我需要有目的、有意義的工作，至少要感覺自己幫助到人。

24 海灣之家

一天下午，我走進斯卡吉特谷社區大學的助學金辦公室，要求借最高額度的學生貸款。我鼓起很大的勇氣才下定決心借錢，等著櫃台人員幫我辦理時，我開始發抖。申請貸款代表我把現成的工作機會拒於門外，開始負債。然而，我已經撐到極限，只能這樣解釋為什麼我會匆忙下這個決定。米亞天天生病，我一天只和她相處三小時。我的背白天會痛，睡覺時僵硬，清晨四點就把我痛醒。有了貸款的錢，我就可以專心自己找清潔客戶和庭院的工作，不必在一流清潔上班，有更多時間可以陪米亞。

此外，這也代表我有機會當義工，在家暴性侵服務中心接電話。我把這想成靠貸款付錢的實習。當義工可以累積經驗，讓我的履歷好看，還能拿到推薦信。我在社區大學修的課，往後可以讓我攻讀律師助理的學位。我只敢夢想以後做務實的工作，讓我擁有健康保險與退休基金。

三年前，傑米的律師在法院說：「庭上，孩子的父親是全職工作者。」接著又告訴法官，我無家可歸又無業。我站在法官面前，聽見傑米因為有工作，又住在他把我們母女踢出去的固定住處，獲得了尊敬和讚賞。那次經驗在我心中種下極深的恐懼。即便我這次搬家的目的是搬到環境好一點的地方，那將是米亞出生後我們第九度換地方住。

我們住過的地方，米亞大都沒有自己的房間。雖然據說法官說：「我不在乎孩子是否睡在水泥地板上！只要父親擁有留宿探視權就好。」母親若是爭取獨立監護權，尤其是從受虐狀態下逃出來的女性，她們根本無力提供孩子必要的生活。傑米的律師在法庭上說我精神不穩定，無力全職照顧自己生下的孩子。我還得打官司，才能照顧尚未斷奶的嬰兒——那個傑米尖叫要我墮掉的孩子。我的法官把我批評得體無完膚，彷彿我做錯了，我不該離開威脅我的男人。我知道外頭有無數女性和我有一樣的遭遇。

或許我該上法學院，成為民權律師，協助和我一樣的人。我因為傑米的緣故，經歷過暴力情境，可以替那些人發聲。然而，我心中始終有個很大的聲音，拒絕被忽視。那部分的我想成為作家，但我安撫那個堅持的聲音，告訴自己這只是暫時的，只是米亞長大前的權宜之計。等孩子長大，我就會成為作家。我對自己許下的這種承諾，感覺像是拿一桶水澆熄內心僅剩的火焰，我心中仍勇於做夢的一小部分。

一天深夜，我搜尋更好的租屋處，看見一間兩房的車庫房在出租，一樓是車庫，二樓是住的地方，前門望出去同時有山景與海景，但租金遠遠超出我能負擔的範圍。廣告上說，房東住在主屋，家中有三個小女孩、三隻狗，還有一隻貓。貓都待在車庫裡，隨時準備好抓老鼠。這種時候我通常會關掉瀏覽器視窗，心痛自己住不了好地方，但這一次我寫信給屋主，問能不能用打掃服務和整理庭院抵房租。

隔天下午，我駛進屋主一眼望不盡的車道，開過一大片私有地。那塊地被徹底整理過，只留下幾棵最大的樹，方便屋主眺望海灣與後方山丘。車道往左拐，幾乎隱沒在大樹中，一旁是黑莓叢。這棟房子位於我目前租屋處的隔壁城鎮，比我多數客戶的家還遠。我知道要是租下這裡，就完全不可能替一流清潔工作。我緩緩開向建築物，想著要是找到更好的住處，地點又遠，就有理由辭職。

房子終於映入眼簾時，眼前的景色美不勝收。太陽剛下山，天空化為一片深粉紅色。我把車停在羊圈前，就在車庫房和前方有觀景窗的主屋中間。

車庫前方的水泥地上，一個小朋友搖搖晃晃騎著木頭腳踏車。一旁的男性看著我下車。他高高瘦瘦，穿著灰色帽T和牛仔褲；我先前和房東太太愛麗絲通信時，事先得知她先生叫柯特。我和柯特握手，自我介紹，解釋米亞在她爸爸那。柯特用手指梳了梳棕色亂髮，試圖壓平一點。「跟我來。」他抓住小女孩，把她抱起來。「我帶妳參觀。」

走著走著，我強烈受到這個地方吸引。如果我願意相信，感覺就像是宇宙推著我走向該去的所在，彷彿命中註定，我只需要繼續走下去就行了。我跟著柯特走到車庫側方，一旁是花園，那座花園的占地，比我現在住的整間套房公寓還大。柯特指了指覆盆子和黑莓叢，然後又指著一旁的一大片草地。

「我們的租約有一條是房客要負責除這片草。」柯特雙手環抱胸前。「上一批房客不太遵守約定。」我看著柯特的女兒搖搖晃晃走向草地，想像米亞和她一起玩。

「你是說除了打掃服務的以工換宿之外？」我問。

「以工換宿？」柯特看著天空，好像那幾個字聽起來很耳熟，但不曉得原因。

我點頭告訴他：「我寫信給愛麗絲，她說我可以在你們的院子裡工作，打掃房子，抵消部分的房租？」

柯特的神情變了又變，先是疑惑，接著可能想起太太說過類似的話，點了點頭。雖然沒這回事，但柯特看起來像是吸了大麻的恍惚樣子。我在阿拉斯加費爾班克斯（Fairbanks）的朋友，一天之中多半是那副德性。我心想柯特和我是同類人，我立刻覺得他很不錯。

柯特低頭對我微笑。「等妳上去看就知道了。」他對著車庫房點頭。

柯特抱著孩子走在前面，帶我上樓梯。柯特解釋，在主屋蓋起來之前，他和愛麗絲，還有愈生愈多的孩子，原本住在車庫屋。我在第一段樓梯轉彎處停下腳步，沒跟上去。柯特轉身微笑看著我敬畏的臉龐。

太陽的最後一道光線，把一切染成橘紅色。那一瞬間，我回想不起更美麗的日落。

「這裡每天晚上都這麼美嗎？」我小小聲問。

柯特大笑。「出太陽的時候都很美。」柯特在開玩笑，因為華盛頓州西北的冬季相當長，幾乎占了半年，有陽光的日子不到十幾天。「幸好快夏天了。」

車庫房有兩間臥室，中間隔著一間有浴缸的浴室，洗手台下方有放毛巾的櫃子和架子。廚房有瓦斯爐、洗碗機、大冰箱，還有一面看向後院的窗戶，院子裡養著雞。

所有的地板都是純木。起居室和廚房有兩個天窗，浴室有一個。玻璃法國門通往有雨遮的門廊，客廳西牆是一排隔熱窗。

「房租包括第四台。」柯特朝牆上的纜線點點頭。我看著他，表示驚訝。柯特補充說：「附帶一提，我是超級美式足球迷。」

「我成年後，家裡幾乎沒有第四台。」我回答。我想要歇斯底里地大笑，想捏捏看自己是不是在做夢。

「這個真的很小。」柯特打開臥室的一個櫃子。「所以我又加了很多收納空間。這個櫃子上方牆面的那些櫃子，沒加門，空間很大，愛麗絲好像都把床單還是什麼的放在那裡。」

「哇，」我說：「太棒了。」

柯特說：「還好而已啦。」

「我說真的。」我說：「我現在的櫃子是美化過的掃除櫃。整間公寓只有這裡的一半大。」

「這樣啊。」氣氛很尷尬，柯特硬擠出一句話，接著像是突然想起什麼，走向廚房。「我們不在家的時候，妳可以取走雞蛋。」他指著後院的雞籠。「我是說，如果妳搬來這裡的話。」我露出微笑，問他們一家人去哪裡。「噢，」他彈了個指，好像他忘了告訴我。「每年夏天，我們都會跟朋友去米蘇拉待上幾週。那裡很適合家庭居住。妳去過那裡嗎？」

我愣住了，天曉得該如何回答這個問題。我不知道要怎麼告訴柯特，過去六年我都夢想前往那座城市。我此生唯一的遺憾不是告訴傑米我懷孕了、我會自己帶大孩子，而是沒按照計畫去米蘇拉念大學。我突然有股衝動，很想把這一切告訴柯特，但我咬脣制止自己。

我搖搖頭，「沒去過，」我試著保持鎮定。「但很想去。」

我跟著柯特走進主屋，和愛麗絲見面。愛麗絲正忙著在爐子前準備晚餐。最大的兩個女兒在地上玩一整桶的「小小寵物店」（Littlest Pet Shop）。我從來沒有一次看過那麼多同系列的玩具，想到米亞隨身帶著裡頭的一隻青蛙。我想像米亞和這家的女兒坐在地上玩，也想像自己和愛麗絲坐在桌邊喝酒談笑。或許我不只找到新地方住，還交到了新朋友。

愛麗絲要女兒把東西收一收，準備吃晚餐。「妳要不要和我們一起吃？」愛麗絲看著我。她比我矮個幾吋，幾乎只到柯特的胸部，棕色頭髮梳成緊緊的馬尾，露出有點招風耳的耳朵。愛麗絲看起來在高中時代是可愛型的女生——我會羨慕的那種人。

「好啊。」我微笑，試著不讓自己喜極而泣。「很高興見到妳。」雖然那句話是真心的，但愛麗絲還是讓我有點害怕。我不認識她，我假設她就像米亞日托中心的那些媽媽，規定不能看太久的螢幕，還規畫勞作時間，不准孩子吃太多含糖零食，每一餐都要吃分量適當的蔬果。那樣的媽媽有錢、有時間、有力氣好好照顧孩子，可能會批評我沒做一樣的事。

愛麗絲把給我的盤子放到桌上，讓我坐在大女兒、二女兒的對面。兩個孩子乖乖先吃胡蘿蔔棒。柯特問我要不要來瓶啤酒。我接過來，是崔維斯在好市多買的同一種雜牌酒，酒味讓我想起崔維斯的房子。柯特和愛麗絲問我是做什麼的，我說我幫人打掃房子，不過我想當作家。柯特說他讀了一點我部落格的東西，我呆了一秒鐘，想起我的電子郵件簽名檔附上了連結。

「真不曉得妳自己一個人是怎麼辦到的。」柯特認真看著我，看得有點太久了。他的眼神讓我渾身不自在，他的聲音聽起來充滿敬畏。我的眼角瞄到愛麗絲皺起眉頭，低頭盯著盤子。

那天晚上，我開心到飄飄然。愛麗絲和柯特說他們有一個充氣游泳池，夏天，他們家的女兒幾乎整天都在屋外玩。愛麗絲在銀行做全職工作，柯特則是老師，有寒暑假。柯特說歡迎米亞和他們一起到海灘上玩，或是在他們家的院子玩。他們甚至有烤棉花糖的火爐。

我回到家時，愛麗絲已經寄信給我，正式問我要不要搬進去。我興奮地回答當然要。她立刻回信，說我隨時都可以把家當先搬過去。剛才吃晚餐時，我們討論要如何用打掃抵房租，最後我需要付的現金，整整比現在的套房還少五十元。

當時是三月中，我必須在兩週內搬進新家，才不必同時付兩邊的房租。幾天前我接到信，我申請的獎助學金通過了。感覺一切開始塵埃落定，順利到我覺得一定又會出什麼事。或許一切都太夢幻了，我們母女不值得過那麼美好的生活。

25 最肯幹的人

我告訴潘姆我要搬家的消息，她立刻懂那是什麼意思。她沒開除我，我也沒辭職，我們兩個都同意，我沒辦法繼續在她那裡工作了。潘姆和羅妮都私下跟我表示，她們很難過我要離開。我是她們的主力員工，她們仰賴我。我那年從客戶那收到的聖誕節獎金，是她們見過總金額最高的。最近還有一名客戶打電話給潘姆，稱讚我無人能取代。

我知道就像亨利說的，我屬於努力工作的人，但我也知道誰都能取代我。我有孩子要帶，搬進良好居住環境的吸引力太強，即便代價是必須推掉工作機會。要是繼續住在現在的套房，米亞會繼續生病，先前就連刀都開過了。背債和失去工作似乎是很大的冒險，但我已經學到一件事：倘若我滿腦子只有如何撐到下次薪水進來，我很難有不一樣的未來。

我是窮人，我不習慣想這個月、這星期，有時甚至是眼前這個小時之後的事。我用我打掃每棟屋子的每個房間的方式，分割自己的生命：由左到右，由上到下。不論是寫在紙上或在腦中盤算，我得先處理的問題列在左上方，如修車、上法院、家裡沒食物。接下來是解決右邊，也就是次要緊急的事。我一次處理一個問題，從左到右，從上到下。

我過一天算一天的生活方式，讓我撐過眼前，但也讓我無法做夢。「計畫從現在起的五年」從未被擺在左上角，我也不曾想過要存退休金或米亞的大學教育費。我得在心底維持住信念，相信事情終將好轉，不會一輩子掙扎度日。我母親是家族裡第一個上大學的，她的一生都在努力打破循環。碩士學歷讓她得以追求夢想，即便代價是失去我這個女兒。然而，母親在破舊的房子裡長大，我則是在郊區長大——或許是因為這種良好的出身，我有自信事情會好轉。我身旁一起排救濟金申請的人，如果沒有這種成長背景可以回顧，他們是否也有這份自信？一個人深陷系統性的貧窮時，沒有向上流動的可能，人生就是苦苦掙扎，沒別的了。然而我，我的許多決定來自於假設事情終將好轉。

我離職時沒有任何離情依依。大部分的清潔客戶不曉得我要離開，也不知道將有新人取代我。或許新人會用不同的方式吸地，或是放抱枕的位置不一樣。或許，客戶回家時會發現洗髮精瓶子有新的擺放方式，但大部分的人大概什麼改變都不會注意到。我想著會有新的清潔人員接手我的工作時，也想到有陌生人在你家是什麼感覺。他們仔細擦拭房子的每一寸，清空裝著你的染血衛生棉的浴室垃圾桶。從某個層面來講，你不會感到隱私被暴露嗎？兩年的時間讓我的客戶信任我們之間的隱形關係，現在會有另一個隱形人神奇地讓你的地毯線條整齊畫一。

潘姆鼓勵我立案並投保，因為我將完全仰賴自雇收入，但開公司意味著幫人打掃將是永久的，等同開啟終身的事業。潘姆說，我需要取一個公司名稱，一個聽起來正式的名稱，她就是這樣創立事業。我很感激她的建議，只是我不想讓打掃變成我創業的源頭。清潔只是工具罷了，可以協助我取得學歷，拿到一張人生的門票。有一天，我只需要打掃自己的家，永遠不用再刷別人的馬桶。

我最後一次打掃各家時，沒告訴貓女士之家的女屋主，不過我擁抱了羅麗之家的貝絲。我會想念和她喝咖啡聊天。

我離開廚師之家時，微笑揮手，比了中指。我確定屋主在尿尿時，從來沒試著瞄準過。我以一直以來偷看抽菸女士之家的同樣方式，悄悄離開抽菸女士的家。我會想念她那件有帽子的喀什米爾毛衣。穿上時，袖子長到能蓋住我的手，貼在臉上時觸感好柔軟。我會想念像玩拼圖一樣，猜測抽菸女士過的生活，試著得知她一邊在廚房流理台旁抽菸，看著掛在廚房上方櫃子的小電視，一邊吃生菜加脫脂沙拉醬時，她是幸福還是悲傷。我離開色情雜誌屋時，開心到笑出聲。接著，我凝視著悲傷之家，想起我已經一個月沒進去了。不曉得屋主還要受苦多久，人生才會走到終點。

我離開亨利家之前，我們聊了很久。我很難開口告訴亨利，我無法再替他多年雇用的家庭清潔公司工作。他攤手，微微聳肩，建議我可以幫忙做庭院的工作，接著才想起他已經雇了一組人幫他除草和修剪樹叢。我想讓他心裡好過一些，便請他當我的履歷推薦人。亨利聽到後，再度挺直了身體，一一細數要是有人問起我，他將很樂意告知的優點。

「妳工作認真。」亨利腳輕跺一下，舉起緊握的拳頭。「妳是我見過最肯幹的人。」

我輕聲說：「我真的很感激你那麼說。」我對亨利微笑，想解釋做這個決定有多困難，前方的未來又是多麼難以捉摸。我自己找到的客戶屈指可數，學貸的錢又只夠撐到秋天。我想告訴亨利我好怕。這一刻感覺很怪，我居然渴望外人來安慰我，但亨利對我幾乎像是父親的角色。

我最後一天上工時，農場之家的女主人剛好在家。我漸漸對她有了好感。她有一次打電話到辦公室誇獎我，說她很喜歡我打掃主衛浴的方式。老實講，我也感到自豪——雖然那個玻璃淋浴間很難搞定，要弄到毫無水痕累死我了。每次我到她家，一定隨身攜帶鑷子，在她可以開燈的化妝放大鏡前修眉。我最後一次離去前，她幫我把打掃托盤放上車。此外，她有一箱準備捐到「善意」(Goodwill) 慈善機構的東西，要我先挑。我拿走一個廚房幫手牌（KitchenAid）的不沾鍋，很適合用來幫米亞煎鬆餅。我上車前，她看起來想要擁抱我，但最後只和我握手。我們彼此信任，但我們之間依舊有別，她還是屋主，我仍只是個女傭。

我和米亞新家樓下的車庫裡，有洗衣機和烘衣機。萬一米亞又開始猛咳嗽，我隨時可以清洗她的動物娃娃。屋內裝著熱風型暖氣，我不覺得黴菌會想入侵那間屋子。

我只提早了十五天、而非三十天告知我要搬走，套房房東很不高興，說要扣我押金，補償他下個月沒房客的損失。

「我幫忙添購很多東西。」我在信上寫道：「屋況現在比我搬進來的時候好一百倍。」我附上照片，起居空間有新窗簾，浴室現在有架子和毛巾桿。此外我還說明，我把房子弄得一塵不染。我搬出去時，雖然房東已經找到新房客，還是扣了押金。

我找時間把書、衣服、毛巾、植物搬到新家，車上能塞多少就塞多少。柯特和愛麗絲邀我和米亞過去吃晚餐，讓孩子彼此認識。孩子們一起跑到庭院，大黑狗波波一直叫，另外兩隻老狗則冷眼旁觀。米亞現在快四歲，一下子就和柯特家的老大、老二玩在一起，她們分別比米亞大兩歲和四歲。米亞是喜歡和大家一起玩的小甜心，柯特和愛麗絲看起來似乎鬆了一口氣，很高興兩家孩子能好好相處。

吃完晚餐後，愛麗絲拿出數份法律文件，有租約、點交表，還有她草擬的工作抵房租的安排。庭院工作是每週五小時左右，要替非人工造景的區域除草。此外，隔週星期四的早上九點半到下午兩點半，我要打掃房子。我希望時間夠用。他們的房子很大，但愛麗絲說一般的清潔公司只花兩、三小時就能做完。

我問：「他們派多少名清潔員過來？」我心裡知道答案一定不只一人。

「我不確定。」愛麗絲看向柯特。

「大概兩、三人。」柯特說。

「一開始大概得花我六小時，甚至更久。」我看著他們眼睛瞪大。「不過我清楚房子的狀況後，速度就會快一點，我中間不會停下來休息，但我一個人的速度，大概會比三個人做慢一點。」

夫婦倆似乎能夠理解，或至少假裝懂。我知道愛麗絲在最小的女兒出生前，包辦所有的家事。在那之後，她有全職工作又要照顧女兒，沒辦法自己整理屋內及庭院。我不確定柯特幫忙整理哪些區域。

我將記錄自己整理庭院的時數，然後用電子郵件寄給愛麗絲，就像打卡一樣。對我們兩方來說，以工換宿都是很划算的交易，但看來愛麗絲仍舊有疑慮。她準備了一小疊法律文件，還預備拿去公證。她發誓這是為了萬一發生什麼事，對我們雙方都有保障，但依然有點怪。我當時已經有多次用清潔服務換東西的經驗，多數人似乎比愛麗絲更信任我。

柯特承認他又多讀了一些我的部落格文章，誇獎我寫得很好。我臉都紅了，感謝他的讚美。自從我在網路上寫作後，我過了人生很辛苦的兩年。我寫下的東西，幾乎都不想和人面對面聊，卻放在任何人都能讀到的園地。我因此假設人們已經知道我的一切，我不必多做解釋。柯特說我的文章「鼓舞人心」，我微笑以對，但那四個字讓我瑟縮了一下。先前也有人那樣形容。我實在很想問，窮到幾乎活不下去怎麼會鼓舞人心。

曾經有人留言：「如果妳能住在一個小房間裡，在沒有多少資源的情況下，自己帶三歲的孩子，那我也能。」

我的部落格是為了記錄生活中美好的事物，但也是我發洩沮喪心情的管道。生活照例無情地不斷給我難關，我尚未完全從一個難關中脫身，下一個又來了，就是無法前進。

我親身走過的遭遇似乎和同輩人相當不同——甚至不同於日托中心的媽媽們。有好多次，就連我心懷好感的人，我都避免互動，不想認識新朋友，因為我覺得自己只會是累贅。我會吸走對方願意對朋友付出的資源，卻無力回報任何事。或許我可以花一個下午幫他們顧小孩，但想到我沒辦法提供點心或食物，心中壓力就很大。要是有飢腸轆轆的孩子在週末下午來到我家，我就得花十元買各種東西，有時甚至超過。此外，小朋友似乎總是要求喝大杯的牛奶，這我負擔不起。

車庫房新家讓我感覺彷彿脫離了原本的窘境。我因此損失穩定的收入，但我感覺自己找到更好的居住環境，是某種了不起的成就。搬家那個星期，我就找到兩個新客戶。我的育兒補助也下來了，讓我有機會到「家暴性侵服務中心」擔任義工。我在社福系統裡找到某種喘息空間，有多一點的時間和空間往前邁進。

然而，我擺脫不掉每件事都太美好、顯得不太對勁的感受。一天下午，我在做功課，米亞和房東的女兒在車庫外的水泥地上，用粉筆畫彩虹，孩子們的笑聲從開啟的窗戶傳進屋內。太陽出來了，似乎每件事都很完美。

愛麗絲叫老大、老二進屋吃午餐，孩子們哀嚎，問可不可以讓米亞也一起吃。她們爬上我的門廊，米亞氣喘吁吁站在她們中間，三個小朋友同時問我能不能讓米亞過去吃飯。我微笑說可以，她們歡呼起來。我看著她們跑下樓梯，三個人都在咯咯笑，跑過院子衝向主屋。我回到桌前坐下，心中的罪惡感減輕不少。原本我讀書做功課時，米亞只能關在屋內，這下子她可以到安全的地方玩，而不是一遍又一遍看同樣的卡通。住在發霉套房的日子感覺好遠好遠。

26 垃圾屋

我第一次抵達我將稱為「垃圾屋」（Hoarder House）的清潔客戶那兒打掃時，女主人只打開門縫。我看見她的眼神從警惕變成遲疑，接著再度一臉不信任的樣子。

「嗨，」我微笑表示，「我是來打掃房子的，臉書群組上的瑞秋介紹的。」

女屋主點點頭，視線往下，把門縫開大一點，露出龐大的孕肚，還有一個抱著她的腿不放的小男孩。我站在前門廊小小的水泥方塊上，房內有一隻鳥在叫，更多孩子從右側一扇大窗戶探頭偷看我。我的視線回到女主人身上，她緊張地瞄著屋內。

「這是我的小祕密。」她說完那句話後，開門讓我進去。

我走進屋內，差點沒昏倒。門打開的半徑，清出地上一小塊沒東西的區域，是整棟房子唯一乾淨的地方。我的第一個念頭是不要尖叫。我和女屋主初次聊天時，她提到需要有人幫忙清垃圾和洗衣服，但眼前的景象和我預料的完全不一樣。衣服、碗盤、廢紙、背包、鞋子、書，每樣東西都堆在地上，四處是可以積頭髮、生灰塵的雜物。

我和女屋主站在客廳唯一能站立之處。她告訴我，他們家已經繳不起房貸。我盡量留神聽她說話，試著不要因為房子的狀態而感到驚慌。她講話速度很快，聽起來像在生氣。他們一家人準備搬到租屋處，包括先生、太太、五個孩子，加上太太肚子裡快出生的嬰兒。「我們其實沒錢請妳幫我們。」她低頭看著自己放在肚子上的手。「但我快瘋了，新家會是嶄新的開始。我不想把這些東西都帶過去。」

我點頭回應，看了看四周。廚房和飯廳所有能擺東西的地方，全部堆放著髒碗盤。客廳角落有一堆堆像是書和學校報告的東西，中間混著衣服、玩具，以及更多碗盤。有一面牆的書櫃板子垮了，書都散落在下方地板上。

女屋主提到他們付不起帳單，還提到食物券。我覺得收她錢很有罪惡感，但我不能免費工作。即使她還沒向我殺價，我就堅持打五折。

「還有，用垃圾袋裝的話，洗一袋髒衣服五元，可以嗎？」我努力找地方放下打掃用具。「我可以帶回我住的地方，在我家洗。」女屋主沒有立刻回答。她一手摸著孩子的頭，一手空出來抹抹臉，手停在鼻子一秒鐘，接著點頭答應。她緊緊閉上眼睛，試著不讓眼淚滑下。我告訴她：「我從廚房開始整理。」

我從桶子裡拿出打掃用具，剛才躲在媽媽雙腿後方的小男孩跑過來幫忙。「他不會講話，」女人說：「他還沒開口講過話。」我對著小男孩微笑，接過他遞給我的黃色洗碗手套。

到垃圾屋打掃的第一天，我花了四小時洗碗，洗碗手套下的手指皮膚縮了起來。熱水沒了之後，我開始整理地上、桌上的東西，把洗好的碗盤擺在毛巾上晾乾。桌上、爐面、我清出空位的流理台上，全擺滿了。女主人怎麼有辦法在這麼狹小的空間裡，幫七個人煮飯？尤其是小小孩黏在她腿上時？我看不出他們吃些什麼。櫥櫃裡的盒裝與罐裝食物大都已經過期，有的甚至過期十年了。我偷看一眼冰箱，架上滴著放太久的蔬果滲出的水。

走廊上的儲物櫃收納著洗衣機和烘衣機，一個小走道通往改建成主臥的車庫。地上堆滿衣服，深達好幾吋。我開始把一些衣服裝進袋子，準備帶回家洗，中間停下來喘氣好幾次。一定是塵蟎讓我過敏了。我每次過敏都會咳得像是氣喘發作，上氣不接下氣。我伸手抓最後幾件衣服，塞進第二個袋子；終於看見地板了。地板上有一隻大蜘蛛、老鼠大便，還有我發誓看起來像是蛇皮的東西。我忍住尖叫，點了個頭，決定今天先做到這裡就好。

我離開時，女屋主感謝我，眼眶裡都是淚水，道歉家裡一團亂。「不用道歉。」我說。我抱著清潔用品和幾袋衣服，「我明天會在同一時間過來。」

很多我自己找的客戶告訴我，我打掃過他們的房子後，他們便有動力保持乾淨。這樣的客戶只會找我過去一、兩次。定期每兩週、一週或一個月請我打掃一次的客戶，他們知道該如何和我合作：放手讓我好好做事。我打掃多久就是多久，不會多報。如果弄好了還有時間，我會留下來多做一點。如果是我自己找的客戶，我的信譽很重要，最好能讓他們在朋友面前讚不絕口。如果我和屋主一起整理亂成一團的房子時，他們需要有人陪著聊聊天，聽他們抱怨眼前的煩惱，我也樂意奉陪。

打掃垃圾屋的第二天，我們解決小女兒的房間，清出裝滿十二個廚房用垃圾袋的衣服，拖到外面，和其他東西一起扔掉。我們在那個小女孩的房間裡、各式各樣的紙張下頭，找到用冰棒棍做的勞作、一團團被遺忘的食物、消氣的氣球、各種樹枝和石頭，還有破掉或太小不能穿的衣服。我找到玩具屋的幾個小娃娃，小心擺放在玩偶客廳裡。我們把書和幾桶彩虹小馬，放回漆成紫色和粉紅色的架子上，衣服放進抽屜櫃，鞋子放回鞋架，我把一件紅洋裝和成套的紅外套掛進衣櫥，還發現一雙閃亮的黑色娃娃鞋。

清理那個房間，令人神清氣爽。我想起米亞在她爸爸那邊時，我會清理她房間裡的雜物。米亞什麼東西都不願意丟，我得帶她前往女性庇護所或是她可以換點數的寄售商店捐掉，才有辦法說服她送掉玩具。然而，所有的快樂餐小玩具、畫畫勞作、斷掉的蠟筆，都要丟掉。我費了好幾個小時丟東西和整理東西後，米亞回到家，走進她整整齊齊的房間，發現每樣東西再次像是新的，露出滿意的微笑。這家的小女兒比米亞大不了多少，我希望她能擁有同樣乾淨的房間。

我已經把兩袋衣服洗好、摺好送還給這家人。第二天離去前，又多裝了一些髒衣服。那天晚上，米亞幫我摺襯衫、襪子、洋裝。她把一件裙子比在腰上，說好漂亮，我看米亞拿著那件衣服轉圈圈。

「我可不可以留著這件裙子？」米亞問。我搖頭說不行，那是別人家的衣服。「那妳為什麼要洗？」

「米亞，因為我在幫那些人的忙。」我說：「那是我的工作，我幫助人們。」

直到我聽見自己說出那些話，才第一次真心相信自己不是在講冠冕堂皇的話。我回想感謝我幫忙打掃房子的女屋主，她放了一疊鈔票在我手上，握住我的手兩秒，然後要我趁她先生回家前離開。有幾位請我整理庭院的客戶說，我是他們的最高機密。

我仍然隨身攜帶行事曆，在各種方格內寫下客戶的姓名，盡量記下行程，如果有人打電話過來問我能不能在某個時段過去，我就能馬上回答。我不必穿制服，不必和主管開會，也不會有人檢查我的打掃用具托盤。我不必大老遠開車到辦公室，只為了補充清潔劑。一天要刷五個馬桶的日子依然讓我想死，但我現在沒那麼心不甘情不願了。

每次歷時四小時的大掃除之後，垃圾屋看起來更像正常的住家。我修好客廳書架，掃掉所有鳥食，在沙發下找到數十片ＤＶＤ。雖然我試圖隱藏鬆了一口氣的樣子，我感謝上帝，女屋主不曾要我清理浴室。天曉得裡頭的東西髒了多久。一天下午，我收拾廚房，整個流理台和一旁的爐子上，全是髒鍋子、髒盤子，上頭覆著乾掉的紅醬。我希望把家裡打掃乾淨會讓這家人幸福，女主人在生產前會比較安心。謝天謝地，這間房子終於解決了。

※

我到非營利家暴組織當義工；那棟大樓藏在毫無特色的辦公大樓區，就在弗農山的鐵軌旁。我不只是保持樂觀態度的接待義工，也是接受幫助的對象。我就是在後方的房間和我的家暴律師見面。那間辦公室在靠近天花板的地方有高窗，透進來的微弱光線，只夠養活幾株室內植物。我的辯護律師克利斯蒂去年剛從米蘇拉搬過來，一直說她很想念那個城市，尤其是我表明自己多年來渴望搬去米蘇拉住之後。

「妳為什麼不過去看看？」克利斯蒂說。

我提到每隔幾個月，蒙大拿大學的宣傳手冊就像糾纏不休、想復合的前男友，又給我寄來創意寫作課程的明信片和小冊子，上頭印著留鬍子、穿工裝褲的微笑男人，使出飛蠅釣魚法。

克利斯蒂點頭微笑，放下我帶來請她幫忙的獎學金申請書，眼睛看著我。

「妳應該去一趟，看看感覺如何。」克利斯蒂說。她永遠聽起來冷靜自持。「我的孩子很喜歡那裡。米蘇拉是個養孩子的好地方。」

「我幹嘛要那樣虐待自己？」我幾乎嘆一口氣。「我是說，萬一我喜歡那個地方怎麼辦？我只會更難過。」我拍掉褲子上的泥巴。那天早上我幫客戶的庭院除草，身上髒兮兮的。

「妳為什麼不能搬過去？」克利斯蒂往後靠在椅子上，故意激我。

「他不會讓我搬的。」我說。

「米亞的爸爸？」

「對，傑米。」我雙手抱胸。我和克利斯蒂第一次見面時，背誦過我的劇本——我對著治療師，或是任何會詢問我的過去的人，一遍又一遍講著那個故事：我先是淪落到遊民收容所，取得禁止接觸令，上法院，恐慌症發作；傑米住在車程三小時外的地方，但是我每兩週要送米亞過去見他。今天我的故事又多了一段：我不曉得米亞是否想和爸爸住。

克利斯蒂的聲音低了一些。「妳要不要搬去米蘇拉，不是由傑米來決定。」

「但我還是必須取得搬家許可。」

「那不是請他允許妳搬家，只是妳通知妳要搬遷，他有機會反對。」克利斯蒂把一切說得很簡單。「如果他反對，你們兩人提出各自的理由，最後由法官判決。」克利斯蒂再次低頭看我的申請書。我保持沉默，咀嚼她剛才說的話。克利斯蒂又加上一句：「法官很少會不允許母親搬家，尤其是母親能夠證明，搬家有機會讓孩子受到更好的教育。」

我咬牙盯著地板。光是想到要再次上法庭，心臟就跳個不停。

「不要把這想成妳在求他答應。」克利斯蒂說：「妳只是告知而已。」

「我懂。」我把注意力放在椅墊上的纖維。

「妳解釋一遍，整個流程是什麼？」她拿起申請文件夾。

另一位辯護人，在湯森港的那一位，在我和米亞無家可歸時協助過我們，她告知我有倖存者獎學金。那個計畫叫「陽光女士」(The Sunshine Ladies)，只是我當時不符合申請資格。那個名字取得好，不然我不可能記得住。正式名稱其實是「女性獨立獎學金計畫」(Women's Independence Scholarship Program, WISP)，但我搜尋「陽光女士」就找到了。

特別提供給家暴倖存者的獎學金，要求多如小山的證明文件，還有一長串的申請資格限制。我先前考慮申請時，不符資格的主因是申請人必須脫離受虐關係至少一年。此外，我還需要保證人，最好是由家暴計畫組織為我擔保，由他們替我保管錢。女性獨立獎學金計畫會把獎學金交給機構，由機構協助我以最佳方式利用那筆錢。我想這是為了確保獎學金的流向，但整個流程聽起來有夠麻煩。

我和克利斯蒂一起整理申請文件時，她建議：「要求五千元，最糟的結果是妳拿到不足五千。」

「不曉得我能不能靠寫作打動人。」我接近喃喃自語，不是真的在問克利斯蒂。

克利斯蒂點頭微笑鼓勵我。「蒙大拿大學有很好的創意寫作系！」克利斯蒂大聲講著，打開電腦首頁。「我記得好像是全國排名最好的？」

「我知道。」我回答：「那是我原本的計畫，在我懷孕前。」我試著不讓聲音聽起來太沮喪，但上大學的夢已經是我有孩子要養之前的事。當時我還不需要穩定的收入與健康保險，只需要考慮自己的未來，現在我還得替孩子想。「藝術文憑不實際。」我說。克利斯蒂差點要大笑，但她發現我快哭出來。

我不想聽克利斯蒂鼓勵我，就像我不想聽見她鼓勵我去米蘇拉。那些夢想感覺太大，不適合追尋。渴望那些東西的感覺，很類似我坐在廚房桌邊看著米亞吃飯，自己喝著咖啡，無法進食。我太渴望米蘇拉，連做夢都太痛苦。

「想一想，米亞要是看到妳在努力，那該是多好的榜樣。」克利斯蒂的語氣帶著濃濃的鼓勵。

米蘇拉不肯放過我。我不管和誰講話，那個人都會剛好提到米蘇拉，我甚至感覺到一絲命中註定。這種情況已經有好多年了，但我現在開始留意到。我允許自己感受到米蘇拉的呼喚。

不幸的是，其他事也不願意放過我，不准我爬出泥淖，我好想喘口氣時，又開始一直阻撓我。我的新房東愛麗絲變成我最難搞的客戶。有好幾週，我花數十小時打掃她的房子，試著讓她滿意，但她會領我進廚房，指著我漏掉的小地方。還有我用她的抹布和清潔用品打掃後，把用過的抹布放在她的洗衣機裡，又惹得她不高興。「妳得清洗那些東西。」她打電話給我，要我過去，這樣她才能當著我的面指著那些抹布。「那只是在替我製造更多工作。」我想告訴愛麗絲，在正常情況下，客戶這樣做有多不適當、多奇怪，但我只是收起她洗衣機裡的抹布，拿到車庫去洗，烘乾、摺好，再整整齊齊放在她的門廊上。

愛麗絲開始指控我謊報工作時數，說我根本沒花那麼多時間除草。我從來沒遇到這種事，也不曾收過客訴。自從多年前打掃赤腳神偷家附近的組合屋之後，我就沒再接過客戶的抱怨。

一天下午，愛麗絲又打電話過來，她想要跟我談話，要我到她的房子。我知道她打算撕破臉了。她說我沒遵守以工換宿的合約，我沒盡到打掃義務，她要取消合約。

我點頭，轉身離開，回到公寓，看了看四周，不敢相信房租剛剛漲成兩倍。我凝視窗外的海灣，震驚到說不出話，感覺整顆心緊緊揪住。

那天下午，我和柯特站在院子的兒童遊戲架旁。他問我：「嘿，妳還好嗎？愛麗絲說，她跟妳講完話後，妳看起來要哭了。」

「我只是接到壞消息。」我低頭看地上。

柯特點頭。「我懂。」他幫最小的孩子推鞦韆。「我知道。愛麗絲壓力很大，因為她被裁員了。」

我的耳朵嗡嗡作響，這下子我懂愛麗絲為什麼要開除我了，不是因為我能力不足。她趕我走，是因為她負擔不起以工換宿了，或是她想省錢，只好對我百般挑剔。愛麗絲開車帶大女兒、二女兒回來了，兩個女孩奔向米亞。我看著她們三個衝去騎腳踏車，尖聲大笑。我回想起那堆法律文件。如果我堅持走完以工換宿的合約，大概得打我負擔不起的官司，還會破壞兩家情誼，我的女兒再也沒辦法和朋友玩。我沒有任何籌碼可以爭取什麼。

再次會談時，我告訴克利斯蒂：「沒獎學金的話，我負擔不起房租。」我解釋發生了什麼事。

「妳會拿到獎學金的。」克利斯蒂一副胸有成竹的樣子，好像委員會已經私下告知她，只是還不能告訴我。我的申請文件已經暴增到將近五十頁，我還在等幾封推薦信。「妳有想想去米蘇拉的事嗎？」

我有，我一直在想。傑米愈來愈離譜，我一直擔心米亞的健康。我的春季課程期末時，讓米亞在傑米那兒待了一星期，回來時瘦了快一公斤。她去爸爸家之前，我帶她去醫生那看過鼻竇感染，後來得把她先接回家，因為情況變嚴重。米亞很瘦小，體重減輕一公斤對她來講算很多，而且她又開始尿褲子，我實在搞不懂。她已經好幾個月不曾這樣。

傑米現在住在一艘小帆船上。米亞過去時，和爸爸待在船上。米亞和傑米都不會游泳，我很怕米亞半夜會從船上或碼頭掉下去，身上沒有救生衣。每次米亞過去，我都要擔心孩子回來會變成什麼樣子。我打電話過去，都會聽到背景有好幾個男人的聲音。我問他們是誰，但米亞不曉得他們任何一個的名字，也不知道爸爸在哪裡，只知道自己在船上。接米亞回家感覺像是某種拯救任務。

我把一切都告訴克利斯蒂：房東的事，還有米蘇拉對我的吸引力。秋天開學後會很忙，但暑假期間我只有兩堂課。我再度借了最高額度的學貸，因為現在我的住宿費幾乎是兩倍。在我工作或是當義工時，米亞都送去日托中心。

愛麗絲開除我之後，我花了兩天找資源。我知道我身上的錢不夠繳六月的帳單，夏季學期的學生貸款還沒下來。我找到一個神祕的學校獎學金，可以拿來付六月的部分租金——「主婦」獎學金（homemaker）專門頒給有孩子的女性，協助她們負擔住房支出。就連發放水電補助的政府部門給的二十元加油券，也不無小補。

我每次收信都會屏住呼吸。日子一天天過去，信箱裡只有帳單和廣告，沒有獎學金委員會的信。一個月悄悄過去，感覺情況不妙。萬一沒拿到獎學金，我和米亞得搬出現在的房子；如果拿到，不僅可以留下，手頭也會寬裕許多。我為了不去想獎學金的事，帶米亞到海灘和公園。我們經常和柯特父女相處，一路散步到海灣，孩子們在泥地裡打滾。米亞到她爸爸那裡時，我則躲在房子裡念書或寫作業，把門打開迎接夏日的太陽。

某個週末，我讀起書架上的《牧羊少年奇幻之旅》（*The Alchemist*）。那本小書花了我兩天才讀完，因為幾乎每一頁都有想畫線再讀一遍的句子。我不時凝視著窗外，消化書中內容。我從阿拉斯加搬回華盛頓州時，母親給了我這本書。她說這本書的主題是講主角追尋命運的旅程，卻發現他要找的東西一直就在家鄉。她的簡介讓我嗤之以鼻。陽光普照時，華盛頓州西北的確美不勝收。二十號公路蜿蜒過迷幻海峽的路段，也的確長著宛如老友的樹木，但除此之外，我沒有什麼家的感覺，我不覺得自己屬於那裡，我不確定這輩子是否有過那樣的感覺。

《牧羊少年奇幻之旅》這則個人傳奇的主旨吸引著我。我想當作家已經想了近二十五年。

我下一次見到克利斯蒂時，向她宣布：「我想我準備好要拜訪米蘇拉了。」

從日托中心接米亞回家的路上，我們母女唱起保羅・賽門（Paul Simon）的〈她鞋底上的鑽石〉(Diamonds on the Soles of Her Shoes)。每次米亞把歌詞「口袋空空」(empty as a pocket）講成「南瓜空空」(empty as a pumpkin)，我就笑出來。我們的車上已經固定播放那張專輯好幾個星期——在來往日托中心的路上，在我們週末出發探險時。我們和著同一首歌笑笑唱唱，感覺就像是共享冰淇淋聖代。

我把車子駛向我們的公寓，米亞開始問能不能找姊姊們玩。「等一下。」我在信箱前停下。我試著不要一直去看信箱。信箱空空實在令人失望。

「米亞！」我站在信箱前叫她。我拿起女性獨立獎學金計畫寄來的大信封，是文件用的固定郵資便利包。我打開來盯著裡頭的信件。

便利包內裝著的陽光色彩帶，散落在我們家的地板上。陽光女士計畫要給我獎學金！米亞捧起地上的紙花。女性獨立獎學金計畫除了提供秋季的兩千元獎學金，夏季也會補助一千元。這下子，我和米亞不只不用再度搬家，夏季和秋季課程之間的空檔，還有錢去度假。我可以去米蘇拉了。

我腦中緩緩冒出《牧羊少年奇幻之旅》中的一句話：**當你真心渴望某樣東西時，整個宇宙都會聯合起來幫你**。有了獎學金的錢，我就有辦法存下工資並修車，還能開車過兩個山隘，參觀我喜愛的多位作家用充滿愛意的口吻寫下的城市。

27 我們到家了

我往東開在九十號州際公路上，到了史波坎（Spokane）附近，道路豁然開朗，前方、後方、兩側一望無際。草地被陽光曬成燒焦的棕色，在風中抽動，努力求生。農夫開著大型灑水車行經自家土地，努力讓牛群有青草吃。雙線分隔的高速公路上，一個開著綠色速霸陸的女孩從左側超越我，我看見她的車子後座和後車廂放著箱子、洗衣籃、鼓鼓的垃圾袋。我只有兩個塞滿新背心和幾條短褲的舊陸軍背包。

速霸陸女孩和我的整個人生在前方，或許她要搬去米蘇拉念大學。要是多年前我沒撕掉入學申請，我會和她一樣，但我們兩人的相似之處僅止於此。我想像自己是她，時間回到近五年前，車子音響播放任何音樂都會跟著高歌。我想著自己原本會是她那個樣子。

我把這些念頭拋到一邊，踩下油門追上她，追逐自己的幻影。開車到米蘇拉不只是為了追夢，我還想找到我和米亞可以稱為「家」的地方。

我在晚間獨自抵達米蘇拉，市區似乎尚未散去炎夏的白日躁動。我下車，站在路旁上下打量街道，兩個二十歲出頭的女孩子經過我身邊，她們微笑點頭示意，一個在唱歌，一個在彈烏克麗麗，腳踩涼鞋，裙襬飄蕩。我不禁想到從前在費爾班克斯的派對上看到的女生，嬉皮打扮，不懂化妝，但知道怎麼生火，不怕在庭院弄髒手。我想念這樣的人，和我同類的人。

抵達米蘇拉後的隔天早上，我四處亂逛，早晨陽光已經刺痛我的皮膚。草地感覺是乾的，適合坐下，跟潮濕的華盛頓州很不一樣。我在校園附近一棵巨大的楓樹下乘涼讀書，躺下來凝視在風中搖擺的林蔭透出的陽光。我像那樣待了幾乎一整天，仰頭看著四周環繞的山丘與山脈，俯視一條河流經路橋底下。那天晚上，我發現市中心有一座公園，搭起棚子的廣場上小吃攤林立。人群在草地上走來走去，或是待在公園長椅上，舞台上有樂隊表演。我想不起上一次感到這麼快樂、這麼放鬆，讓音樂在心中流瀉，到底是什麼時候。我在公園亂逛，臉上帶著醉心的微笑，接著發現其他每個人也笑容滿面。這好不尋常。

我多年住在人情味淡薄的地方，和家人關係生變，失去朋友，四處搬家，與黑黴為伍，擔任人們看不見的清潔人員，我開始渴望善意。我渴望讓人們注意到我，開口和我說話，接受我。我這輩子從來沒有如此渴望過。米蘇拉釋放了這股渴望。我突然想要待在社群中，想要有朋友。我似乎可以想望那些東西，因為我四處閒晃時，看上去處處是交朋友的機會。許多當地人都戴著有蒙大拿州剪影及「四〇六」電話區號的帽子，而帽子下的臉多半會對我微笑。有天早上，我到一家小餐廳吃早餐，每一張桌子都有人。我數了數，包括我腳上的鞋子在內，一共有十六雙Chaco涼鞋。女人沒刮體毛，多數人身上都有刺青，男人用布背帶和背巾帶著嬰兒，我還巧遇費爾班克斯的老朋友。我從來不曾像這樣，一下子就被一個地方接受，一共才過了一天。

我恰巧選到夏季最適合來米蘇拉的週末。我探索這座城市時，「河城草根音樂節」（River City Roots Festival）讓城市幻化成另一個世界。封路的主街道上，小販叫賣著紮染上衣、陶器、藝術品、用鏈鋸雕刻出的木熊。舞台旁，一小群人坐在露營椅上，聽上一整天的音樂。一旁的街上停著一排餐車，中間是啤酒小屋。米蘇拉熱愛舉辦好玩的派對。

就這樣，這趟旅途的每一天，我探索著這座城市。我爬上山，走在步道上，聽著灌木叢裡的鹿發出喉嗚。我沿著溪流走，在崎嶇不平的岩石上弄破腳趾流血。在城市外圍的溪谷裡，我沿著山邊走，出了一身汗，呈脫水狀態，有幾分鐘時間，找不著原本的小徑。我又餓又渴，但興奮自己能在蒙大拿的野外迷路，脫離原本的道路，就算只有一下子也好。

我愛上蒙大拿，和作家史坦貝克一樣，和作家鄧肯一樣。

我傳簡訊告訴傑米：「我要搬到米蘇拉。不搬不行，這個地方太美好了。」我等著傑米回簡訊，心臟瘋狂跳動，但他沒回。我想著傑米這次會怎麼操控米亞，好讓米亞不想搬家。不曉得他會不會威脅要跟我在法庭見，試圖帶走米亞。我先前擔心這些事，就連來米蘇拉玩都不敢，但我不是在請求他答應，我只是告知。我心想，這聽起來好像廣告詞，但我對米蘇拉的愛，加上我想要給米亞更好的生活，讓我願意展翅飛越一切。我們會抵達的。

傑米讓米亞隔天打電話給我，大約是早上十點。我坐在克拉克福克河邊綠草如茵的山丘上。後方是緩緩轉動的旋轉木馬，一旁有木頭遊戲架，到處都是孩子。我讀著書，在日記上寫下心得，接著電話響起。

「嗨，媽。」米亞打招呼。背景傳來傑米的聲音，接著是米亞奶奶的聲音。兩個人催著米亞講話，最後米亞終於脫口而出：「我不想搬到蒙大拿。」

「噢，親愛的。」我努力讓我的聲音聽起來像是擁抱。我可以想像那一頭的情境：米亞站在奶奶家的客廳，傑米怒氣沖沖，把電話貼到米亞耳邊，要米亞對我講出他們練習過的話。「米亞，很抱歉讓妳為難。」我說。傑米搶過電話。

傑米壓低了聲音咆哮：「我會告訴米亞，妳要帶走她，離開我身邊，她永遠見不到爸爸了。」他警告我：「我希望妳有自知之明。妳是一個自私的人，妳不關心孩子是不是再也見不到我。米亞會明白的，她會恨妳這個母親。」

我試著想像傑米講話時，米亞用大大的深色眼睛望著他。我知道傑米生起氣來是什麼樣子。他會口沫橫飛，暴牙上方的嘴脣積著白色口水沫。

「我要跟米亞說話。」我打斷傑米。

米亞再度接起電話，聲音聽起來很開心。「妳有沒有幫我買粉紅色的牛仔靴？」她問。米亞又回復活潑的自己。

我微笑。「買了。」我說：「跟我答應過妳的一樣。」我告訴米亞，店裡有整排的粉紅色靴子，我幫她找了一雙，還買了小馬娃娃。「還有一個金屬午餐盒，上面有牛仔！」

一、兩天後，我再度跟米亞通電話，她聽起來昏昏沉沉的，不確定爸爸人在哪裡，即便我撥的是他的電話。我聽見背影有年長男性在笑的聲音，但米亞說她不曉得自己在哪裡。我後悔沒帶女兒一起過來，但要是帶她來，我不確定我們還會不會回家。我想像我們找到地方住，在地方法院填寫搬家文件。我想像我們在夏天的尾聲探索山脈與河流，在草地上睡午覺。

然而，這是我五年來第一次度假，還有幾天假期才會結束，我試著盡量享受。那個週六，我去逛當地的農夫市集，那裡有好多米亞這個年紀的孩子，穿著蓬蓬的芭蕾舞裙，頂著鳥窩頭。我可以穿著背心和米亞一起走在街上，露出刺青；米亞則穿著粉紅色的塑膠高跟鞋和仙女裝。我們的打扮可以融入人群，這裡沒有人會像華盛頓州的人一樣對我們側目。米亞能和爬上魚雕像的一群孩子玩在一起。這裡會是我們的家，這些人會是我們的家人，我很確定。

開車回家時，我陷入車內的寂靜，只有道路的聲響作陪。我愈靠近華盛頓州，心就愈痛，好像我開錯方向一樣。在這段五百英里的路上，過去五年的種種像電影一樣，在我腦中播放。我看見米亞在遊民收容所搖搖晃晃走向我。我感覺到給米亞一個好地方住的壓力與無力感。我想起我們每天往返於不同的路上，想起上次的車禍，想起在寒冷的夜晚，我們睡在套房裡拉出的沙發床上。或許《牧羊少年奇幻之旅》說得對。如果我朝自己的夢想踏出第一步，宇宙將為我開啟並指引明路。或許，為了找到真正的家，我需要打開我的心，才有辦法去愛一個家。我不再認為家是山丘上的一棟好房子。家是擁抱我們的地方，一個社群，一個懂我們的地方。

※

幾個月後，聖誕節剛過完沒幾天，我載著後座的米亞，行經起伏的山巒，再次朝米蘇拉前進。「有沒有看到星光？」我問。我把收音機音量調小，指著山谷一閃一閃的星星。我瞥了一眼後照鏡，米亞在安全座椅裡搖頭。

米亞問：「我們在哪裡？」她望著窗外白雪皚皚的一片山丘。

我深吸一口氣，告訴她：「我們到家了。」

我和米亞這些年來一直搬家，現在終於慢慢穩定下來。我和傑米商量了很久，才談好新的孩子監護方案，但我們搬到米蘇拉的頭幾個月，他消失了，不回電話，也不視訊。我一頭霧水，完全不明白。

米亞開始從我的身邊跑開：不管在家，在雜貨店，在人行道上，她都會自己跑到街上。我抱著她，她就一直踢，一直尖叫，鬧脾氣鬧到粉紅橡膠靴都掉了，我得彎腰幫她撿起。我知道這是換環境的自然反應。她失去她爸爸，被連根拔起，重新移植到新的環境，自從我們抵達後，寒冬一直把我們困在屋內。米亞的反應從來沒這麼大過，我不曉得要如何處理，帶她出門開始感覺太危險，又太煩太累。某天早上，我得做兩件事，要去郵局，還得去店裡買衛生棉條。米亞拒絕出門，整整鬧了兩小時，不肯穿衣服也不穿鞋，又踢又叫，一直反抗，我就像在水下抱住她一樣掙扎。結果我的恐慌症一下子嚴重發作，在地上爬，吸不到氣；米亞則開心地走回房間裡玩玩具，得意她又贏了一回合。

事情通常會逐漸水到渠成。我找到辦公大樓的清潔工作，還找到兩個要我幫忙打掃家裡的客戶。我在某個週末看見辦公室候客室擺的《媽媽世界》（*Mamalode*）雜誌，投了一篇短文過去。雜誌社刊登了我的文章，我忍不住一直盯著自己印刷出來的名字。

同一本雜誌還刊登了一則廣告：地方上的體操中心有一所律動幼兒園。我和園長見面，園方同意我用打掃服務抵學費。他們還有一名員工搬過來和我們母女同住，分擔一小部分的房租，確保在我天亮前出去工作、米亞還沒起床的時段，都有人在家。

我和米亞搬到米蘇拉後的晚春，有一天，米亞看著窗外的藍天，宣布：「媽，我們應該去遠足。」我坐在市區公寓的廚房桌邊，等著米亞吃完早餐，眼皮疲憊地亂跳。我喜歡能賴床的週末，可以多花一點時間慢慢喝咖啡，然後才溫習功課。

遠足和我計畫好的行程不一樣，我遲疑要不要出門。我太累了，今天沒力氣和米亞纏鬥。自從她上幼兒園後，雖然不再那麼常從我身邊跑開，我仍舊不太相信她會乖乖的。然而，米亞熱切地看著我，我看見她眼中的興奮情緒。自從我們搬到米蘇拉後，她不曾這麼雀躍過。這是頭一個陽光燦爛的炎熱週末，我想起自己八月第一次過來感受到的魔力。我從桌邊起身，把蛋白能量棒和水瓶裝進背包。「走吧。」我說。我從沒看過米亞用那麼快的速度穿好鞋子。

蒙大拿大學位於一座山的山腳，那座山的正式名稱是「哨兵山」(Sentinel)，但地方居民都叫它「M山」(The M)，因為Z字型的爬坡路線，一路蜿蜒至一個水泥造的巨型白色大寫字母「M」。有好幾個月，我走路上學時，凝視著那個字母，看著小螞蟻般的人影爬上山坡。我羨慕那些人，但我似乎永遠有藉口不去親自嘗試看看。

我和米亞開車到山腳的停車場，好幾個人站在一路往上延伸的步道口。他們全部穿著適合爬山的跑步鞋或健走鞋，喝著水瓶裡的水，看來準備要一路順著步道迂迴而上。

「好，」我順了順身上的工作短褲，開始懷疑穿涼鞋到底行不行。「我們要爬到多遠？」

「一路到達M。」米亞毫不猶豫，一副那沒什麼的樣子。說得好像我第一次造訪米蘇拉時，沒替自己設過這個目標。宛如走到M，不需要爬上這座五千英尺小山的半山腰。

我們踏上步道後，我預估我們不可能走到M。爬到一半，米亞就會累了，結局就是我得一路背她下山到停車的地方。然而，米亞一路蹦蹦跳跳，走完一個又一個的Z字，超前坐在長椅上欣賞風景的登山客。

我目瞪口呆看著米亞，我這個快五歲的女兒，穿著裙子和蜘蛛人鞋子，一路跑上步道，脖子上圍著長頸鹿娃娃的前腳。米亞跑得好快，超越其他登山者，中途還停下腳步等我跟上。我沒有米亞的好體力，氣喘吁吁，不停滴汗。這條登山步道榮登我幾年來走過最耗力的道路。我大喊著要前頭的米亞停下來，我怕她會率先抵達M，從那裡鋪著的石板滑下，或是走得太靠近山邊。這條步道、這座山，對我來說太陡峭，我看不見上方的路。我有時會看見米亞往山邊探頭，堅毅的小手握拳。我的手也同樣握著拳。

我們抵達步道終點，坐在M字上方，俯瞰下方景色，但沒幾分鐘時間，米亞又站起來宣布我們要繼續往上走。一路直攻山頂似乎讓她心情愉悅，偶爾蹲下來觀察螞蟻，望進囊鼠洞。我要她多喝點水，吃下藍莓營養棒，接著再度前進。

抵達哨兵山山頂的路線有好幾種選擇，我們選了繞山邊走的那條路。這條登山路線沒有其他路那麼陡，但從後方攻頂依舊吃力。我每走十步，就得停下來休息，米亞偶爾會停下來等我。或許是腦內啡的緣故，或許是因為太陽的熱氣，我覺得樂暈了。我看得出對米亞小小的腿來講，走完最後幾步路不容易，米亞也看得出媽媽有多累。

到達山頂時，米亞高舉雙手歡呼。我拍下她登頂的照片，她在山頂手舞足蹈。我們離下方的城鎮、我們的家好遠好遠。我們坐在路旁俯瞰米蘇拉，斜坡一路往下延伸。從我們坐的地方看過去，建築物宛如迷你娃娃屋，車子是一個個的光點。我坐在那裡，心中描繪著城鎮的地圖——對我來說，米蘇拉這座城市好大，占據我的腦和心好大一塊地方；從上方俯瞰、盡收眼底的感覺好怪。

正下方是我念書的校園和禮堂。兩年後，米亞將看著我走上台，接下英文與創意寫作的大學學士文憑。從山上，看得見我上回夏天造訪時躺過的草地和樹木，我在那些地方幻想自己變成學生。看得見我和米亞的公寓、我們嬉戲的公園，還有我們在嚴冬冒險走過結了冰、滑溜溜的人行道的市中心。河流像一條懶蛇蜿蜒而過，穿過一切的一切。

米亞一路自己走回車上。太陽西下，她的皮膚上籠罩暗橘色的光。她自信地回頭看我好幾次，眼神似乎在說：「我們成功了。」除了登頂之外，更美好的生活也在等著我們。

我猜這兩件事都被米亞的預言說中了。

謝辭

本書由多位單親媽媽呵護長大。我很慶幸能有這樣的機運，因為單親媽媽生活的方式，尤其是她們愛人的方式，向來是勇往直前，不屈不撓，堅定不移。我將一輩子感激擔任本書陪產士的單親媽媽，她們從一開始就愛著這本書。

黛比．魏佳騰（Debbie Weingarten）是真真正正的友誼燈塔。她讀了本書多版慘不忍睹的草稿（還有提案！），不斷在第一時間寄來加油打氣的簡訊。凱利．蘇德貝（Kelly Sundberg）鎮定的聲音，總能讓我在驚惶失措的時刻冷靜下來，我甚至會在心中重播她的聲音。貝琦．瑪戈麗（Becky Margolis）是史上最棒的鄰居，最適合講心事與共享美好的晚餐。她讓幸運的米亞有了「另一個媽媽」。安莉亞．格瓦拉（Andrea Guevara）有辦法透視人心，看見人的本質，令我訝異不已。最後，我要感謝阿歇特出版社（Hachette）厲害的編輯克莉香．卓曼（Krishan Trotman）。要不是有妳細心、仔細、徹底地一次次修改，這本書從頭到尾會是自言自語的「然後，怎樣怎樣」。感謝妳花這麼多心力在這本書上，妳引導這本書來到世上，沒人能做得比妳更好。

我要感謝全球所有作家心中最夢幻的經紀人傑夫．克萊曼（Jeff Kleinman）。你不知道我有多愛你的每一封電子郵件，還有充滿驚嘆號的簡訊。

我要感謝指導過我的老師：貝沙爾老師（Mr. Birdsall）是我在阿拉斯加州安克拉治美景公園小學（Scenic Park Elementary）的四年級老師，他激發了我的寫作魂。黛博拉．馬菲．爾靈（Debra Magpie Earling）斷言我的習作〈女僕的告白〉（Confessions of the Housekeeper）可以發展成一本書，她的這句話成為我必須自我應驗的預言。謝謝妳鼓勵我發揮說故事的能力。我也要感謝艾倫瑞克、瑪利索．貝優（Marisol Bello）、莉莎．朱（Lisa Drew）、科林．史密斯（Collin Smith）、茱蒂．布朗特（Judy Blunt）、大衛．蓋茨（David Gates）、謝爾文．比修（Sherwin Bitsui）、凱蒂．肯恩（Katie Kane）、華特．柯恩（Walter Kirn）、羅伯特．史達伯菲爾德（Robert Stubblefield）、艾琳．薩爾丁（Erin Saldin）、克里斯．東布羅夫斯基（Chris Dombrowski）、艾可．高佛森（Elke Govertsen）。他們耐心引導我寫出可讀的句子，大力鼓勵我，帶給我力量。謝謝你們。

我要感謝我的女兒，她們是我的一切：卡洛蘭，妳的聰明笑容與溫柔擁抱，讓我撐過冗長的寫作與編輯過程。米亞（艾米麗雅．史托利），我親愛的女孩，謝謝妳讓我成為母親。謝謝妳和我一起走過這段路，也謝謝妳相信媽媽。我尤其感謝妳永遠讓我感到自嘆不如，妳總是堅持做妳自己，而不是任何人。我的心中充滿對妳們的愛意與敬意，每一天都更愛妳們一些。

本書要獻給我的讀者：謝謝過去這些年來支持我的人，謝謝「文件夾」作家團體（Binders）。生活在崩壞的政府救濟制度裡的人們，生活在令人窒息的無望貧窮中的人們，由單親媽媽撫養長大的人士，自行帶大孩子的媽媽——這本書也要獻給你們，感謝你們時時提醒我一定要說出這個故事，分享給大家知道。謝謝你們手中拿著這本書，一起加入這趟旅程。

感謝所有曾經與我並肩而行的人。

國家圖書館出版品預行編目資料

我只想讓我女兒有個家：一個單親女傭的求生之路 / 史戴芬妮・蘭德（Stephanie Land）著；許恬寧譯. -- 初版. -- 臺北市：大塊文化, 2019.10
352面；14.8×20公分. --（mark ; 150）
譯自：Maid : hard work, low pay, and a mother's will to survive
ISBN 978-986-5406-10-3（平裝）

1. 蘭德（Land, Stephanie） 2. 傳記 3. 單親家庭 4. 美國

785.28 108014785

LOCUS

LOCUS

LOCUS

LOCUS